古代歷史文化研究輯刊

十六編

王明蓀 主編

第25冊

中國農業歷史研究（下）

張履鵬 著

國家圖書館出版品預行編目資料

中國農業歷史研究（下）／張履鵬 著 -- 初版 -- 新北市：花
木蘭文化出版社，2016〔民 105〕
目 2+216 面；19×26 公分
（古代歷史文化研究輯刊 十六編；第 25 冊）
ISBN 978-986-404-770-3（精裝）
1. 農業史 2. 中國
618   105014276

古代歷史文化研究輯刊
十六編　第二五冊　　　　　ISBN：978-986-404-770-3

中國農業歷史研究（下）

作　　　者　張履鵬
主　　　編　王明蓀
總 編 輯　杜潔祥
副總編輯　楊嘉樂
編　　　輯　許郁翎、王筑　美術編輯　陳逸婷
出　　　版　花木蘭文化出版社
社　　　長　高小娟
聯絡地址　235 新北市中和區中安街七二號十三樓
　　　　　　電話：02-2923-1455／傳眞：02-2923-1452
網　　　址　http://www.huamulan.tw 信箱 hml810518@gmail.com
印　　　刷　普羅文化出版廣告事業
初　　　版　2016 年 9 月
全書字數　356607 字
定　　　價　十六編 35 冊（精裝）台幣 68,000 元

中國農業歷史研究（下）

張履鵬　著

目次

序 一 閔宗殿
序 二 周肇基
序 三 王星光
代自序──河南省農史研究會三十年回顧與展望
　　　　張履鵬

農田制度史篇

下　冊

農業財稅金融史篇

農村商貿旅遊史篇

農業社會史篇

農業財稅金融史篇

儒家輕繇薄賦思想的傳承及其影響

提　要

　　孔子、孟子是儒學的奠基人，也是輕繇薄賦的倡導者。此後，西漢董仲舒倡導「罷黜百家，獨尊儒術」。其經濟思想的核心是「正其義不謀其利」。實行輕稅政策，主張「薄賦斂，省繇役，以寬民力」。陸贄、司馬光、黃宗羲、王夫之等儒家學派的主要代表。特別是「積纍莫返説」被現代學者稱爲「黃宗羲定律」，影響現代稅政較大。

　　儒家所提倡輕繇薄賦，對歷代的統治者的稅收政策曾產生重要影響。管仲、漢文帝、后周太祖郭威、南唐的開國皇帝李昇等，都推行了輕繇薄賦稅收政策，收到了好的效果。簡化稅政也是儒家的輕繇薄賦思想內容。

一、儒家主要人物的稅收思想言論

　　儒家輕繇薄賦稅收思想人物包括：孔子、孟子、董仲舒、陸贄、司馬光、黃宗羲、王夫之、顧炎武等儒家學派的主要代表。

　　孔子、孟子是儒學的奠基人，也是輕繇薄賦的倡導者。孟子賦稅思想的理論基礎是「恒產論」。在與騰文公對話時就指出：「有恒產者有恒心，無恒產者無恒心。苟無恒心，放辟邪侈，無不爲已。及是乎罪，然後從而刑之，是罔民也。焉有仁人在位，罔民而可爲也。是故賢君必恭儉禮下，取於民有制。」薄稅斂是孟子賦稅思想的核心內容。「主如施仁政於民，省刑罰，薄稅斂」，「薄其稅斂，民可使富也」，使百姓在納稅之後，還可擁有一份「恒

產」，「仰足以事父母，俯足以畜妻子」。

孟子在農業稅方面提倡「什一而稅」，就是取年產量的十分之一。孔子的另一個弟子有若和魯哀公談話，用儒家提倡的「什一而稅」法徹收稅。魯哀公卻說：「二吾猶不足，如之何其徹也。」。有若則解釋說：「百姓足，君孰與不足？百姓不足，君孰與足。」意思就是說，百姓富足了，當君的同樣富足。

古代講賦稅問題連帶涉及徭役問題。孔子斥責其門人冉求為季氏徵課重稅，也強調「使民以時」（《論語‧學而》），後來概括為「時使薄斂，所以勸百姓也」（《中庸》）。孟子同樣是「不違農時」、「薄稅斂」的大力宣傳者。孟子和齊宣王對話：「夫明堂者，王者之堂也；王欲行王政，則勿毀之矣！」王曰：「王政可得聞與？」對曰：「昔者，文王之治岐也，耕者九一，仕者世祿，關市譏而不徵，澤梁無禁，罪人不孥。老而無妻曰鰥，老而無夫曰寡，老而無子曰獨，幼而無父曰孤：此四者，天下之窮民而無告者。文王發政施仁，必先斯四者。」

西漢哲學家董仲舒，建議漢武帝「罷黜百家，獨尊儒術」，使儒學成為2000多年的正統學說。其經濟思想的核心是「正其義不謀其利」。實行輕稅政策，主張「薄賦斂，省繇役，以寬民力」反對鹽鐵專賣，即反對國家直接從事工商業的經營以獲取財政收入。認為統治階級已經「身寵而位高，家溫而食厚祿」，還要「因乘富貴之資力，以與民爭利於天下」（《漢書‧董仲舒傳》），這是違背了「天之理」。強調「貧富之道，莫之奪予」，「鹽鐵皆歸於民」。提出「限民名田，以贍不足」，「塞併兼之路」的抑兼併主張。對「富者田連阡陌，貧者亡立錐之地」的階級矛盾現象予以揭露。嚴厲批評商鞅及秦朝政府的高稅政策，反對重稅於民。董仲舒主張「薄賦斂，省繇役，以寬民力」。薄稅斂思想先秦思想家均或多或少地有一些反對重稅的思想，而以儒家「薄稅斂」的號召影響最大，成為秦漢以來反覆宣揚而從未實現過的財政教條。

唐代著名政治家陸贄，德宗時任翰林學士，後為宰相。議政「常以百姓為憂」，以直言極諫著稱。陸贄主張薄稅斂，多次強調其對鞏固封建統治的意義，指出「民者邦之本，財者民之心。心傷則本傷，本傷則枝幹凋悴」，認為「當今之要，在於厚人而薄財，損上而益下」，要求政府恤民困，薄稅斂，廢除陌錢、間架稅，開放山澤之禁，諸如竹木茶漆之稅、権鹽之法，應

統統停罷，以鼓勵人民從事生產勞動。減輕稅斂勢必減少國家的財政收入，因此陸贄又提出節用的主張，認為「取之有度，用之有節，則常足；取之無度，用之無節，則常不足」。節用的標準是「量入為出」。指出：「聖王立程，量入為出，雖遇災難，下無困窮」。陸贄是兩稅法的批評者。兩稅法則是「量出制入」，兩字之差，稅收的政策差別就大了。「量入為出」是按照著百姓的納稅能力來頂國家的開支，「量出制入」是全然不顧能力而收稅。貞元十年（公元795年）身任相職的陸贄曾提出實行兩稅法後使「人益困窮」的七大弊端，主張廢除兩稅外的一起可斂和取消以錢為計稅標準等。

北宋時期著名政治家，文、史學家司馬光，在父親嚴格的儒家思想教育下長大，通過科舉考試，一帆風順地升到館閣「清要」之地，置身於社會上層。守舊派人士，他跟主持變法的王安石發生了嚴重分歧，幾度上書反對新法。他認為刑法新建的國家使用輕典，混亂的國家使用重典，這是世輕世重，不是改變法律。所謂「治天下譬如居室，敝則修之，非大壞不更造也。」司馬光與王安石，就竭誠為國來說，二人是一致的，但在具體措施上，各有偏向。王安石主要是圍繞著當時財政、軍事上存在的問題，通過大刀闊斧的經濟、軍事改革措施來解決燃眉之急。司馬光則認為在守成時期，應偏重於通過倫理綱常的整頓，來把人們的思想束縛在原有制度之內，即使改革，也定要穩妥，因為「大壞而更改，非得良匠美材不成，今二者皆無，臣恐風雨之不庇也。」司馬光的主張雖然偏於保守，但實際上是一種在「守常」基礎上的改革方略。

明末著名的理學家王夫之對於歷代賦稅制度有過深刻的論述，總體觀念是反對重稅徵收，提倡輕繇薄賦。歷史上的一切賦稅增加，都遭到王夫之的反對。特別是楊炎與王安石的變法運動，由於增加了人民的負擔，王夫之反對尤其激烈。「後世賦役虐民之禍，楊炎兩稅實為之作俑矣。」，「橫加賦斂，因事取辦而無恒，乃至升斗錙銖皆灑派於民，而暴吏乘之以科斂。」，「吏之奸，民之困，遂浸淫而無所止。」，「此為法外之征矣。」他評王安石是虐政，「徒以殃民而無益於國馬，相踵以行，禍延無已，故曰害最烈也。」且不論王夫之對王安石的評價是否正確，但他反對向人民多徵賦稅是正確的，「役其人，不私其土，天之制也；用其有餘之力，不奪其勤耕之獲，道之中也；效其土物之貢，不斂其待命之粟，情之順也；耕者無虐取之憂，不耕者無幸逃之利，義之正也。」他在土地是否按好壞徵稅的問題上，反對分等級，認

為這樣做會造成「則肥其田者禍之所集，而肥者必磽。」與反對重徵民稅的觀點一樣，認為地肥徵重稅，那就會防礙人們的生產積極性。社會要進步，就要穩定農民，給他們以實惠，按同一等級徵稅，迫使壞田變好田，才能提高生產的積極性。所有這些設想，都是從重農出發。「漢發七科謫充戰士徵胡，法已苛矣，乃猶有正俗重農之意焉。」就連秦漢的七科謫，他都是贊成的，就是因為那是重農的體現。「夫王者之愛養天下，如天而可以止矣，寬其役，薄其賦，不幸而罹乎水旱，則蠲徵以蘇之，開糴以濟之。而防之平日者，抑商賈，禁貰傭，懲遊惰，修陂池，治堤防，雖有水旱，而民之死者亦僅矣。賦輕役簡，務農重穀。」以上說明王夫之的有關重農主義思想的言論很多。

　　與顧炎武、王夫之齊名，並稱為「明清之際三大思想家」的黃宗羲，其觀點體現出他具有鮮明的民主主義思想色彩，特別是他認真地反思了中國上自三代下至明朝的歷代賦稅制度，認為「天下之賦日增，而後之為民者日困於前」，使人民苦於「暴稅」之三害：「有積纍莫返之害，有所稅非所出之害，有田土無等第之害」，主張「重定天下之賦」，而定賦的標準應「以天下為則」。其「積纍莫返說」被現代學者稱為「黃宗羲定律」，引起了中國高層決策者的注意。總理溫家寶上任伊始，即把關注的目光投向了久拖未決的「三農」問題，他的我們一定能夠走出「黃宗羲定律怪圈」的話，如今已成為一句名言，這就預示著中國政府在宏觀政策和制度改革方面將發生變化。

　　另外，道家也是主張「輕繇薄賦」的。如春秋時期思想家，道家學派創始人老子認為：「道」是天地萬物的根源，並支配其演變。提出「道常無為而無不為」的觀點，主張順乎自然，無為而治。從這一基本思想出發，老子對國家及與國家密切相關的賦稅持完全否定的態度。老子認為，統治者徵收賦稅是違背天道：「天之道損有餘而補不足。人之道則不然，損不足以奉有餘」。它加劇了社會的貧富對立和矛盾衝突，使百姓陷於貧困，「朝蒼除，田甚荒，倉甚虛；服文采，帶利劍，厭飲食，財貨有餘，是謂盜竽，非道也哉！」，「民之饑，以其上食稅之多，是以饑。」他認為統治者徵收重稅將導致自己的滅亡，「甚愛必大費，多藏必厚亡」，主張聖賢的君主不積纍財富「聖人不積」。老子要建立的，是一個符合道的精神，沒有階級，沒有國家，沒有戰爭，也沒有賦稅的「小國寡民」的社會，這只是一種渺茫的空想，是違背歷史發展進程的。然而，老子也揭露了賦稅剝削的本質，指出它是百姓貧困的

根源，從這個意義上說，老子的賦稅觀也具有積極的一面。

二、儒家提倡輕繇薄賦的內容和實行

儒家所提倡輕繇薄賦，對歷代的統治者的稅收政策曾產生重要影響。例如：齊桓公就曾實行過「關市譏而不徵」的經濟政策。《管子‧大匡》說：「桓公踐位十九年，弛關市之征，五十而取一。」《國語‧齊語》也說：「通齊國之魚鹽於東萊，使關市譏（稽）而不徵，以為諸侯，諸侯稱廣焉。」《管子》的「關市譏而不徵」謀略，告訴我們這樣一個道理：要繁榮經濟，吸引外來商人，讓他們獲得一定的利潤，就要在稅收上給予一定的優惠。齊國採納了《管子》的主張，因而靠商業帶動了經濟發展，在群雄爭霸中脫穎而出。戰國時期的孟子受《管子》的影響，也主張「關市譏而不徵」，以便促進商貿業的發展。《孟子‧公孫丑上》記載說：「市，廛而不徵，法而不廛，則天下之商皆悅，而願藏於其市矣；關，譏而不徵，則天下之旅皆悅，而願出於其路矣；如此，則無敵於天下。」孟子的「關市，譏而不徵」，「市，廛而不徵」是與《管子》的「關市幾而不徵，市廛而不稅」一脈相承的，由此可見「關市幾而不徵」對後世的影響。

漢文帝採取的稅收措施減省租賦為了吸引農民歸農力本。文帝以減輕田租稅率的辦法，改變背本趨末的社會風氣，用來激發農民的生產積極性。漢文帝二年（前 178 年）和十二年（前 168 年），曾兩次「除田租稅之半」，即租率由十五稅一減為三十稅一，即納 1/30 的土地稅，十三年還全部免去田租。自此以後，三十稅一成為漢代定制。此外，算賦也由每人每年 120 錢減至每人每年 40 錢。同時還減輕繇役。文帝偃武興文，「丁男三年而一事」，即成年男子的繇役減為每三年服役一次。這樣的減免，在中國歷史上是獨一無二的。又弛山澤之禁。文帝後六年（前 158 年）下令，開放原來歸屬國家的所有山林川澤，准許私人開採礦產，利用和開發漁鹽資源，從而促進了農民的副業生產和與國計民生有重大關係的鹽鐵生產事業的發展。弛禁的結果，「富商大賈周流天下，交易之物莫不通」。廢除過關用「傳」制度。漢代在軍事重鎮或邊地要塞，都設關卡以控制人口流動，檢查行旅往來。出入關隘時，要持有「傳」，即通過關卡的符信（憑證），方可放行。文帝十二年（前 168 年）三月，文帝取消出入關的「傳」，從而有利用於商品的流通和各地區間的經濟聯繫，對於農業生產的發展也有一定的促進作用。儒家理想完全

全成爲現實。

後周太祖郭威在位期間，對改革累朝弊政頗有成績。免除後漢所設額外苛斂以及中唐以來地方官進奉的「羨餘物色」；對累朝極爲嚴酷的鹽、酒、皮革的禁令稍予放寬；授無主田土給數十萬歸中原的幽州饑民，放免其差稅。以田分給現佃戶充永業，使編戶增加 3 萬多。無主荒地聽任農民耕墾爲永業，提高農民生產的積極性。

南唐的開國皇帝李昇，自奉節儉，常布衣草鞋，且「左右使令，惟老醜宮人」。長期堅持實行「保境息民」政策。「分遣使者按行民田，以肥瘠定其稅，民間稱其公允」，給了老百姓休養生息的空間。採取宰臣宋齊丘的「虛抬時價，折實交稅」，廢除丁口錢，賦稅低、司法平，南唐很快就富起來了。

五代十國時的楚王馬殷，利用楚國產茶多的特點，提倡種茶，讓農民自採茶葉賣給北方商客，官收茶稅。每年向梁太祖貢茶 25 萬斤（《舊五代史》作數萬斤），換賣茶權。梁許其在汴、荊、襄、唐、郢、復等州設茶商店，運茶到黃河南北交換衣料和戰馬，獲利十倍。馬殷免收商稅，招徠四方商賈。湖南產鉛、鐵，鑄爲鉛錢、鐵錢，十文當銅錢一文，通行境內。商人出境，鉛、鐵錢不能使用，只好購買湖南物產帶走。「以境內所餘之物，易天下百貨，國以富饒。」（《舊五代史》）楚國因馬殷閉境自保，少受兵亂災禍而富庶。

歷朝歷代橫征暴斂結果，無不亡國。秦始皇統一天下之後，施用嚴刑峻法，橫征暴斂；大興土木，營造阿旁宮；農民被迫把收穫物的三分之二上交賦稅，還要負擔沉重的繇役，被徵去修阿房宮、陵墓、築長城達 200 多萬人。秦始皇的暴政給人民帶來了莫大的災難，人民無法生活，不得不起來反抗，以求生路。秦王朝二世而亡，只存在了 15 年。

隋文帝崇尚節儉，《資治通鑒》說他「愛養百姓，勸課農桑，輕繇薄賦，其自奉養，務爲儉素。」他沿襲北齊的均田制和賦役法，注意減輕民眾負擔。隋煬帝雖在賦役立法上並未加重民眾的負擔，而且還廢除了婦人和奴婢、部曲的課役，把男子的成丁年齡放寬到 22 歲。可是，他大造宮室在洛陽建新都，每月徵發丁男 200 萬人服役，並徵發奇材異石，嘉木異草，珍禽奇獸，置諸園囿；徵丁男 100 多萬人開通濟渠，又開邗溝，這樣，自洛陽西苑乘船可直達江都，官吏嚴厲督工，民夫死去很多。又選龍舟和雜船數萬艘。公元 605 元，他乘四層高的龍舟，率領一、二十萬人出遊江都，拉船的壯丁就有

8 萬多人，還不算拉軍船的士兵，船隊長 200 多里，騎兵則沿兩岸護送。三次發動對高麗的戰爭。爲此徵集河北男女 100 萬人開永濟渠，與通濟渠相接，兩渠共長 3,000 多里。三大愛好促使他在賦役法之外橫征暴斂，以致主產凋蔽，民眾無以爲生，人相啖食，結果引發了農民大起義。他在位 14 年，就把隋朝斷送了。

三、簡化稅政與單一稅制說

儒家對古代稅收的理想其常說的三句話：其一：對農業稅收是「什一而稅」；其二：對商業稅收是「關市譏（注：稽的通假字，下同）而不徵」；其三：對山澤稅是「澤梁無禁」。其實質是貫徹的是「輕繇薄賦」思想，只向百姓徵收農業稅，簡化稅種。橫征暴斂就要害民亡國，稅收得當可以興國安民。

秦漢以來對農民稅收相當複雜。按照土地數量徵收糧食，按戶數徵算賦錢，按人口徵口賦。按勞力征徭役。同時政出多門，太倉管糧，少府管錢。曹魏時，改爲「戶調製」，改收錢爲按戶收布帛。唐代前期實行租庸調製，每丁每年要向國家交納粟，稱做租；交納絹、綿、布、麻三斤，稱做調；服徭役，稱做庸。繳糧食、布帛要有羨餘，銀兩有折色。人們想簡化稅收手續和項目。

明代行一條鞭法，意圖簡化稅法。部分丁銀攤入田畝徵收，部分丁銀按人丁徵收。康熙推行「攤丁入畝」到乾隆時通行全國，後地丁合一，丁銀和田賦統一以田畝爲徵稅對象，簡化了稅收和稽徵手續。將丁銀攤入田賦徵收，廢除了以前的「人頭稅」，所以無地的農民和其它勞動者擺脫了千百年來的丁役負擔；地主的賦稅負擔加重，也在一定程度上限制或緩和了土地兼併；而少地農民的負擔則相對減輕。

爲了簡化稅政，人們也常談論「單一稅」，即「單一稅制」或「單稅制」，目的也是簡化稅收辦法。「單一稅」是「複稅制」的對稱。即一個國家只實行一種稅的稅收制度。是從稅制結構的角度對稅收制度的一種分類。在稅收理論上，曾有過實行單一稅制的主張。如單一土地稅制、單一所得稅制、單一資本稅制和單一消費稅制等。簡化就是單一稅的最大優點，也是消除稅制複雜化的一把鑰匙。實際上沒有任何國家實行過單一稅制。中國從 1973 年到 1981 年，對國營企業只徵收工商稅一種稅，但這並非單一稅制，因爲就

整個國家來看，這一時期還存在工商所得稅、農業稅、關稅、屠宰稅、牲畜交易稅、城市房地產稅、車船使用牌照稅、契稅等多種稅收。面對廣泛的稅基和單一稅率，納稅人的替代選擇空間極爲有限，他們站在同一稅負起跑線上公平競爭。「複合稅」的主要優點是：可以廣闢稅源，能夠充分而有彈性地滿足國家財政需要；便於發揮各個稅種特定的經濟調節作用，可以全面體現國家政策；徵稅範圍較爲廣闊，有利於實現公平稅負目標。而缺點是：從價稅額與從量稅額的比例難以確定。

參考文獻

〔1〕中國財政簡史，中國財政經濟出版社，1980。

〔2〕新中國稅制演變，天津人民出版社，1985。

〔3〕陳高華，史衛民著，中國經濟通史：元代經濟卷，經濟日報出版社。

〔4〕趙德馨主編，李幹，周祉徵著，中國經濟通史（六），湖南人民出版社，2002。

〔5〕劉佐著，中國稅制概覽，經濟科學出版社，2003。

〔6〕黃天華著，中國財政史綱，上海財經大學出版社，1999。

〔7〕朱伯康，施正康著，中國經濟史，復旦大學出版社，2005。

〔8〕《清續文獻通考卷四十二・征榷十五》。

〔9〕元史，宋濂等撰，中華書局標點本。

歷代農稅改革探討

提　要

　　古代的農業財稅改革目的明確，是爲了增加國家的財政收入，解決納稅不均和逃稅等問題。歷次改革基本是順應社會、經濟的發展。而且所制定的農業正稅政策，都是遵循「什一而稅」的標準，從不逾越。歷代農民負擔重的原因，不是正稅，而是苛捐雜稅、納稅不均和地租重等問題。

一、歷代農村賦稅改革概述

　　幾千年來，中國農民始終負擔著社會的存在和發展重任，爲其提供勞力和財富。廣義的負擔包括：捐稅、貢賦、攤派、勞役、地租、債息、工農業產品的剪刀差等。

　　農業稅收是隨著社會生產的進步和國家政權的建立而發展起來。農業稅一直是歷代國家的主要財政收入。賦稅具有強制性、無償性和固定性等特徵。稅一問世，就在國家政治經濟生活中起著重要作用，是維護國家機器正常運轉的保障。稅的徵收合理與否，與國家的安定與動盪和人民的生活富裕與貧困息息相關。

　　我國自稅制建立後，經過不斷的變革、調整和發展，積纍了許多經驗和取得了不少教訓，值得今人借鑒。古代農業稅收從無到有，逐步變革，曾經經歷過夏、商、周三代時的「什一而稅」；春秋時代的齊國「相地而衰徵」、魯國的「初稅畝」和秦國的「初租禾」；漢代的田租、口賦；魏晉時期的戶調製；唐初時期的租、庸、調；中唐時期的「兩稅法；明代的「一條鞭法」；

及清代的「攤丁入畝」等階段。這些農業稅制，都屬於政府頒行的相對穩定、實行時間較長的主流稅制。一般實行都在數百年、甚至千年以上。如「兩稅法」從唐建中元年（公元 780 年）開始推行，到明代萬曆九年（公元 1581 年）改革爲「一條鞭法」，經歷了唐、五代、宋、遼、金、元和明共計 11 朝代，共 800 年。至今農村仍然是實行夏、秋兩季徵收農業稅，足見其影響之深。

（一）井田制下的初始農村賦稅制

《史記》載：「自虞、夏時，貢賦備矣。」我國最早建立稅收制度的應是夏商周三代時期的「什一而稅」。當時生產力還很低下，在井田制下，主要使用耒耜生產，「執耒而耕」，農作物產量不高。據《孟子・滕文公》載：「夏后氏五十而貢；殷人七十而助；周人百畝而徹，其實皆什一也」。釋爲夏代每夫種田五十畝；殷商每夫種田七十畝；周人每夫種田一百畝。在井田制的條件下，不論是農民八家一井助耕公田的助法，還是交納實物的貢法，都是按照約爲收穫量的十分之一收稅。這就是著名的「什一而稅」。當時的農田面積計算是：「百步爲畝」，只相當於秦以後執行的二百四十步的標準畝的百分之四十餘。據古代的政論家的評論，建立「什一而稅」是合理的，「什一者，天下中正也」。（注：見於《春秋・公羊傳》。）稅收超過了百分之十，是「大桀小桀」。「桀」是指夏桀無道昏君，橫征暴斂；少收稅額則是「大貉小貉」。貉是當時北方部族，無社稷、宗廟的未開化的部族。中國幾千年來，一直信奉「什一而稅」，這是最合理的農業稅收標準。又據《左傳・昭公七年》載：「有賦有稅，稅以足食，賦以足兵。」說明了當時農民交納除了稅還有賦，用途各不相同。徵稅主要用於供給王室、官員的食祿，所以說爲「稅以足食」；而徵賦是供應戰爭之需，所以說爲「賦以足兵」。軍賦包括兵役和軍賦，在周代一般每一家出一人服兵役，按照規定輪換，由貴族當首領。據《漢書》記載：「因井田制軍賦」。十六井爲一丘，出戎馬一匹，牛三頭；四丘爲一甸，出戎馬四匹，兵車一乘，牛十二頭，甲士三人，卒七十二人，自備干戈武器。即所謂「丘甲制度」。農民的另一項負擔就是力役。一般成人每年服役一至三天。田、身、物成爲歷代國家向農村徵收賦稅的依據和核算基礎。

（二）井田制衰落後的按畝計徵

第二次的農業財稅變革，則是春秋時代。春秋時代，周天子王室衰微，

諸侯並起，井田制難以執行。由於農具的進步，技術發展，牛耕的廣泛使用，生產水平大大提高。統治者的需求也在增大，必然要增大稅收，發展按畝收取賦稅，勢在必行。管仲輔佐齊桓公推行「相地而衰徵」，即按照實畝劃分等級收實物。特別是魯宣公十五年（前 592 年）推行的「初稅畝」見於《春秋》，詳爲敘述了按畝計徵實物的農業稅收的改革。而「履踐索行」丈量土地，按種植面積徵實物稅，不但突破了「八家一井」的種田納稅格式，也突破了「什一而稅」的傳統稅率。《論語》曾記載魯哀公和孔子弟子有若的對話。爲了改善魯國的經濟狀況，有若建議用「徹法」，即恢復「什一而稅」。魯哀公說：「二吾猶不足，如之何徹也」。說明在當時魯國農業稅率計劃提高到了百分之二十，但受到儒家的反對。秦簡公七年（前 479 年）仿傚魯國初稅畝辦法，實行初租禾。這些稅制改革主要是爲增加國家稅收量，以滿足統治者的需要。在這個時代，群雄角逐，統治者又追求生活奢靡，急需調整、增加稅收。同時也存在需要調整納稅不均的問題，以安定民心。管仲推行「相地而衰徵」稅收改革，就是按照田地的肥瘠劃分等級徵稅，以達到「則民不移」，把民眾安定下來，防止離散。這個時期的田稅和軍賦逐漸形成合一。如魯哀公十二年季康子徵收軍賦全部按土地量徵發。

（三）土地私有化的農稅改革

「除井田，開阡陌」土地政策，是第三次農村財稅變革的基礎。戰國時期以後，由於鐵器廣泛在農業上使用，生產力大大提高，土地大量被私人佔有。秦朝施行「黔首實其田」清查私人佔有耕地數量，按田畝徵定額稅。並且實行橫征暴斂的暴政。漢代大儒董仲舒曾說過，秦代「一歲力役，三十倍於古；田租、口賦、鹽鐵之利，二十倍於古」。漢初實行十五稅一。文、景時期，爲了使民休養生息，輕繇薄賦，實行三十稅一。又設算賦和口賦（俗稱人頭稅）徵收錢。實則爲原徵收軍賦的演變，漢高祖時「民年十五以上至五十六出賦錢」，「人出一算，算百二十錢，唯商人與奴婢倍算」。（注：見《漢儀注》。）文帝時爲了減輕人民負擔，曾減至四十。漢武帝時經常對外用兵，軍事開支加大。每人每年由納錢二十，增加到二十三。還有戶賦、力役更賦，也是徵收錢財。此時期稅收特點，按照田畝徵租，按照人口徵賦，除了徵收實物外還徵收錢財。也說明當時商業有了發展，貨幣在經濟活動中地位上升。

漢代的農稅雖然不算高。但是，政府實行「鹽鐵官營」和「平準均輸」壟斷了全國的鹽鐵、糧食和運輸業，商業的發展出現商業剝削和高利貸，加

重了農民的負擔。特別是土地私有化出現的地租剝削使農民負擔更是過重。董仲舒曾說過「或耕豪民之田，賦稅什五」。《漢書‧王莽傳》亦載：「而豪民侵陵，分田劫假。闕各三十稅一，實什稅五也。」

（四）魏晉南北朝時期的戶調製變革

第四次變革原因是由於三國時戰爭連綿不斷，經濟處於困境，物資極度貧乏，貨幣在經濟活動中地位下降，質量很差。這一時期是歷史上貨幣最為混亂，信用不高的時代。三國時蜀國、南朝梁武帝都曾用鐵鑄錢，稱為「鐵五銖」。有的錢又薄又小，稱為「榆莢錢」，像南朝劉宋景和、永光年間所鑄之錢幣只有二銖重。為了及時得到實物，曹魏開始徵收實物如絲絹之類，是口賦、算賦的變革形式，稱為「戶調」。晉代把戶調固定下來。除「夫五十畝收租四斛」外，（注：見《初學集》卷 27。）還每年交納絹三匹，綿三斤。戶主為婦女或次丁男的折半。這實為平均數，再按照貧富分成九等增減稅額，富戶分擔多，貧戶分擔少，稱為「九品相通」。從稅收的性質看，由直接對人的勞動徵稅，向對人所擁有的財產徵稅轉變。也反映出當時社會存在著貧富差異顯著的現象。

在戰亂頻仍時代，各方面都需要大量的人力備戰、應戰，農民的徭役負擔必然十分沉重。三國時「功役之費，以億萬計」。（注：（見《三國志》（五）。）晉代范寧指出：「古者使人，歲不過三日；今之勞憂，殆無三日休停」。（注：（見《晉書》（七）。）雖然是些形容詞句，足見勞役的沉重負擔。南朝常三丁中抽一丁，北朝的石虎當政時，一家五丁取三，四丁取二。

（五）均田制下唐初實行的租庸調

第五次開始於後魏孝文帝推行「均田制」。在租調製基礎上，到唐初演變為「租庸調」法。北周租調的最高份額，按照授田數一床（一夫一妻）調絹一匹，綿八兩，租粟五斛。因為是「計丁授田」政策，每戶田地份額基本相當，按畝或按丁收取租稅是一回事情，是均田制的特點。同時力役也有明確規定，每丁歲役二旬，出絹可以當庸值。在均田制的分配田畝數量和質量上都注意了每個勞動力所分配的均平的問題，像土地質量差的田地，分配方面多分倍份田，給予照顧，而且稅收是以分田量掛鈎，相對比較均平。唐代實行的租、庸、調稅法內容即是：有田則有租；有身則有庸；有戶則有調。課稅的標準，從名義看是田、戶、身，但其基礎是丁。在計丁授田的均田制下，以丁的性別、年齡、進行劃分，作為分田的對象。唐代以前以床為徵收單位，

唐代均田制則規定婦女不授田，故以課丁爲單位。每丁授田一百畝，歲入租粟二石；調隨鄉土所出，輸紡織品（絹、綾、施）二丈，綿三兩。庸爲力役，每丁一年服役二十天，閏年加二天。

　　唐初武德年間還推行戶稅和地稅，作爲稅補充。這類稅不同於租庸調。戶稅是按財產多少將戶分爲九等，按戶的等級交納不同的錢幣。均田制是「計口授田」，丁和畝是一致的。租、庸、調徵稅是以丁爲根據。而王公貴族，地主豪強多免丁而且免役免稅。徵發戶稅有增加國家稅收，平衡負擔的雙重作用。均田制授田外，也常常額外墾田。徵發地稅，是按墾田量徵實。權勢豪強常會墾田多，對之多徵稅也有增加國稅，平衡負擔的作用。地稅原本是用於賑災「義倉」，到唐中期，因國家財政困難而用於財政支出。

（六）兩稅法的農稅改革

　　第六次變革農村財稅制度爲唐德宗時（公元 780～804 年）推行的「兩稅法」。因爲人口的增殖，土地難以進行還授，計口授田再無法繼續執行下去。又因爲許多有特權人免稅，出現稅收減少而且不均，農民大量逃亡，租、庸、調也難以執行。正如《新唐書・楊炎傳》所說：「富人多丁者，以宦、學、釋、老得免。貧人無所入則丁存。故課免於上，而賦增於下。是以天下殘瘁，蕩爲浮人，多居地者百不四五。」宰相楊炎制定的兩稅法包括以下內容：量入爲出統籌國家財政銀兩支出，然後將納稅額分配到各地；不分客、主戶按現居住地登記戶籍，就地納稅；以貧富爲差別，戶爲分九等；夏、秋兩季交稅，按戶納錢，按畝納粟（糧食），錢穀定稅折徵綾絹雜物。因爲商品經濟的發展，銀錢在徵稅方面的地位呈上升勢頭。由於均田制的逐漸解體，土地私有化加劇，原本是主導的稅法——租、庸、調難以執行。中唐以後以財產爲主的稅種收入，不斷擴大，地位日漸重要，也爲兩稅法的過渡，創造了條件。

　　此後，宋、遼、金、元乃至明初都實行兩稅法，但內容有所變化。由於商業經濟的發展，工商稅種不斷增加。如宋代以物品爲徵稅的對象，就有四類二十七種，大部分是農產品（茶、茱、果、藥材、畜產品等都在其內），再徵收農業稅有重複納稅問題的存在，加重農民的負擔。宋代的徭役是按照戶等標準定役，有職役和雜徭。職役爲官府當差，像《水滸傳》中一些人物所充當差役的身份，例如保正（晁蓋）、押司（宋江）、孔目（裴宣）、鄉書手（蕭讓）以及弓手、虞侯、傳送文書等都是這類被派的差事。這類差事一般是由高等戶承擔或雇用人員充當。雜徭則是臨時派遣，從事修路、治水、築壩等。

雜役多半落在貧民頭上。王安石變法，由以身充役，改爲以錢代役。徭役已成爲名符其實的稅。這就爲明代的一條鞭法即賦稅勞役合一的出現打下基礎。各時期的賦稅都有變化，例如南宋理宗時，因國家財政困難，還向農民預借稅款。因爲情況很複雜，本文只能按照正常的農村稅收政策作爲研究範圍，其它不便多贅。

（七）明代中期的一條鞭法

「兩稅法」實行將近八百年。經宋、遼、金、元到明代田賦不均的問題依然沒有解決。「豪民有田不賦，貧民曲輸爲累，民窮逃亡，故田額頓減。」（注：見《明史記事本末》卷 61《江陵柄政》。）爲此明嘉靖、隆慶年間試行過「一條鞭法」。於萬曆九年（公元 1581 年）全面推行。這是第七次農業財稅方面大的改革。一條鞭法的基本精神是：賦役合一，各類徭役隨田賦一併徵收；正雜統籌，所有正稅、雜稅均按照田地、丁額均攤；計畝徵銀，實物徵銀。明代的農業稅收改革也說明當時商業有發展，貨幣在經濟方面已經起重要作用，賦稅以徵收貨幣爲主。明朝有一些時期，因爲特殊需要，在正稅外還要加派賦稅。如正德年間火災後修復乾清宮；萬曆年間爲抗擊日本援助朝鮮提供遼東的軍需；爲鎮壓播州楊應龍起義，都實行了數量很大的加派。用於軍事的遼餉加派、剿餉加派、練餉加派史稱「三大徵」。

明朝是處於資本主義萌芽的時期，工商業較爲發達。隨之而來工商稅收大量增加。除了鹽、茶專賣，還有坑冶、酒醋、市舶諸課，以及商稅。商稅稅額在弘治年間，每年到十三萬餘兩。工商業稅的增加，客觀上起到減輕農民負擔的作用。

（八）清代的攤丁入畝

清初農村的賦役沿用明制。順治元年的詔書說：「地畝錢糧，俱照前朝會計錄原額，自順治元年五月初一起，按畝徵解。凡加派遼餉、新餉、練餉、召買等項，悉數蠲免。」田賦徵收物品、糧、錢、銀，以銀爲主，分夏、秋兩季徵收。夏徵在二至五月（爲陰曆），稱爲上忙；秋徵在八月至十一月，稱爲下忙。清初按照「一條鞭法」徵收地稅丁銀。但是由於地丁在土地自由買賣中經常變動，加之丁銀負擔重，會使無地農民常常隱匿逃逸。官吏則是隱瞞丁額，多留少報，從中貪污，而使朝庭感到丁銀難徵，稅額不穩。

清代康熙五十一年開始實行「攤丁入畝」。「將直隸各省現今徵收錢糧冊內有名人丁，永爲定數。嗣後滋生人丁，免其加增錢糧，但將實數另造清冊

具報」。（注：見《養吉齋全錄》。）雍正、乾隆兩朝繼續推行「攤丁入畝」。這種方法是繼「一條鞭法」進一步的改革，所以稱為「真一條鞭矣」。這次改革的中心目的還是解決納稅不均的問題。雍、乾兩朝的聖旨一再強調「無論紳衿富戶，不分等則，一例輸將」。這種改革對擁有土地多的富戶加強了收稅力度，稍有利於土地少勞力多的貧戶，促進了農業生產的發展。

「攤丁入畝」產生的原由，還是為了保證稅收，穩定社會，順應經濟的發展。它是以「一條鞭法」基礎上發展起來的。因此，不必粉飾為是康熙的「愛民」意識和「改革」精神。

二、對古代農業財稅變革的評議

（一）古代農稅徵收的指導思想

中國古代受儒家思想的影響最大，在農業稅收上的指導思想是輕繇薄賦。自古以來「什一而稅」是儒家所提倡的合理稅率。如孟子對滕文公說過：「夏后氏五十而貢，殷人七十而助，周人百畝而徹，其實皆什一也」。（注：見《孟子‧滕文公上》。）又如孔子的弟子有若見魯哀公，哀公問計於有若「年饑用不足，如之何？」，有若就說：「盍徹乎」。（注：以上見《論語‧顏淵篇》。）也就是讓其實行周人的徹法「什一而稅」。魯哀公又說：「二吾猶不足，何其徹也」。有若答覆說：「百姓足，君孰與不足。」就是說國家收稅少了百姓富足，國家也自然富足了。所以中國幾千年來始終把農業稅率不超過百分之十，當成重要的指標。超過百分之十就是高稅率，成為不可逾越的一種非成文信條。

歷代政府所制定的農業稅率並不高，如果按照正稅徵收農民的負擔並不大。這表明統治者也懂得「水能載舟，亦能覆舟」的道理。一般在制定農業稅收政策時會考慮農民的承受能力。過度的高稅率會產生嚴重的後果。如人民不堪重稅的壓迫，或群起謀叛，或逃亡他鄉，江山也會不穩。所以在每次的財稅改革之初，政府還是嚴格執行，也收到較好的效果。漢初實行輕繇薄賦，三十稅一，而出現了文、景之治。皇帝自己也注意以身作則，率先節儉，以減輕人民負擔。文帝為了減少開支，採取了許多措施。如遣散惠帝時的美人，禁止諸侯入貢。「衣履綈革，器亡雕文金銀之飾。」（注：見《漢書‧貢禹傳》。）穿的衣服不曳地，幃帳不繡花紋，使用瓦器，以示節儉。魏孝文帝推行「均田制」，取得均負擔的效果，促進生產的發展。唐代中期推行的

「兩稅法」,憲宗時執行好於德宗,將國家財力用於賑濟、平糶和減免租賦,收到較好的效果。

(二)超額斂索是使農民負擔加重的原因

一般說來,歷代王朝於立國之初,所制定的正稅都比較低,農民一般可以承受,所以有「農民完了糧,就是自在王」的說法。但是農民實際負擔,在一些時代確實是很大,特別是在王朝後期。這種沉重負擔,不是重在正稅,而是重在沒完沒了的沉重徭役,額外的苛捐雜稅。負擔加重在一些特殊的情況下是合理的,如為了反侵略戰爭,國家有重大事情,額外增加稅負是可以理解的。但是大多是對外勞師遠征,對內大興土木,或滿足皇室、官員的淫佚驕奢的生活。如唐推行「兩稅法」後不久,唐德宗為了滿足貪婪的需要,帶頭破壞稅制。大詩人白居易在《重賦》詩中(注:兩稅法推行於公元 780年,此詩約成於稅法推行 30 至 40 年後。)作了中肯的描述。其詩提到:「……國家定兩稅,本意在優人。厥初防其淫,明敕內外臣。稅外加一物,皆以枉法論。奈何歲月久,貪吏得因循。濬我以求寵,斂索無多春…」正如明代著名思想家黃宗羲所說的賦稅三害中的「積重難返」之害。「兩稅法」後在正稅外又出現了「羨餘」這個公開貪污的缺口。《重賦》詩中就提到:「號為羨餘物,隨月獻至尊。奪我身上暖,買爾眼前恩」。「羨餘」興於唐德宗,在正稅以外,官員用加重賦稅,販賣商品,剋扣俸祿等手段,聚斂財物,除中飽私囊外,獻給皇帝的稱為「羨餘」。清代各州縣收田賦糧米時,藉口有雀、鼠損耗,增收耗糧,徵收銀兩又藉口溶化時有「火耗」。正稅外多徵部分交給上級的也稱為「羨餘」,留的部分稱為「養廉」。明代實行「一條鞭法」後改徵銀兩。原徵物稱為「本色」,改徵銀兩稱「折色」。在折算中又成為加重農民負擔的缺口。清代後期由於太平天國戰爭,為了解決軍費開支,清政府又加徵田賦附加和還「釐金稅」,加重農民負擔。以上所列還是有名堂的。無名堂的橫征暴斂更是不知其數。減輕農民負擔,除了要制定合理的稅收制度,關鍵還在於執行的人。

(三)古代農業財稅變革總趨勢是順應經濟發展的

古代的農業財稅改革基本是符合社會發展規律的。每次稅改都能延續使用相當長的歷史時間,說明有一定的合理性。井田制下賦稅基本形式是以勞役為主的,八家一井,共同出勞動力種植公田,公田的收成歸公,是為貢賦主要形式。在長期的歷史中,官府是徵收實物為主,如糧食、布匹、絲絹、

土特產等。隨著社會經濟的發展，特別是工商業在經濟上越來越重要，貨幣逐漸顯現其作用，農業財稅逐漸徵收貨幣（銀錢）。到清代實行「攤丁入畝」稅收已全部徵收銀兩了。從勞役——實物——貨幣的徵稅變化過程，反映了社會發展的基本要求。稅收政策進步的另一表現是：農業稅收由以人爲徵收對象的徵稅辦法，俗稱「人頭稅」，逐步向財產稅發展。唐代以前，土地數量相對比較多，還構不成稀缺資源。就是人口數量較多的西漢末年漢平帝時，人均土地還達到 13.88 畝，勞力有足夠的土地耕種。如晉代的「課田制」規定每個「丁」（勞力）要種五十畝地。北魏推行的「均田制」則是「計丁授田」，以丁計稅和以畝計稅沒有大的區別。宋代以來以財產爲計稅逐步普遍。等到清康熙推行「攤丁入畝」就完全實行財產稅了。這同樣是反映社會進步表現的一方面。但是對這種變革有些古代學者存有異議，明代黃宗羲就認爲：這種收取錢銀的稅收制度「所稅非所出」是稅收三害之一。熟悉明代典章制度的任源祥也曾在《賦役議》一文中指出：「折色用銀，銀非民之所固有，輸納艱難，一害也。」這些議論，在理解上有一定的錯覺，不夠全面。害的產生，實爲官吏們利用制度的漏洞、巧立名目、盤剝百姓、魚肉鄉里，並非制度之弊病。

　　大的農業財稅改革，其推動是當權者，改革的目的很明確，是增加國家的稅收，解決財政困境。魯推行「初稅畝」是因爲「時宣公無恩信於我民，民不肯盡力於公田，故履踐索行，擇其善畝穀好者，稅取之。」（注：見《春秋·公羊傳》。）漢代實行算賦、口賦（俗稱人頭稅）是爲了徵收不種田的商人賦稅。魏晉將徵錢改爲徵絹、綿等實物的「戶調製」，是因爲「由是貨（幣）輕而物貴」。（注：見《晉書·食貨志》。）推行「均田制」，是由於當時塢主、壁帥豪強們蔭蔽著大量的蔭客、佃客，不向政府交稅。改革爲租、庸、調稅收制度，清理出大量的編戶，直接向政府納稅。解決了「佚相冒蔭，或百室闔戶，或千丁共籍。依託城社，不懼薰燒。公避課役，擅爲奸宄。」（注：見《晉書·慕容德載記》。）的問題。唐德宗時實行「兩稅法」是爲了解決「富人多丁者以宦、學、釋、老得免；貧人無所入則丁存。」（注：見《新唐書·楊炎傳》。）造成大量逃亡戶，減少稅收的問題。一條鞭法和攤丁入畝是解決稅收項目繁雜，拖欠稅款的問題。推行後「無他科擾，民力大不紬。」（注：見《明史·食貨志》。）每次的農業稅收改革，都給政府增加了國庫收入。同時解決了稅收不均的問題，客觀上也減輕了貧戶的負擔，發揮農民生產的積

極性。

現今一些學者對經濟改革有一種議論，提出「改革的代價究竟有誰來承擔」，言外之意就是在改革中就必須有一部分人付出代價，叫做「改革代價論」。而中國歷代的財稅改革一般來說不是單純的「犧牲」普通農民，而是要觸及貴族、官員和富豪。從中我們應該有所啓示。

三、近、現代農業賦稅的延續與變革

近現代的農村財稅制度基礎是清康熙推行的「攤丁入畝」。這種農業財稅制度在當時是有利農業的發展，農村的安定，農民負擔的減少。「攤丁入畝」是典型的以財產為基礎的農業稅制，徵收貨幣，以銀兩為徵收單位，簡化了徵稅手續，這些都是表現為財稅徵收的進步。1840 年以後由於帝國主義勢力的入侵，中國內部的動亂，農民負擔因此加重。田賦在清前期屬中央，地方只能辦理徵收，不得染指；太平天國戰爭中，地方藉口軍事所需，截留田賦。為了增加軍事費用，江北大營首先推行了「釐金徵發稅」，「只雞尺布，並計起捐」，又徵收「畝捐」波及到全國各地，成為正稅外的地方稅種「田賦附加稅」。「庚子賠款」時，中央正稅不足以償還，地方借籌款之機，取得了籌款權，進一步加重農村負擔；北洋軍閥時期更是橫征暴斂加大稅收，正稅成數倍增長。北洋軍閥政府迫於壓力，1912 年大總統咨行參議院曾有「附加稅不得超過正稅30%」的規定，但實際增加的更多。

國民政府在 1928 年，確定將田賦劃歸地方。這種辦法積弊很深，苛徵於民，稅不入官。雖經數次討論減負，但效果甚微。抗日戰爭期間，是中國經濟最困難時期。物價飛漲，貨幣信用低下，國民政府中央接管各省田賦，採用「三徵」農業稅制。即：「田賦徵實，糧食徵購，糧食徵借」，反而又倒退到徵收實物的稅制。近百年來農村徵稅量有增無減。孫中山先生的「貢徹不設」難以實現。抗戰時期的解放區經濟更是十分困難，物質缺乏，農業稅也實行徵收實物政策。農業稅進行過多次變化，到全國解放前，老區和半老區基本上實行抗日戰爭時期就採用的累進稅制，最低 3%，最高 42%。為了減輕農民負擔，特別是為照顧貧苦農民，一部分地區實行有免徵點的累進稅規。

全國解放以後，農業稅制大體分為兩個階段。1958 年以前農業稅制大部分實行比例稅制，小部分實行累進稅。如 1952 年政務院規定：人均低於 150斤原糧戶，免徵。最高稅率為 30%，最低 5%。土地改革完成後，土地地權

屬於個人，土地佔有量「中農化」，基本持平。在正稅之外，繼續徵收附加稅。

1958 年以後，全國農村人民公社化。在人民公社化體制下全部實行比例稅制，國家向公社徵收。土地已經集體化，社員與農業稅無直接關係，亂了章法，只是按勞拿工分。按照《中華人民共和國農業稅條例規定》廢除累進稅制，全國實行比例稅制，平均稅率為 15.5%。但實際徵收低於此比例。原因是核定的常年產量因為未計農業的增產（規定五年增產不增稅），而低於實際產量的徵稅比例。1957 年為 11.3%，1958 年為 10%弱，1960 年下降到 7%。田賦附加稅也稱地方附加，政府明令有所控制，規定不超過正稅的 15%。地方按四級分配。省分 4%，縣分 5%，地區和公社各分 3%。地方附加按照規定主要用於修橋、補路等地方公益事業。所以說大躍進期間，國家向公社徵收的正式農業稅收比例並未增加，只是在徵稅過程中估產過高，而造成人民大量非正常死亡的原因主要是大量的糧食浪費和高徵購等原因。

人民公社體制也造成增加了鄉一級行政單位。過去我國是中央、省（市）、縣（市）三級行政。省下設專區和縣以下的區，都只是一「虛」，只屬於外派機構。人民公社解體以後，一個相當鄉（鎮）區域範圍的公社，延續成為了有相當行使政權的一級政府機構。官員大量增加，數十年來有增無減。經過撤並鄉鎮工作以後，經過撤減，截至當前全國向保留著鄉鎮 39000 多個，人員一千餘萬，成為農民負擔的重要一環，平均每 68 個農民養 1 個幹部。古代曾提到的「稅以足食，賦以足兵」（注：見《左傳‧昭公七年》。）也成為了現狀的描述。農業稅主要是用來保證基層幹部的年薪、月俸。

人民公社體制又是集行政、經濟、教育、軍事等於一體的實體。行政、建設、教育、科學、醫療、防疫的經費籌措，都是公社一手負責。文化大革命時期有國家不徵農稅，農民沒負擔的說法。農民上交糧，上交物質（生豬、經濟作物），上交超產糧等，實際上按可比價格的相對數算來，此時期農民的負擔是現在的 2.5 倍。（注：見雅可夫：《百姓》，2004，5 期。）只不過，當時的集體化農業體制，上交物品都是間接由農民手中拿的。從農民手中徵收的財物，用來貼補工廠停工，商業蕭條，學校不上課的損失。公社解體後，鄉鎮仍然有「七站八所」，保留原公社的權利、規模，包攬一切，演變為基層政權機構「量出為人，以支定收」的「鄉統籌」、「村提留」搭車收稅財政制度。

四、歷代農村財稅制度對當前改革的啓示

綜析歷代農業稅收改革其中心目的，不外是增財、均稅、除弊。增財是增加國家財政收入；均稅是使農民負擔合理；除弊是爲穩定社會，減少官吏貪贓枉法。借鑒古代農業財稅改革的經驗、教訓，回過頭來看當前的農稅改革與歷代財稅有著本質的不同，側重點有明顯差異。當前著重於減輕農民負擔；古代則主要是農民負擔不均的問題。現在同一地區內都是統一標準，納稅差別很小。經過土地改革、人民公社化體制形成的稅收制度，土地已經轉化爲集體所有，納稅主體是以村爲單位的集體，各農戶之間就不存在均稅的問題。但是在整個國家稅收看，公平稅負仍然是國家的重要課題，要進行稅種、稅基和稅率多方面的改革，免除農業稅是其中重要議題之一。當前的農村財稅改革不是如何均稅問題，而是要減免稅的問題。農民負擔重的原因，和古代一樣，依然不是源於正稅，而是因爲雜稅和攤派。

農村負擔難以減輕的原因，主要是由於人民公社體制留下的後遺症難以克服。其表現：一是縣鄉地方行政機構臃腫；二是鄉村的義務教育並不落實，實際是農民自己負擔著農村的教育經費；三是農村公益事業欠發達，財源少；四是科學水平低、生產力水平不高，經營效益差；五是城鄉差別依然存在。隨著社會的變革與經濟的發展，農村已經不是自給自足自然經濟格局。在商品交換和城鄉交流中，農民直接或者間接已經納了稅。農業稅繼續徵收，就會使農民重複納稅，使得稅負失衡。財稅徵收政策應該「城鄉同制」，通盤考慮，達到一體化。

雖然政府在稅費改革上已經取得了成果，但是，減輕農民負擔仍然是重要的話題。筆者 2002 年隨「駐村工作組」到河南省信陽市的某村駐村，對農業稅收問題作了一些調查。該村耕地 4,189 畝，人均 1.63 畝。稅改前的2001 年，上繳農業稅 56,983 元；農林特產稅 44,469 元，還有鄉統籌（包括鄉村教育費、計劃生育費、優撫費、民兵訓練費、鄉村道理修建費）和村提留（公積金、公益金、管理費）共 150,986 元；以資抵勞款 12,885 元。總計265,324 元，人均 103.08 元。從稅種分析：農業稅是屬於田賦；特產稅相當於土貢；以資抵勞則是屬於「庸」的部分，與傳統農村稅收有關聯。而「鄉統籌」和「村提留」則是人民公社體制留下的特有的攤派延續，似與傳統農業稅收制度無甚關係。2002 年該村實行稅費改革。將前各項稅費合併成爲「一條鞭」，按照 8%計稅，畝均正稅 49.53 元，附加稅 9.92 元，合計 59.55

元，人均 96.91 元。證明稅改後略有降低。筆者又瞭解另一個縣的農村稅費改革情況，該縣農村稅費改革從 2002 年啓動，改革後全縣每畝負擔 60 元，人均負擔 41 元。與稅改前相比減負率達到 57.8%。改革前全縣統籌款 1,933 萬元，村提留 1,888 萬元，農村義務教育集資 1816 萬元。稅改後全縣鄉鎮財政硬缺口 3,000 萬元。每鄉（鎮）財政缺口 136 萬元。總的來看農民的負擔在稅改以後並沒有超過「什一而稅」大的範圍。農民貧困還有其它的原因，如生產資料費用過高；經營投資規模效益差；農產品價格低等方面問題。

農民負擔重，同時鄉鎮財政又十分困難的現實，成爲農村財政問題的「兩刃劍」。除了以上的原因外，有些問題需要上級解決。筆者從河南省信陽市某縣瞭解，鄉鎮機構臃腫，自上而下機構對應設置，硬性安排轉業軍人、大專畢業生，民辦教師轉正是鄉鎮人員有增無減的重要原因。九年義務教育、計劃生育、優撫軍烈屬、鄉級公路建設、農村醫療衛生等都只能列入鄉鎮財政開支範圍。上級爲了突出政績搞「形象工程」；安排項目時要求鄉鎮、村落實配套資金；布置各類「達標工程」；申請世貿貸款和財政周轉金又將欠下債務。減負依然是困難重重，一時半時難以解決。目前農業稅在國家稅收中已經占比重很小，但在鄉鎮中農業稅占總收入的 40% 以上，而且比較穩定。減免農業稅以後會出現：鄉（鎮）、村政權難維持；公益事業建設難以投入；債務風險難防範。如不妥善解決，農民負擔反彈難以制止，巧立名目亂攤派會捲土重來。「上有政策，下有對策」，積重難返的「怪圈」會繼續重演。據最近來自農業部門的監測顯示，由於糧價上調帶給農民的收益，被農業生產資料的上漲而抵消殆盡，而使農民增加投入 390 億元。這也是農業「怪圈」的另一種形式，不得不加以防範。歷代每次農稅改革都爲國家增加財政收入，當前也應該借鑒。經濟越發展，國家越需要資金，有些就是通過稅收取得的，但是必須用到恰當之。按照十六大提出的全面建設小康社會的奮鬥目標，突出發展是第一要務。在農村稅改的同時，開闢新稅源，培植經濟增長點，增加財政收入，這才是積極的農村財稅改革，但必須取之於民，用之於民。在農村落實「三個代表」精神，實現「五年取消農業稅」是大勢所趨。但是，還有許多工作要做，須要研究取消農業稅後，全國每年 360 億元缺額如何彌補。否則，通過各種名義又都將轉嫁給農民。眞正在農村普遍實現小康，必須經過一段時間的努力，經過政治經濟體制改革，國家經濟發展上去，才能逐步實現。

見（《古今農業》2004 年第 3 期，參與者尚有張翔迅

歷代稅收財務管理方式的變革

提　要

　　中國建立國家稅收財務管理歷史很久，但始終存在統分權利的問題。漢代是皇室（皇帝爲代表）和政府（宰相爲代表）分權，皇室管賦，政府管稅；隋唐時加強稅務的中央集權管理；宋元明清對稅收管理進一步加強皇權。近代由於帝國主義勢力入侵，管理方式帶有半殖民地性質。由於國人的鬥爭努力，稅務管理不斷變革，得以逐步改善。

　　稅收是憑藉政治權力，具有強制性；按照法律預先規定的標準徵收，具有固定性；徵收賦稅要用於滿足國家的需要，不存在返還，具有無償性。在我國歷代在賦稅徵收、使用權利上始終存在統權和分權的問題，所以管理方法也不盡相同。我國當前稅收是分權管理，有地稅和國稅之分。本文僅從歷代稅收管理變化中，探討現今稅收管理走向和問題。

　　當國家出現以後，爲了實現國家職能的需要，才產生了稅收。賦稅的實質是掌握國家權力者，向利用、開發資源而取得財富的人們，徵得一定的人力、物力，用於集體以及個人的開支。所以賦稅是以人們在生產中而獲得的財富爲基礎，沒有個人財富，就沒有賦稅的徵收源泉。

　　另外，歷史說明，只有建立鞏固的國家政權，才有資格建立國稅制度。當某人、某集團正式取得國家政權後，才能有設立稅收的資格，有了合法性，就可以標以「國稅」、「正稅」。合法政權，無不依靠稅收，來支撐這個政權的運作。當某些割據勢力能獨掌一方地盤時，也會向百姓收稅。若某集團、個

人尚處在起義、造反、革命階段，則相反會提出減稅、免稅等口號，以爭取民心，像「迎闖王，不納糧」等，無不如此。稅收鬥爭也是奪取政權的手段之一，這就是國家賦稅建立「國稅」、「正稅」資格的界定標準。

財政是國家政權能夠存在的必要條件，稅收是維持國家機器正常運轉的潤滑劑。任何朝代稅收管理一定要有職能部門，代表國家對稅收分配的全過程所進行的計劃、組織、協調和監督工作，旨在保證財政收入及時足額入庫，充分發揮稅收對經濟的調節作用。稅收管理的主體是指國家，即由國家負責管理。稅收管理的客體是指稅收分配的全過程中的計劃決策、組織實施、協調控制和監督檢查。正規的政權都要對稅收進行管理，以防止貪污、浪費和濫用。

一、先秦時期稅和賦逐漸分管

在歷史上建立適於當時稅收制度和管理是與經濟發展關係極其密切，制度建立以後，即便經過「改朝換代」又往往延續下來。如「漢承秦制」、宋承唐之「兩稅法」等。特別是一些比較短暫的朝代，無隙建制，稅收制度多沿襲前朝。因此，重要朝代的稅收制度與管理是研究的中心，有些朝代就忽略不論。

中國古代設官治事始於夏代，爲了適應國家職能的需要，就開始設官分職，機構相應產生。如《禮記》載：「夏后氏官百，天子有三公、九卿、二十七大夫、八十一元士。」在國家機構尚不夠完善，所以設立的官職不多，管理行政的官同時兼理財政。又據《史記》記述，從禹開始，就制定了一些徵收賦稅的基本政策。」賦稅的會計統計，相傳始於夏禹：「禹會諸侯江南，計功而崩，因葬焉，命曰會稽。會稽者，會計也」。

西周時期，邦國財用由冢宰總負責，大宰、小宰分掌邦國財用制度。《周禮・天官・大宰》曾記載：「歲終，則令百官各正其治，受其會」。說明西周時代，就有了比較完整的稅務機構，在當時中央機構的「六官」中，天官掌管朝廷法度，地方掌管財政經濟。天官冢宰爲六官之首，兼管九賦、九貢等；小宰爲副官，兼管財稅出入。地官大司徒掌管全國土地圖冊和戶籍，均平土地區別各地產物、劃分土地等級。制定賦稅徵收辦法。小司徒爲副官，協助大司徒兼管賦稅課徵等。此外，還設地官司徒的屬官，如載師、閭師、縣師、遂師、廛人、角人、羽人、司關等官職，分別負責對土地、財產及關市之賦、

山澤之賦等的徵收管理。地官是管理賦稅徵收的總機構，最高稅收長官爲大司徒。這是稅收管理的‧「雛形」。從稅收管理史上看，春秋時期的稅收制度有了一個新的變化，主要表現在對土地徵稅和對工商業徵稅已經分開；國家對重要物質資源的控制。如齊國管仲推行「官山海」政策；秦國商鞅推行「壹山澤」政策。

二、秦漢稅務管理是分收分管分支

秦始皇統一全國後，實行專制集權制度。但是卻爲國家財政與皇室財務分群財源，分設機構進行管理。漢承秦制，稅務管理秦漢兩朝基本相通。主要管理制度特點：

一是分級徵收：秦代中央財政的官員是治粟內史；負責山海、池澤之稅以供給皇室的則是少府。在地方，郡有守，縣有令，負責民政、財政之事。鄉置三老、嗇夫，掌教化、訴訟和收賦稅。漢初負責全國財政的主管官仍稱治粟內史，景帝時改爲大農令，武帝太初時改爲大司農，王莽時改爲羲和（後改爲納言）。東漢時仍稱大司農，一切財政稅收事項，都由大司農匯總，年終造冊報皇帝。在地方，郡設長官郡守（太守）總管一切，下有專管財政的丞；縣有縣令（長），管一縣之事。縣下設鄉，鄉有嗇夫，他要瞭解全鄉民戶的貧富、丁壯的多少，土地的肥瘠和佔有狀況，然後按戶等差、勞力強弱，評定各戶應負擔的賦役。

二是政府、皇室收支分管：屬於政府的賦稅是田租（區別於地主地租），以糧爲主，由太倉管理；屬於皇室財政收入，指來自山川、園池、市肆的租稅，包括口賦、山澤稅、園池收入和江湖河海收入、酒稅、關市稅以及戶賦、貢納等，以錢爲主，由少府管理。而且有各自的用途，政府主要用於官員薪俸開支；皇室用於軍事。所以有「稅以足食，賦以足兵」的說法。

秦漢時期，稅收會計工作已經有了制度。稅收機構在收到錢、物時要記入簿記，對賬薄與庫存實物，上級要定時或不定時地核對。如賬、物不符，縣令、縣丞和倉吏要賠償損失。國家御史還檢查所記的簿冊，以保證國家財產的安全、完整。

魏晉南北朝，國家政權長期處於大分裂、大動亂，經濟上處於大破壞、大迴旋狀態。稅收管理制度，將漢代時的主管稅收的大司農職權縮小，僅爲收粟之官。全面掌管財政稅收工作的爲度支尚書。州、縣官員負責地方授田徵稅。稅收任務比較簡單，制度混亂。

三、隋唐時期加強稅務的中央集權管理

　　隋唐時期在中央設立中書、門下、尚書三省和吏、戶、禮、兵、刑、工六部制，是西漢以後長期發展形成，國家有關政治、經濟、軍事等各方面政府措施的制訂，審議和執行，都由三省分別掌管。隋代，管理中央財政稅收的機構稱為度支部。到唐代，戶部為負責掌管全國財政的收支的最高機構，管理土地、人口、錢穀、貢賦。戶部管理稅收一直延續到清代末年，達一千餘年之久。而負責審核和監督工作的則歸刑部，其下設比部，專門對全國財稅收入的地方州、縣的財政稅收管理機構進行審核和監督。其有戶曹司戶參軍和倉曹司戶參軍、倉庫等機構負責租賦徵收。縣以下設鄉，鄉以下設里，里正負責查核戶口，編製辦理賦稅徵收事務，是最基層的催督納稅的人員。唐玄宗時，除將租庸額正納入國庫外，其它雜項收入一律歸入大盈庫，以供皇室私用。太倉和左藏是國家的兩大金庫，太倉管糧、左藏管錢物。國庫管理審查和監督機構已日臻完善。

　　自安史之亂後，由於藩鎮割據，軍費浩繁，新稅增加。中央集權稅收制度被破壞。為了遷就割據勢力，將地方所徵收的賦稅收入，劃分為三部分：地方留下一部分，做為本地支用；其餘根據中央朝廷的命令，一部分解交諸道節度使，做為中央在各道的支出；其餘部分直接解交京師，做為中央的財賦。這就是唐代稅務管理的「上供、送使、留州」制度。

四、宋元明清對稅收管理加強皇權

　　宋初，為了強化君主專制，削弱了宰相之權。國家賦稅管理機構為三司使：包括鹽鐵、度支、戶部三部分分管。王安石推行新政，罷除三司，仍由尚書省的戶部掌管。戶部設尚書，總轄財權、金部、倉部三部。變法失敗後，逐漸恢復三司體制，但宰相干預財權的制度並未廢除。在宋朝稅收是屬於中央集權管理，會計監察與審計制度較唐朝完備，條禁文簿亦漸周密。宋代設御史臺主管監察工作，南宋高宗時，又設審計官，審計官的職責得到進一步明確，開了審計工作的先河。

　　元代較完善的賦稅管理機構是契丹人耶律楚創建的，太宗元年（公元1229 年）開始實行。設立十路課稅所，沿用漢代賦稅管理機構辦法，國家賦稅和皇室賦稅分別管理。世祖至元三年（公元 1266 年）於各地推行會計之制，設置計吏，凡額定之數，由計吏每年到省會計。蒙古諸王位下，置財賦營田等司，年終進行會計。賦稅的會計、監察制度，由御史臺和廉訪司負責。

元朝政治上給在北部的蒙古族以特權，稅收也給以優惠，體現賦稅管理南北異制特點。

明代賦稅管理機構，不劃分中央財政和地方財政，嚴格推行中央集權制財政。中央賦稅管理機構是戶部，戶部設尚書，主管天下戶口、田賦、徵役、鹽政、錢穀、坑冶、關市等。明代不設丞相，戶部直隸於皇帝，其屬下原設四個清吏司，即民部、度支、金部、倉部，後分十三清吏司，分管各省賦稅。設立光祿寺，不必經過戶部，專管各地送來的貢品，體現集權制財政。地方賦稅管理機構分省、府、縣三級，控制亦很嚴格。

清代前期國家稅務仍然是集權管理，中央稅務徵管機構是戶部。戶部主官為尚書，左右兩侍郎為副職，滿、漢各一人。其下按省分有十四清吏司，職掌各省的民賦及八旗諸司廩祿、軍士餉糈、各倉鹽課，鈔關雜稅。財政賦稅管理之權完全集中於中央。地方財務稅收管理有省、道、府、縣四級。徵賦計入，開支動帑，必須照戶部的規定或得到戶部的允許。地方存留經費須按實奏銷，入不敷出的「窮」省，則由戶部從「富」省調撥，全國統一管理財政稅收。

五、鴉片戰爭後清朝的稅務管理逐漸走向分權

自鴉片戰爭後，中國社會具有半封建、半殖民地特徵。又經過太平天國之役，各地團練，加重田賦的同時，自行收款。八國聯軍戰爭以後，需要付出鉅額的賠款，地方有分擔賠款之責，就有了自由籌款之權。在賦稅管理方面主要表現：一是，地方對賦稅的管理權增大，形成中央集權有其名，地方割據才是其實。二是，清政府喪失了賦稅管理的獨立自主權，舊中國的海關從本時期開始為外國侵略者所控制。但由於當時的對內、對外的經濟發展，稅收工作的繁雜，賦稅管理機構還算健全。

地方賦稅分權管理逐步擴大起來。地方賦稅主管官員為布政使，俗稱藩臺，品級與巡撫同，是從二品官，掌一省之行政和財賦之出納。鴉片戰爭以後，清政府內外交困，中央權力下降，地方勢力上升，賦稅管理權也逐步下移，地方分權。從光緒二十五年（1899 年）批戶部清單上看，所有丁漕、鹽課、鹽釐、常關稅、海關稅、釐金等，都未列作中央入款項目，而列作各省，中央入款之數約只為解京各項的數額。賦稅的徵收和上解全在地方督撫的指揮之下，中央收入是靠地方解款，戶部無權節制、監督地方藩司，財政調度不靈。

在光緒三十二年（1906 年）中央賦稅管理機構戶部改名爲度支部。度支部設正、副大臣各一人，左右丞及左右參議各一人。下設有：田賦司、漕倉司、稅課司、通阜司、廉俸司、制用司、會計司等。御史趙炳麟奏請劃分國家稅收和地方稅收，改設地方財政官吏，直接隸屬度支部。光緒三十四年（1908 年），度支部擬定在京設置清理財政處，各省設清理財政局，並委派財政監理官，清理各省財政。財政稅收管理權分散的現象才稍有轉變，但清前期中央高度集權的體制已難恢復。

於歷史原因，鹽稅一向附屬於獨立的鹽務機構，田賦和其它稅收由地方官員兼管。督糧道管田賦，各縣由縣丞、主簿分別負責田賦、錢糧、徵稅和戶籍等。太平天國戰爭期間，江北各地收證畝捐，照地丁銀數在稅外抽捐，用作地方團練經費，從不上繳中央。

其後江南各州縣也舉辦鹽法道管鹽務與鹽稅，清初，設鹽政大臣一人主其事，下設南鹽廳管理淮、浙、閩、粵鹽務；北鹽廳管理奉、直等地鹽務，參事掌擬法制。宣統元年（公元 1910 年），因鹽爲籌款大宗，爲整頓鹽務，任命度支部尚書載澤爲督辦鹽政大臣，並設立鹽政處。產鹽、行鹽省份，督撫兼會辦鹽政大臣，負責督促鹽稅，隨時解繳國庫，地方督撫不再管鹽政。

釐金是清政府爲籌措鎮壓太平天國運動的軍餉，對通過國內水陸要道的貨物設立關卡徵收，具有時代性的一種地方分權捐稅。釐金最初由糧臺、軍需局、籌餉局等機關經理其事，後由釐金局專管。釐金管理機構各地叫法不一，有牙釐局；釐金局、釐務局等；直屬天津、江蘇金陵稱爲釐捐局；山西稱爲籌餉局，直屬藩司管理。釐金稅收地方性很大，每半年到一年由督撫向戶部報一次。各省上解中央的釐金收入，多由商號匯兌。

清代後期，海關主權喪失，關稅爲外國控制，機構自成體系。各地方新設小海關較多，每設一關，同時設一關道，或以各地方兵備道兼任，以監督關稅。1853 年，小刀會佔領上海，道臺吳健彰逃往「租界」，關稅無法徵收。英、美、法等國分令本國商人登記應納稅額，協助徵收關稅，代替中國海關，逐步參與了海關管理。1854 年 2 月 12 日，英、美、法三國領事指派的英國人威妥瑪、美國人卡爾、法國人斯密司正式成立關稅管理委員會，控制了上海海關行政權。1858 年，外國侵略者以《中英通商章程善後條約》，將上海關的做法推行於全國各海關「幫辦稅務」。英人李泰、赫德先後任總稅務司。他設關三十餘處，控制中國海關達四十五年之久。海關總稅務司雖歸清廷的理藩

院（1860 年改名爲總理各國事務衙門）管轄，但總稅務司所掌事務遠遠超過了海關的業務範圍。

六、北洋政府時期稅務明確中央地方分管

清王朝覆滅，中華民國成立後的北洋政府時期（公元 1912～1927 年），設立了中央、地方分級管理的專業稅務機構。但後來軍閥割據，大大削弱了稅務機構職能，尤其是中央稅務機構的職能作用。

辛亥革命後，袁世凱主政下的北京政府，還是一個可以號令全國的政府。中央稅務機構，在財政部下設賦稅司，掌管田賦及其它稅收。各省也設立相應的下屬機構。北京政府爲消除清末財權分散之弊，曾把應徵各稅劃分爲中央稅和地方稅，由財政部電令各省設國稅廳籌備處，徵收除田賦、關稅、鹽稅和釐金以外的各項中央稅收，另設省財政司主管地方各稅。以後國稅廳籌備處與省財政司合併爲省財政廳，隸屬財政部。凡財政部設立的稅務機構，各省財政廳一般也設有相應的省級機構。地方軍頭、野心政客，在大一統的國家之內，縱橫捭闔，多少有所顧忌。

1915 年 12 月袁世凱在北京宣佈稱帝。蔡鍔聯合南方將領唐繼堯、李烈鈞等在雲南宣佈獨立，並且出兵討袁。接著，南方各省隨後也紛紛宣佈獨立。袁氏一死，那才是眞正的「王綱解紐」，全國皆兵，政客縱橫，中國近現代史才正式進入一個所謂「軍閥時期」。北洋系的軍人如曹錕、段祺瑞等，雖然在一個時期取得國家元首的地位，得到國際上承認，但在革命者和軍閥眼中，仍然是蔑稱其爲「北洋政府」。沒有足夠能力統領全國軍隊及政權，各地割據分裂，擁有軍事，財政大權，導致擁兵自重，稅收也由軍閥們、革命者所控制。

中央財政部實際上無力控制地方軍閥稅收，各省自建的稅務機構仍然不少。設稅務處主管關稅，設鹽務署統轄鹽務。其它稅收均由各省設專局徵收，中央無力控制。另有少數新開徵稅種，如印花稅、煙酒稅，在中央設專業機構統一管理。軍閥供應部隊的武器、給養和薪餉，總是依靠獲得稅收的傳統做法解決。由於軍閥們因戰爭變動很快，轄區的權勢看成暫時的，以稅收爲手段，急切地想搜刮錢財。當時工商業不發達，基本稅收的來源還是土地稅，軍閥們就會提前徵收。軍閥並經營鐵路，下令徵收食鹽附加稅和已上稅貨物的過境稅。有些軍閥還徵鴉片稅、賭博稅、娼妓稅。山東商人按照北京中央政府命令已經用過印花稅，被迫還要從山東省政府機關購買一種新的印花

稅，就要納雙重稅。

七、國民政府時期的加強稅務管理

1927 年北伐戰爭勝利後，南京國民政府著手整頓稅收，收回了關稅、鹽稅主權，劃分了中央稅和地方稅。至 1937 年抗日戰爭爆發前，已建成中央、省（市）和縣（市）三級專業稅務機構。但東北四省、山西、四川、雲南一些地方軍閥，依然控制當地稅收。抗日戰爭期間和 1945 年抗日戰爭勝利以後，為適應戰時財政和戰後局勢需要，又對稅務機構加以調整和改進，最後大體形成根據中央、省、縣分稅體制建立的三級專業稅務機構體系。

中央稅務機構，掌管關稅、鹽稅、統稅、印花稅、煙酒稅、礦產稅和所得稅。抗戰勝利後，中央稅調整為關稅、鹽稅、貨物稅和直接稅 4 個稅系，財政部按上述系統設立相應的專業機構，負責屬於中央的各個稅種的徵收管理。

從 1929 年起陸續收回關稅主權，南京國民政府財政部設關務署掌管全國海關行政，下設海關總稅務司署負責關稅管理。沿江、沿海各海關設海關監督公署主管關務，稅務司署負責關稅徵收。財政部除設鹽務署主管鹽務外，為了加強鹽稅管理，恢復了曾經被廢除的鹽務稽核機構。1937 年，鹽務署又改名為鹽政司，鹽務稽核總所改組為鹽務總局，全面管理鹽務、鹽稅。抗日戰爭勝利後，鹽政司與鹽務總局合併為鹽政總局，產鹽區設鹽務管理局，銷鹽區設鹽務辦事處。

統稅、印花稅、煙酒稅為中央稅。在抗日戰爭前，由財政部設稅務署統一管理。按照各省稅源大小和分佈情況，劃區域設置專業稅務機構。1939 年，統稅、煙酒稅、礦產稅等合併為貨物稅，仍由財政部稅務署統一管理。

中國的所得稅屬於新稅種，從 1936 年開徵，財政部內設主管機構為所得稅處。全國各省按照區域設立 10 個所得稅辦事處實施稽徵管理。抗戰勝利後，財政部設直接稅署統一管理所得稅、遺產稅，同時兼管印花稅。1948年 7 月，行政院指令合併貨物稅、直接稅，財政部的貨物、直接兩稅署合併稱為國稅署。

劃為地方稅種的有田賦、契稅、營業稅、娛樂稅等，除在財政部內設賦稅司統一管轄田賦及督導各稅外，實際徵收管理業務均由各省財政廳負責，授權各縣財政局（科）進行徵收。抗日戰爭期間，為保證糧食供應，從 1941年起田賦從地方收歸中央，由財政部設田賦管理委員會主管，各省設田糧管

理處，財政部賦稅司改爲地方財政司，主管地方各稅，各省財政廳負責地方各稅的督導、考覈，各縣（市）在財政局內設稅捐稽徵處實施徵收管理。抗日勝利後，1946 年田賦又劃回地方稅，省、縣均設田賦管理處分級管理。在南京國民政府期間賦稅分管，以中央爲主，地方爲輔·

八、現今稅務系統的變革

1949 年中華人民共和國建立，1950 年 1 月經政務院批准，在中央財政部設稅務總局；大行政區設稅務管理局；省、直轄市設稅務局；專區及省轄市設稅務局；縣、旗、市、鎮分別設稅務局和稅務所等六級稅務機構，均受中央財政部領導。1958 年，曾撤銷稅務機構，實行財政、稅務、銀行、保險等機構合併，基層稅務所併入公社財務部門。「文化大革命」中稅務機構再次大撤並。1978 年 12 月才全面恢復了稅務機構。解放以來，稅收是完全徹底由中央集權統一領導。

改革開放以來，爲了繁榮經濟，實行分稅制。全國稅務機關分爲國家稅務局（簡稱國稅）和地方稅務局（簡稱地稅），負責徵收不同的稅種。國稅主要負責徵收中央稅、中央與地方共享稅，地稅主要負責徵收地方稅，他們之間的徵收管理分工一般劃分如下：

國稅局系統：有增值稅，消費稅，車輛購置稅，鐵道部門、各銀行總行、各保險總公司集中繳納的營業稅、所得稅、城市建設維護稅，中央企業繳納的所得稅，中央與地方所屬企業、事業單位組成的聯營企業、股份制企業繳納的所得稅，地方銀行、非銀行金融企業繳納的所得稅，海洋石油企業繳納的所得稅、資源稅，外商投資企業和外國企業所得稅，證券交易稅（開徵之前爲對證券交易徵收的印花稅），個人所得稅中對儲蓄存款利息所得徵收的部分，中央稅的滯納金、補稅、罰款。

地稅局系統：有營業稅、城市維護建設稅（不包括上述由國家稅務局系統負責徵收管理的部分），地方國有企業、集體企業、私營企業繳納的所得稅、個人所得稅（不包括對銀行儲蓄存款利息所得徵收的部分），資源稅，城鎮土地使用稅，耕地佔用稅，土地增值稅，房產稅，城市房地產稅，車船使用稅，車船使用牌照稅，印花稅，契稅，屠宰稅，筵席稅，農業稅、牧業稅及其地方附加，地方稅的滯納金、補稅、罰款。

爲了加強稅收徵收管理，降低徵收成本，避免工作交叉，簡化徵收手續，方便納稅人，在某些情況下，國家稅務局和地方稅務局可以相互委託對方代

收某些稅收。另外，對於特殊情況，國家稅務總局會對某些稅種的徵收系統，做出特別的安排和調整。

近來稅務也有很多變革。如 2006 年全面取消農業稅，必然減少地方稅收，基層組織通常運轉方式需要改變。隨著經濟發展，工商業產品很繁雜，經營形式的多樣性，現行工商稅收劃分為達 18 個稅種之多，按課稅對象的性質分為 5 大類。昔日重要酒煙專賣、鹽稅淡化到消費稅、資源稅中。增值稅、消費稅、營業稅、財產稅、所得稅卻正在稅種中日益上升，受人矚目。

在歷代的國家領導者，總是希望建立統一稅收制度，有利於避免國家政權分裂。在晚唐、晚清、北洋政府等時期，國家不能控制稅收，也算是無奈。不論是中央稅還是地方稅，都要統一籌劃、管理，是十分重要的，稅收是支撐國家正常運轉的必要條件。

參考文獻

〔1〕中國財政簡史，中國財政經濟出版社，1980 年。

〔2〕劉佐著，中國稅制概覽，經濟科學出版社，2003 年。

〔3〕黃天華著，中國財政史綱，上海財經大學出版社，1999 年。

〔4〕朱伯康，施正康著，中國經濟史，復旦大學出版社，2005 年。

〔5〕劉孝誠，中國財稅史，中國財政經濟出版社，2007 年。

〔6〕張翔迅，歷代農稅改革探討，《古今農業》，2004 年第三期。

〔7〕《新唐書》，卷五一，食貨志。

〔8〕《文獻通考》，卷四，田賦考。

〔9〕王應麟，《困學紀聞》

〔10〕《宋史》，卷一七四，食貨志。

〔11〕《文獻通考》，卷四，田賦考。

農業生產發展與貨幣起源

提　要

　　「錢如物形」。物形錢是仿造實物形狀製成形。中國最早的鑄幣是仿自然貝的銅貝，青銅塊成爲中國普遍使用的一種稱量貨幣。進入春秋戰國時期，鑄幣呈現出明顯的區域性特徵，大都處於仿傚農具形體。中原晉衛地區的布幣是仿傚耕地農具─鎛，布是其轉音；東北部齊燕地區的刀幣是仿傚砍伐、剝削用的刀；中西部秦晉地區的圓錢是仿傚紡織用的紡線墜；南部荊楚地區的蟻鼻錢是銅貝變換而成。「錢如物形」的錢幣在我國應用了千餘年。

　　貨幣的出現與流通是和農業生產發展密切相關。河南省是我國農業生產創始地區之一，因爲生產力的提高，社會分工的加強，以及交換需要，貨幣在這一地區出現也較早。

　　河南安陽小屯殷墟曾出土大量的貝幣，五個或十個貝用線連在一起，爲一串，兩串爲一朋，[註1]是最早的貨幣形式。充當貨幣的物質；應該具有兩種特性性：其一，本身具有商品自然屬性所決定的使用價值；其二，又有特殊的社會職能使用價值。貝的使用價值出現，與當時處於新石器的農業生產有關。在人們廣泛收集、磨研石器的過程中，發現了貝。自然貝很美，比石容易發現，具有裝飾作用，串在一起可作首飾、項鏈。所以其身價提高了，具有自然屬性價值。因此也說明上古時代的人，同樣喜歡美。女人照樣要梳

〔註 1〕朋，爲古代貨幣單位。相傳五貝爲一朋，一說兩貝爲一朋。又說五貝爲一系，兩系爲一朋。見王國維《觀堂集林・說珏朋》王引之《經義述聞》。

洗打扮。當時中原地區人們的生產活動，尚未觸及大海，貝的來源的一種說法是，來自產地南海，由貢獻或俘獲傳到中原地區。或是採集海底上升時依存在大地上的。因受來源的限制，所以比較貴重，促成其為商品交換重要物質。開始還是物物交換形式，逐漸轉化為貨幣性質。後因對自然貝的不敷應用，而按貝的形狀，發展了經過加工的骨貝、齒貝、蚌貝、石貝、陶貝，以及後來的銅貝。如河南偃師二里頭新石器時代遺址，就出土了骨貝和石貝；安陽大司空村商代遺址出土有銅貝。(見後圖)

金屬幣的出現，使貨幣的職能逐步完善起來，也就是貨幣第二屬性的社會職能。具有價值尺度、流通手段、支付手段、和貯藏手段等。近代才發展了世界貨幣職能。古代雖然貨幣職能發揮不足，但前兩種職能必備的。在《漢書‧食貨志》中，即稱為寶於金、流於泉。後兩者又被古代的經濟家，稱為布於市、束於帛的職能，也逐漸完善。另外還提到利於刀的職能，即能較快的解決人間問題。用通俗的說法，就是「有錢能使鬼推磨」。或可理解用貨幣牟利是很快捷的。

春秋、戰國時期的銅幣，在河南境內出土的數量很多。戰國時期又多於春秋時期。說明農業生產越發展，物品交換日益頻繁，貨幣的需求量越大。到周景王21年(公元前524年)單旗還提出了「子母相權」理論。即根據流通情況，確定貨幣量。子、母(即輕與重)錢幣要有合理的兌換率。

由鄭州的溝趙鄉、中牟縣和汝州市等地出土的貨幣看，以布幣為主。(見圖)布是由鎛轉來的，是鎛的同聲假借字。布是三晉周王畿等地域的主耕耒耜農具金屬部分。卣於農業的進步，鐵質農具的廣泛應用，出現了一部分從事冶練鑄造業生產的手工業者，加強了產業分工和市場交換。佈在貨幣第一屬性中，有自然物質的價值，可以交換農產品。在物物交換過程中，為了市場的需要，交換的方便，流通中的便於攜帶，用金屬質的布幣來完成貨幣的職能。

在河南出土的布幣，均鑄有出產者的名號，有43種之多。如奇氏、皮氏、王氏、藺氏等；也有中都字樣的。當時貨幣多數是私鑄，也有為地方當局所鑄，足證當時的鑄錢業發達興盛。貨幣上既鑄有鑄造者的名號，貨幣必然有信用價值。也說明三晉和東都洛陽一帶，商業發達，金融事業興旺，擴大了貨幣的第二屬性價值職能，奠定了貨幣以銅、金、銀金屬幣為本位的基礎。

河南還出土有大量的圜錢，均鑄有出幣處、或人的名號。「如垣字圜錢、

濟陽圓錢、東周圓錢、西周圓錢等。形狀爲圓形，中有孔。其孔亦多爲圓形，少數爲方形、六角形等。」見圖，圓錢由生產工具紡線錘演變而來的。說明河南一帶原來紡織業很發達。紡線錘在新石器時代已廣泛應用，爲磨研石工具，後來成爲金屬製造的，曾作爲交換物廣泛流行。一時至今日，河南農村仍有人使用其紡線，稱之爲「提溜」。圓錢（圓幣）與布幣一樣，成爲貨幣的一種形狀。這種貨幣形狀較刀、布幣小，更便於攜帶、交換。此後成爲我國歷代貨幣的主要形狀，流通二千餘年。從錢與線的字形看，兩者也有密切關係。

河南省地處中原，爲南北交匯之地。在南部出土有楚地流行的貨幣。一種爲蟻鼻錢，按其錢幣的形狀，俗稱鬼臉錢。（見圖）這種幣形，是由自然貝—石貝—金屬貝演變發展而成的。另一種爲爰錢。如扶溝縣出土有「郢爰」、「陳爰」，是鑄有文字的方形小型貨幣。（見圖）「爰」是交換的意思。爲金質貨幣，較貴重。這種貨幣純粹爲金融用途，唯一不是由生產工具轉換來的。

河南省的北部林州市、及西部登封市出土有刀幣，（見圖）但數量少，而多爲近山地域。刀幣盛行於齊、燕之地。應也是由生產工具轉換發展起來的。刀在農業生產中起劈荊斬棘的作用，是早期墾荒制農業生產的主要生產工具。而三晉、周王畿地以用布爲主要農業生產工具。說明當地農業生產以鏟土耕作爲主，已經盛行熟荒制和休閒制。也反映了中原地區的平原農業生產發展較先進。山崗地域則仍流行著墾荒制。

秦始皇滅六國後，企圖統一貨幣，推行「秦半兩」。因這種幣鑄有半兩字樣，故名。該錢幣的形狀是由圓錢的基礎上發展起來的。因秦始皇相信方士們的天圓地方的說法，確定錢幣的中孔爲方形。（見圖）在史無前例的時代，有些人對一代暴君，極盡粉飾之能事。實際上這個只建立十六年即被起義軍粉碎了的短命王朝，不可能在統一問題上做太多的事情。秦半兩並未成爲全國的統一貨幣：一是錢幣的本身就不統一。由河南出土的秦半兩看，輕重不一，厚薄不一，大小不一；二是據當時的經濟結構看，還有大量的私鑄錢在社會上流通。一直到漢文帝時，鑄錢大戶鄧通所鑄的鄧氏幣仍在社會上大量流通。

鑄錢業由春秋戰國到漢初，已發展一大行業。到漢武帝時，參加鑄錢業的人員、工匠已達到近二百萬人。因而，嚴重影響漢王朝的中央集權。漢武帝爲了打擊富商，於元狩五年（公元前～118年）統一爲五銖錢，把鑄錢業收歸國家，嚴禁私鑄。錢幣形狀仍爲外圓內方，重量、大小趨於一致。據《漢

書》載：「二十四銖爲一兩」。在統一貨幣的過程中，曾處死私鑄錢者數十萬人，打擊力度很大。此時才使全國貨幣統一前進一大步。但也不完全徹底，到漢元帝時，仍有私人鑄錢幣者。

以上說明貨幣的形成發展，是和農業發展同步的，貨幣外形來源於農業生產，貨幣的職能也是隨著農業進步而擴大。

古代貨幣圖

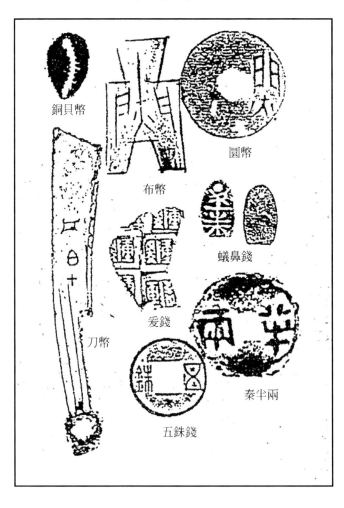

見《古今農業》2000 年 2 期

貨幣發展階段與農業經濟關係

提　要

　　我國歷代的貨幣種類、形制繁多我國金屬錢幣形制大體經歷了三個重大變化：一是仿製生產工具和生活器具，二是方孔圓錢，三是機制不帶方孔的圓錢，如銀圓、銅圓。我國的貨幣不僅歷史悠久而且種類繁多，形成了獨具一格的貨幣文化。中國使用貨幣已有數千年的歷史。貨幣起源於農業，貨幣的變革又與經濟的發展階段有密切關係。貨幣在社會商品交換中形成的一種特殊商品，也有價值和使用價值近現代的貨幣形制是以紙幣爲主要特徵。科學技術的發展，貨幣形制向電子化方向進步，手機、電腦已經在社會上普及開來。

　　我國歷代的貨幣種類、形制繁多，取材廣泛，從貝、金、銀、銅、穀、帛等到紙幣，都充當過貨幣使用。在新石器時代的貴重物品是珠、玉、龜（甲）、貝。因貝大小一致，又是主要的裝飾品，故成爲最早的貨幣。後因貝不能分割，又不是國計民生的主要物品，逐漸退出貨幣範疇，只作爲珍品。穀和帛是人們最重要的生活物資，時時離不開，長期保留著貨幣的最佳價值尺度，衡量物資的重要性的標準。但是流通、支付不便，糧食比布帛更笨重，又不易儲藏，只能用其它物質代表其在市場上使用。其中最適合的作貨幣的商品是貴金屬。青銅器時代的銅較貴重，後又選擇了金、銀。貴金屬能隨意分割，而且分割後每一部分都是等質的，是充當等價物的最適合的材料。

我國的金屬幣，在造型、錢文書法諸方面藝術價值很高。貨幣的本身形成和使用狀況，都與當時的政治經濟有密切的關係，研究貨幣史實，能夠反映出歷史的一個側面，對解讀歷史規律又有很多借鑒。國內外不少學者進行有關中國貨幣史的多方面的研究，例如有人專門從經濟角度研究貨幣發展史；有人從文物角度研究貨幣的藝術收藏價值。本文僅就中國的貨幣的發展階段及與當時的經濟關係做一些探索。

一、殷商時代的貝幣

夏、商、周農業生產還處在新石器時代，以磨研工具進行農業生產，生產水平不高。土地制度施行「井田制」。土地是「溥天之下，莫非王土；率土之賓，莫非王臣。」土地不准許買賣。「井田制」的賦稅是徵收實物，實行「什一而稅」，即向農人徵收收穫量的十分之一實物。交換不多，所以貨幣作用不大。

我國在古籍記載神農是已有物品交換。《易經》上就說過：「神農氏⋯⋯日中為市，致天下之民，聚天下之貨，交易而退，各得其所。」在物物交換的過程中，由一般的價值形式，逐步進入貨幣價值形式，就產生貨幣。

商代已有貨幣。在當時比較珍貴的珠、玉、龜、貝中，選擇了貝行使貨幣的職能。安陽小屯殷墟，曾出土大量的貝幣，五個或十個徽用線連在一起，為一串，兩串為一朋，是最早的貨幣形式。充當葦幣的物質，應該具有兩種特性：其一，本身具有商品自然屬性所夯妻譬使用價值；其二，又有特殊的社會職能使用價值。貝的使用夠值出現，與當時處於新石器的農業生產有關。在人們廣泛收集、磨研石器的過程中，發現了貝。自然貝很美，比石容易加工，具有妻飾作用，串在一起可作首飾、項鏈。所以其身價提高了，具有自然屬性價值。自然貝受來源的限制，比較貴重，不敷應用時，而按貝的形狀，發展了經過加工的骨貝、齒貝、蚌貝、石貝、陶貝，以及後來的銅貝。

二、春秋戰國以銅為主的金屬幣

春秋戰國時代，農業生產有較大的發展。已經廣泛使用鐵質農具，使用牛耕，農業技術有較大的進步。土地制度發生較大的變化，井田制逐漸廢棄，土地大量開墾。由於貨品交換的頻繁，特別是鐵農具的手工業的興盛，促進金屬幣在社會上大量使用，使貨幣的職能逐步完善起來，現代貨幣具有價值尺度、流通手段、支付手段、貯藏手段和世界貨幣職能。古代雖然貨幣職能

發揮不足，但前兩種職能在《漢書·食貨志》中已經闡明了，即稱爲寶於金、流於泉。後兩者又被後來的經濟家，稱爲布於市、束於帛。另外還提到利於刀的職能。

春秋戰國時期仍以穀米布帛爲主。相輔的金屬幣有銀幣、金幣、銅幣應是主要的。但貨幣的形狀各地不統一，形成四種貨幣體系：

（一）布幣體系：周王畿地、三晉多流行布幣（布爲博的同聲假借字）。是由農具——博演化而來的。爲最早原始布幣，殷商後期、西周即以使用。又名大鏟布，粗大厚重，未脫博的原型。春秋時使用空首布，貨幣的上端中空，形如鐵鏟的納柄槽。以後使用了平首布，逐漸脫離農具的原型，呈現形象化的錢幣。鑄有錢文，書貨幣單位。均鑄有出產者的名號，如在河南出土的布幣，有43種—之多。如奇氏、皮氏、王氏、蘭氏等，還有中都字樣的，說明貨幣多數是私鑄，也有爲地方當局所鑄，足證當時的鑄錢業發達興盛。貨幣上既鑄有鑄造者的名號，貨幣必然有信用價值。也說明三晉和東都洛陽一帶，商業發達，金融事業興旺。

（二）刀幣體系：燕、齊等地多刀幣。是由「削」、「刀」工具演變而成。齊地流行「齊刀」，製造精整，錢面鑄有即墨、安陽等地名，背鑄造邦或建邦字樣；燕鑄尖首刀，較細長，錢文爲干支和數字；明刀流通於齊、燕、趙各國，錢文鑄有「明」字；另有直刀，刀形平直短小。

（三）圓錢體系：是由紡織工具紡輪發展起來的。圓型中有孔，錢體爲「肉」，錢孔爲「好」。刀幣區的圓錢爲圓形方孔，布幣區爲爲圓形圓孔，孔向方形轉化。圓錢形狀對我國後世貨幣影響較大。

（四）楚幣體系：南方楚地多蟻鼻錢、爰錢。蟻鼻錢是由貝幣演化來的。幣文如螞蟻，加上似鬼臉的高鼻子形象，故名。也叫鬼臉錢。爰錢爲金質，通稱郢爰。形狀即金片上加印鑒，是我國最早的金幣。

古代由於錢幣的形狀、輕重不一。到周景王21年（公元前524年）單旗還提出「子母相權」貨幣理論。即根據流通情況，確定貨幣量。子：母（即輕與重）錢幣要有合理的兌換率。

三、秦漢至隋以穀帛爲主並使用半兩、五銖錢時期

秦滅六國後只十六年即被滅。漢代是農業大發展時期，推行輪作制，使用樓車等先進農具，農產品大增。城市中的商業很活躍，市區不斷擴大，形

成些專業市場。商人有的成爲富商大賈，富甲天下。雖然自漢以來，均採取「重農抑商」的政策，不利工商業的發展，但商品流通是難以遏制。貨幣的使用也必然發展。

秦始皇滅六國後，統一貨幣，推行「秦半兩」。因這種錢幣，鑄有半兩字樣，故名，錢文據稱爲李斯所寫。該錢幣的形狀是由圓錢的基礎上發展起來的，因秦始皇相信方士天圓地方的說法，秦半兩錢形狀亦外圓內方。

漢初，鑄錢業已發展一大行業。漢文帝時，鄧通鑄錢，使鄧氏錢遍天下。因係多頭鑄錢，形式不一。到漢武帝時，參加鑄錢業的人員、工匠全國已達到近二百萬人。因而，嚴重影響漢王朝的中央集權。漢武帝爲了打擊富商，於元狩五年（公元前118年）統一爲五銖錢，把鑄錢業收歸國家，嚴禁私鑄。錢幣形狀仍爲外圓內方，重量、大小趨於一致。據《漢書》載：「二十四銖爲一兩」。在統一貨幣的過程中，曾處死私鑄錢者數十萬人，打擊的力度很大。此時才使全國貨幣統一前進一大步，但也不完全徹底。錢幣鑄有重量文字，如五銖、半兩等。史稱「文如其重」。錢幣上標明重量習慣，一直沿用到唐初。其間新莽時期，曾改革貨幣形狀，鑄有契刀、錯刀、貨泉、布泉、國寶金匱值萬等大錢，雖然製造精美，因物不爲所值，人們並不歡迎。

東漢末期至隋，中國一直處在動亂、分裂之中，社會不安定。當時以自然經濟爲主，官府稅收爲實物和勞役，官員的俸祿是分配祿田和勞役，賞賜多爲絹帛。社會上大量的貨幣職能仍是由穀帛等實物承擔爲主。民間更相信實物，特別是動亂年代尤甚。東漢末年天下大亂，民謠說：「雖有千黃金，元如我斗粟，斗粟自可飽，千金何所值？「社會需要錢幣量很少，所以錢幣能滿足社會需求。

三國時，魏實行屯田，由官府統一管理穀帛等物資。曾一度不用錢幣。魏明帝太和元年才復用五銖錢。西蜀較貧困發行蜀五銖，小錢，並鑄鐵「直百五金」錢，充財政不足。孫吳鑄「大泉五百」直到當五千大泉，使用紅銅鑄幣，加大幣值。南北朝時期，錢幣更爲混亂，錢幣形式仍以「五銖」爲主，質量下降，錢既薄又小。東晉的「沈郎錢」小五銖，小的如榆莢太。南朝劉宋鑄的「孝建四銖」小錢，薄的可憐，形容「飄風浮水」。梁武帝廣鑄鐵錢，質量更差。北朝。以北齊所鑄的「常平五銖」製造精巧，分量合乎標準，其後亦由於私鑄充斥，質量下降。其它如北魏的「太和五銖」、「永平五銖」等質量亦不高。北周鑄「五行大布」雖製造精巧，但貶值過甚，亦不受歡迎。

到隋文帝時，崇尚節儉，採用緊縮貨幣政策，開鑄「開皇五銖」，扭轉了錢幣信譽不高的問題。

四、唐代的開元通寶和銀兩的流通

唐初沿用了北魏的「均田制」，租賦推行「租、庸、調」以收取實物爲主，並使用勞動力。注重以實物爲貨幣，穀、帛依然是價值尺度的標準，支付的重要手段。對外貿易發達，西域的絲綢之路暢通，交易頻繁。海路開闢了揚州、廣州、明州、交州對日本、南洋各國通商往來。

中唐以後，由於人口殖，均田制難以執行。工商業經濟有所擴大，官府賦稅由徵實向徵銀發展，官員的俸祿、獎賞也轉爲發金銀、錢幣，社會對貨幣的需要量大大增加。銅金屬價值不高，不能滿足需要，使更貴重的銀，參加入貨幣行列，而初步向銀幣與銅的複本位制發展。但銅幣流通量仍很大。唐高祖發行「開元通寶」爲整個唐代的主要錢幣種，一改歷朝「文如其重」的規矩，爲「年號爲文」。雖然開元兩字是開辦新紀元的意思，但對「年號爲文」起到啓發作用。中間唐高宗時的「乾封泉寶」、唐肅宗時的「乾元重寶」等，純爲「年號爲文」。這種錢幣鑄文方式，一直沿用到清末。銀則以「兩」爲單位，形狀以銀錠爲主，俗稱元寶。開元通寶統一了重量，每枚（唐衡）爲十分之一兩（今用開元通寶實測，每枚重四克弱）。因爲唐代錢幣質量穩定，管理完善，貨幣的信用較高。

五、宋代以後形成貨幣複本位制

宋代以後商業發達，國外經濟交往頻繁，貨幣使用量加大，促進銀兩的流通。錢、銀複本位制中，使用銅錢顯得出許多不便。銅幣每千文用線繩聯結在一起，稱作一貫（一弔）。每貫錢按標準重量可達六斤。一貫錢一般可兌換銀一兩。如按重量比例約爲一百比一。所以，更貴重的銀，在貨幣地位上必然上升。但銀和銅錢的比例，常有變化，有時會出現銀貴錢賤。如官府收銀稅時，銀價會漲高。使兩種貨幣值相互轉換，形成不穩定局面，錢與銀是在金融方面並存，互不隸屬的兩種貨幣。是複本位制主要特點。

錢幣仍然是主要的幣種。自宋至清沿用了唐代「開元通寶」標準，錢重一錢。發展了「年號爲文」的錢文鑄造。自宋以後，由帝王、重臣、名士、書法家纂寫錢文。「淳化元寶」是宋太宗的「御筆」用眞、行、草三體寫成；宋徽宗所寫瘦金體「崇寧通寶」稱爲「鐵畫銀鉤」。趙構寫的「紹興通寶」，

金代書法家黨懷英書寫的「泰和通寶」，元代書法家周伯琪書寫的「至正之寶」，清代畫家戴熙所寫的「咸豐重寶」等，都有重要的藝術價值。

宋代貨幣的重大變化是開始使用紙幣，有「交子」、「會子」、「關子」、「錢引」等。紙幣開始由商戶經營，後由官府接管。金代推行「交鈔」為本位的紙幣本位制，結果造成通貨膨脹，不可收拾。元朝是古代推行紙幣最盛的朝代，實行「虛銀本位制」發行的紙幣主要有；「中統交鈔？」、「至元寶鈔」、「至大銀鈔」、「至正交鈔」等。因管理不善，造成通貨膨脹。中葉以後，天下大亂，鈔法大壞。至順帝時鈔法全面崩潰。明代初年，沿用元制，用鈔不用錢。因鈔的信用問題，不久恢復錢、銀的使用。「大明通行寶鈔」的票面標明的仍是錢貫數，與銅錢通行使用。清發行紙幣很慎重順治八年曾發行過，不久停止。咸豐年間曾在短期內又發行過。直到清末在幣制改革時才發行了近代化的「代銀券」性質的紙幣。

六、清末銀幣的興起

由於西方一些國家，意欲在中國開闢貿易市場，掠奪資源，在十六世紀，不斷入侵我國。特別是第一次鴉片戰爭以後，我國對外貿易不斷發展。由於外部的衝擊，閉關鎖國政策已經執行不通了。進行對外貿易，貨幣要越出國內流通領域，在世界市場上，執行等價物的職能。市場對貨幣的需求量大大增加。在國內：自康熙末年執行「攤丁入畝」的稅收政策，農業稅統一收銀；官府的開支，發放官員的薪俸，軍隊的餉銀都以貨幣為主。促進了社會上貨幣量的需求加大。

歐美使用銀元較早。明萬曆年間流入中國，俗稱「洋錢」、「大洋」。我國受其影響，首先在商界開始仿造。最早是在清道光年間，臺灣仿製流通的「壽星銀餅」。到咸豐年間，商人鑄造銀幣，官方鑄造餉銀。到光緒十三年，清政府在廣東設局鑄造「光緒元寶」。因上有團龍圖案，俗稱「龍洋」。

宣統二年，頒佈了《幣制則例》，明確銀幣為本位幣。規定每枚銀幣庫平重七錢二分，含純銀九成。辛亥革命後，國民政府「廢兩改元」，銀元面值與實重脫節，銀幣的實際含量與名義含量分離。比較笨重的銅質「制錢」逐步廢止。仿銀元形狀的新銅幣（俗稱銅板、銅子），名付其實的逐步成為輔幣。

七、民國時期法幣改革

清末建立的大清銀行和民國初年建立的中央、中國、交通、中國農民銀

行，都發行過紙幣。這種紙幣與後來的「法幣」有本質的區別。此種紙幣只是起兌換券作用，代替銀元在社會上流通，並與銀元同時使用。

1929 年 10 月世界經濟危機開始席卷全球，長達四年之久。帝國主義國家為了解脫經濟危機，從 1932 年開始，英、美、日等國相繼放棄了金本位，貨幣不斷貶值。施行金匯兌本位制，也叫做虛金本位制。1935 年 5 月英國派經濟代表團幫助國民政府策劃幣制改革。同年 11 月 4 日國民政府財政部，公佈了施行新貨幣制度和自銀國有化命令，發行紙幣為「法幣」，不得使用現銀，白銀收歸國有。但銀元並未退出貨幣範圍，而起著重要地貨幣儲藏職能，隨時可以發揮作用。還規定法幣與英磅、美元掛鈎。從此，中國貨幣放棄銀本位制。法幣先後與英磅、美元發生了固定的比例關係。

抗日戰爭期間，中國存在著多個政權。敵佔領區的偽政權和解放區，都是執行著同國民黨統治區一樣的貨幣制度。雖然目的不同，在戰爭狀態，都難抑制通貨膨脹。抗戰結束後，國內又進行內戰。貨幣貶值十分嚴重，尤以法幣最甚。到 1949 年，新疆發行的法幣，最大的票面達到六億元。為了穩定幣值，當年新疆發行過一元銀幣，但不久即解放。這是中國境內鑄造最晚的銀幣。只有全國解放後，社會穩定，經濟發展，逐步使紙幣的發行量，相當或接近商品流通中所需要的貨幣量，解決了貨幣的信譽問題。說明「紙幣本位制」在社會安定狀態下是可採用的。這次幣制改革，雖然經歷曲曲折折，但可以說是順應了世界幣制現狀。

宋代貨幣圖

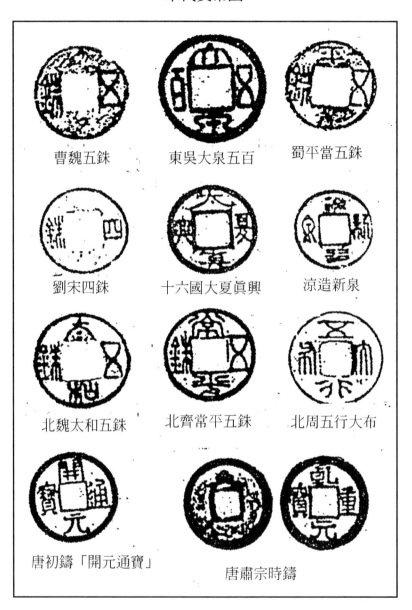

曹魏五銖　　東吳大泉五百　　蜀平當五銖

劉宋四銖　　十六國大夏眞興　　涼造新泉

北魏太和五銖　　北齊常平五銖　　北周五行大布

唐初鑄「開元通寶」　　唐肅宗時鑄

農業經濟發達的宋代多彩貨幣

提　要

　　貨幣的種類、形態在宋代豐富多彩。所鑄錢幣的錢文重視書法，一般都出自書法名家的手筆，成為後世的珍貴歷史文物，有很高的鑒賞價值。宋代還多鑄所謂的「對錢」，即同一種錢用兩種書寫體，其它樣式均相同。「淳化元寶」係眞、草、篆三體錢文，係宋太宗所書，稱之為「御筆錢。」宋仁宗寶元年間，所鑄九疊篆文的「皇宋通寶」已是目前的錢幣中的珍品。九疊篆的書寫法，筆劃反覆折疊九次，怪誕難辨，多用於刻製重要印鑒。蘇東波曾書寫神宗時的「元豐通寶」。哲宗時的「元祐通寶」行書體文，出自蘇東坡，篆書體傳說為司馬光的手筆。「崇寧通寶」是蔡京手筆。「大觀通寶」上的文字是宋徽宗所書鐵畫金鈎筆法，號稱「瘦金體」。欽宗在位時間短，只鑄靖康一種錢，鑄錢雖少版別多，折二元寶篆隸對，除此全少不見多。有的已經成孤品，市場僞造堆成山。

　　自公元 960 年建立北宋政權，至 1279 年南宋滅於元的三百多年間，宋朝疆域較小，《食貨志》稱：北宋時「雖曰宋之土宇，北不得幽薊，西不得靈夏，南不得交趾，然三方之在版圖，亦為邊障屯戍之地，墾田未必，元豐年間官田 63,393 頃，民田 4,553,163 頃，共 461 萬餘頃（見文獻通考）。耕地面積雖然比漢元始年間墾田 827 萬 5 千頃，唐天寶時受田 1,430 萬 8 千餘頃，「其數比之宋朝或一倍，或二倍，或四倍有餘，金入侵中原後，南宋疆域更小，只偏安江南一隅。軍事上處於三面受敵。但是在唐代的經濟發展的

基礎上，卻取得較大的進步。北宋建國之初，很注意發展生產，罷除了五代時期遺留的苛捐雜稅，精簡役賦，獎勵開荒，興修水利，安置流散，實行休養生息的政策，經濟發展收到了可觀的效果。宋太祖乾德四年的下詔稱：「今三農不害，百姓小康，夏麥既登，秋稼復稔，倉廩有流衍之望，田裏無愁歎之聲。」自唐中葉後，均田制逐漸廢棄。至宋已經是「田制不立」，土地自由買賣盛行，出現大量的庶族地主。加之墾荒盛行，私有土地大量增加。到元豐年間，官田只爲 63,393 頃，民田卻達 4,553,163 頃。官田只占總田數的百分之一點二餘。由於生產力的提高，出現了許多高產區。像蘇（州）湖（州）地區在豐收年景，糧食畝產達到三、四石。

宋代土地買賣頻繁，已經是「田宅無定主」（見《袁氏世範》），庶族地主大量增加，佃耕制已普遍。農民的依附關係的減弱，不再是地主的部曲、私屬，大量的勞動力轉向從事工商業。佃農改作茶工、鹽工、冶鐵工及小商小販。有的被官府的手工業作坊雇傭爲「募匠」。社會資金一部分也轉向工商業。《清明上河圖》上就表現了北宋汴京的工商業的繁榮景象。南宋雖然偏安江左，但人口的南流，土地得以大量開墾，經濟發展很快。江南賦稅增加的驚人。據南宋文人李心傳稱之：「祖宗盛時，歲入錢三百三十餘萬，茶油十居七八。」到南宋淳熙末年兩浙歲入競達一千二百萬緡。由此看來，南宋時，賦稅是以貨幣爲主要計算單位了。足證錢幣在當時經濟中已經佔了重要地位。但以往較爲富庶的黃淮平原，因處於宋、金的戰爭之地，經濟破壞較大。據江藻《浮溪記》載：「民去本業，十室而九。其不耕之田，千里相望。」由於兩宋時期，商業的發展，貨幣在經濟社會地位的提高，貨幣的職能得以充分發揮，貨幣的種類、形態在宋代呈現豐富多彩。

一、異彩紛呈的銅錢幣

宋代隨著商業的發展，打破了唐代以來，坊（居民區）和市（交易區）設置嚴格分開的形式。不但平民百姓住宅附近設有商店，就是官衙、豪宅、使驛、寺廟附近也廣設店鋪。像京城汴梁的鄭太宰宅附近有魚市行，都進奏院的隔壁是百鍾園藥鋪，都亭驛對面是梁家珠店。御廊西有居民生活的街區，更是商店林立，分佈著鹿家包子鋪、羹店、酒店、香藥、茶葉鋪等。沿街叫賣流動的小販非常活躍，登門出售宰殺好的肉類、雜碎，水產品，豆腐乳等調味品，熟食、點心，種類繁多。農村集市也很活躍。另售商業的發達，促

進適用於小型買賣使用的銅錢幣在市場上廣泛流通。宋代沿用了唐代開元錢的標準，重量標定爲一錢。所鑄錢文亦稱通寶、元寶。加重分量的大錢又稱重寶。錢文還書以年號，充分體現了「年號爲文」的特色。宋太祖建隆元年初鑄還稱「宋元通寶，倣仿唐的「開元通寶」開闢新紀元的用意。宋人宗人平興國年間鑄造的「太平通寶」則爲宋代的「年號爲文」首開先河。北宋九帝共用三十五種年號，鑄了二十七種年號錢和三種非年號錢；南宋連同宋末在閩、粵稱號的兩帝亦爲九帝共爲二十二個年號，鑄了十八種年號錢和三種非年號錢。錢幣帶年號的共有四十五種之多。同年號錢的大小、等級、成色、年分、幣材又有不同，如再細辯，類別更多。僅神宗熙寧、元豐兩種年號的版別，就各有一百多種。非年號錢是因北宋仁宗曾用寶元年號，鑄錢時避免錢文中的「寶「重複，鑄爲「皇宋通寶」之文；宋徽宗繼位之初，仿前鑄有「聖宋通寶」錢，未用年號，分篆、行、隸、眞四體文；南宋寧宗嘉定年鑄「聖宋重寶」當五鐵錢；理宗寶慶年鑄「大宋元寶」，寶祐元年鑄「皇宋元寶」，也是避開「寶」文字重複。

宋代所鑄錢幣的錢文豐富多姿，重視書法，一般都出自書法名家的手筆，成爲後世的珍貴歷史文物，有很高的鑒賞價值。宋代還多鑄所謂的「對錢」，即同一種錢用兩種書寫體，其它樣式均相同。「淳化元寶」係眞、草、篆三體錢文，係宋太宗所書，稱之爲「御筆錢。宋仁宗寶元年間，所鑄九疊篆文的「皇宋通寶」已是目前的錢幣中的珍品。九疊篆的書寫法，筆劃反覆折疊九次，怪誕難辯，多用於刻製重要印鑒。蘇東波曾書寫神宗時的「元豐通寶」。哲宗時的「元祐通寶」行書體文，出自蘇東波，篆書體傳說爲司馬光的手筆。「崇寧通寶」和「大觀通寶」上的文字是宋徽宗所書，鐵畫金鉤，號稱「瘦金體」。宋代鑄錢以銅質爲主。宋初，爲了消除五代十國濫鑄鐵錢的弊病，曾禁鐵錢。太祖開寶三年，在雅州百丈設監鑄鐵錢，宋代實爲銅錢、鐵錢並用，但是使用有區域劃分。四川的成都、梓州（今三臺）、利州（今廣元一帶）、夔州（今奉節一帶）四路專行鐵錢；陝西、河東兩路銅、鐵錢兼用；其餘通用銅錢。宋錢的形制是仿唐開元錢，初鑄的「宋元通寶」寬廓，錢徑約 2.6 釐米；重量 3.4 克。達不到唐開元錢一貫重百兩（即六斤四兩）的標準。此後宋代各年號所鑄造錢幣的質地、成色都遠不如唐錢。銅錢一般在銅內加錫、黑鉛、白鉛。宋錢除了小平還有折二、折三、折五、當十等大錢。南宋還有當百的「淳祐通寶」特大銅、鐵錢。這種大錢的鑄造重量，並

不與小平錢的「折」、「當」成比例，名不符實。一方面反映了錢有了信用的含義，但人們仍視爲「貶值錢」，在使用上不受歡迎。

二、金、銀貨幣職能作用加大

商業的發達，交易中的擴大，宋代已形成大全國性的的市場。朱仙鎮、漢口鎮、佛山鎮、與景德鎮號稱國內四大鎮。城市遍佈國內，並有較大城市。南宋時的臨安（今杭州），有城鎮人口近六十萬人，建業（今南京）近四十萬人。每天只消耗糧食數千石，需要由外地輸入，必然促進糧食市場的發展。城鎮萬商雲集，八方輻輳。貨物分南貨、北貨、川貨等，相互交換，供應消費。有珠寶玉器、藥材、紡織品、書籍紙張等文化用品、馬匹、調料、毛皮、茶葉、香料、食糖等種類繁多。北宋天禧、皇祐年間，全國每年交易額估算可達到三億二千萬貫。大量的商品交易，則必有批發商業行爲。《續資治通鑒長篇》載：熙寧五年，開封有大茶商操縱茶葉的運銷和價格，再轉手另售。市場上已有了行會各種行會都有不同的規矩。例如：在開封市場上使用的短陌錢（即少於百錢而當百錢使用的折數）各行則不同規定遵守。魚、肉、菜行七十二作一百錢，而金銀行七十四作一百錢；有了商業中介「牙人行頭」，在市場上充當中介；有了儲存貨物的貨棧倉儲，叫做塌房和堆垛場。南宋時，臨安的塌房大的有房千餘間。宋代官府也加強了市場的管理和控制。王安石變法中有市易法，首在開封，後發展到廣州、揚州、成都、杭州、永興軍（今西安）、眞定（今正定）設置市易務，管理市場，調濟貨物有無，平抑物價，功能高級化。可以用平價收購或儲存滯銷商品；商人可用抵押、取保等辦法，向市易務賒購貨物，還可以貸款經商。金銀當做貨幣可以追溯到商代。除了文字記載以外，實物見到楚國的「爰金」，爲金鑄造，俗稱「印子錢」。湖北江陵還出土有楚國的銀餅。但金、銀比較貴重，數量少，多作爲財富的儲存，即貨幣的儲藏職能。其它職能發揮，遠不如銅貨幣充分。宋代由於商業的發展，在大量貨物交易中，銅製錢幣不便行使貨幣功能，缺點是價值低，重量大，不便攜帶，一貫錢按當時的宋錢，即重五斤以上。貴重得多的金、銀，得到人們的青睞，更適合當貨幣使用。宋代法定收稅和官俸用銀，銀幣更爲盛行。金銀貨幣，已同錢幣、絹帛一起成爲國家合法的貨幣的一種，民間普遍使用，發揮貨幣的職能作用，特別是大額支付白銀就方便的多。雖然歷代多限制金銀爲貨幣，但是擋不住金銀投入貨幣行列的趨勢。市場上銀與銅錢

大量使用，行使貨幣職能，金則主要還是儲存。金較銀的價值在宋代爲十六比一，即一兩金可換十六兩銀。歷代金價不斷上升，現今金價比宋代已高出一倍了。銀錢的形式多樣，有銀錠、銀餅、銀條、銀牌等。並不像銅錢那麼規範。但可以隨時稱重驗質。銅錢與銀的價值比，一般保持唐代開元通寶的狀況。一錢文爲一錢重的價值，每兩銀頂換一貫（一千錢）。銅與銀的重量比爲一百比一。

　　穀帛自古以來就是重要的貨幣之一。因爲是人們的生活必需品，也是賦稅的徵集的主要物品。直至唐代依然是賞賜、俸祿、軍需等方面起貨幣作用。特別是作爲價值尺度在市場上起較大的作用。但在儲藏功能、流通功能方面不如金屬幣。如白居易的《重賦》詩中就反映了物資「進入瓊林庫，歲久化爲塵。」在商業發達的情況下，逐漸被金屬貨幣代替。唐代中期施行兩稅法，部分穀帛改徵銀。到宋代穀帛的貨幣作用更小了。

三、紙幣的流通

　　貨幣所形成的物價，雖然與社會狀況有關聯，有漲有落。但一般物價較爲現代便宜。歷代米、絹、錢、銀在正常的年景都有一定的比價。一般銀一兩、錢一貫、米一石、絹一匹（漢以後，每匹絹幅闊二尺二寸，長四丈。）是等價的。以米價爲例，北宋太宗太平興國二年江西每石米六、七百文；眞宗咸平元年四川米每石三百六十文；淳熙四年米每石二百文；宋仁宗嘉祐四年絹每匹爲一千三百文，與石米價相近，是正常的物價時期。神宗熙寧二年，京師米每石一千文，外郡四百文：南宋孝宗時，米每石一千文。動亂、歉收年景都是糧米主貴，自古就有「斗粟自可飽，千金何所值」的童謠。（《述異記》）一旦市場物價波動，糧食首當其衝，米價動蕩較大。徽宗大觀元年因蔡京鑄大錢、夾錫錢，引起物價上漲，米每石一千二百文。加之與金交戰不利，後漲到一萬文（即十貫錢）。徽宗退位後，曾微服上街市用十文錢買一個蒸餅，物價較高。

　　對外貿易加強紙幣的使用。宋代對外貿易有大的發展，特別是海上貿易進展較快。貿易往來包東南亞、中東、非洲、日本等五十餘國。曾先後在廣州、杭州、明州（今寧波）、泉州、密州（今膠州）、秀州（今嘉興市）、溫州、江陽軍設立市舶司管理對外貿易。此時期在對日貿易中，宋代的錢幣也大量流入日本。日本出土的五十餘萬枚銅錢，大部是宋代的。陸路於遼、金、西

夏、高昌、大理、吐蕃貿易也很興盛。多爲茶、馬交易，輸出茶葉、輸入馬匹，宋錢幣使用很普遍，眞正發揮世界貨幣的功能。外貿的發達，促使大量的貨物向邊貿城鎮集中，貨幣使用量加大，需要更輕便的貨幣投入市場。一匹布需要兩萬鐵錢，約重五百斤，需用車載。開始使用一種紙幣，叫做交子。開始爲商辦，交子屬於信用貨幣性質。商人出具「收據」形式的楮券，書有出票人的印記、密碼花押，朱默間錯。還無交子的字樣，樣式亦不統一。此後商人聯合起來發行交子。由有財力的商人聯合建立交子鋪，發行交子。紙幣統一格式，銅版印刷，設圖案花紋，持券者可遠近行使、兌現銀、錢。短時期也就在市場上流通。後因商人經營不善，資金不足等原因，交子紙幣不能兌現，信譽下降，甚至引起訴訟。（見圖）

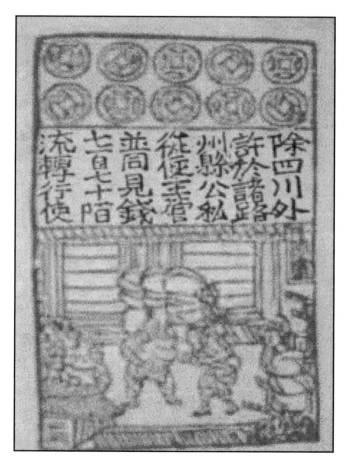

　　交子文：除四川外，許於諸路、州、縣公私從便主營。並同見錢七百七十陌流轉行使。

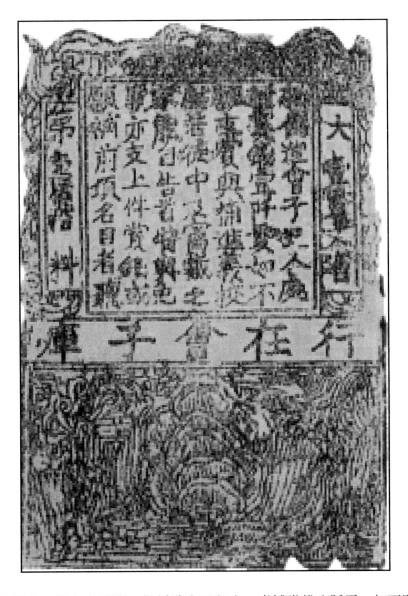

會子文：行在會子庫：揭僞造會子犯人，處補賞錢壹阡雯，如不願來賞與補進義校錢，若徒中及窩藏之家，能自告首，特與免罪，亦支上件賞錢。或願補前項名目者，聽。大壹貫文第壹　字防稽科

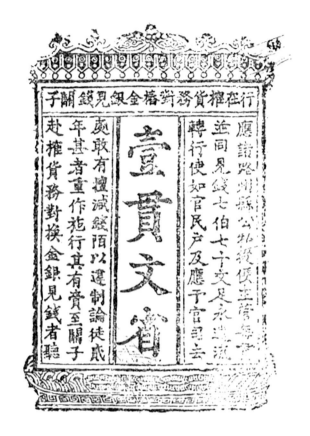

關子文：行在榷，貨務對椿，金銀見錢關子。應諸路、州縣，公私從便主營。壹貫文省。並同見錢七百七十文足。永遠流轉行使。如官民戶及應予官司去處，敢有擅減錢陌，以違制論，徒二年。甚者重作施行。其有賷至關子赴榷貨務，對換金銀者，聽。

在商人發行紙幣出現問題時，官府出面參與。一方面是社會的需要，另一方面發行紙幣有利可圖，改為官辦。仁宗天聖二年正式發行官交子，這是中國的國家發行紙幣的開始。交子的票面是定額的，製版印刷而成。有十貫、五貫、一貫、五百文（半貫）等多種。發行紙幣可以用來收購國家需要的物資、擴大財政收入、幫助貨幣周轉作用都很大。仁宗時宰相文彥博就說過：「發行交子獲利甚厚。但到哲宗時，為了對付西夏等處戰爭，籌募軍餉，發行紙幣過多，而幣值下跌，信用下降。

北宋徽宗時，將交子定名為「錢引」。因與金戰爭吃緊，軍費開支大增，大觀元年發行錢引大二千多萬緡。南渡以後，大量增加錢引發行，以充軍費。紹興三十一年發行錢引達到四千一百萬緡。寧宗嘉泰末年已達八千萬緡。因

為紙幣兌現不了錢、銀，信譽大跌。後每緡只值百錢，貶值十倍。雖然錢引的印刷質量很高，三色套印，圖案花紋精美，藝術水平很高，但無濟於事，依然貶值。

南宋地方亦發行紙幣。有川陝的河池銀會子、兩淮交子、湖廣交子、興元府（今漢中）鐵錢會子等。會子源起於民間一種變換性質的「便錢會子。南宋紹興三十年改為官辦。起初會子面額一貫為一關子一直使用至南宋末年會，故名會子。圖案花紋及印製均不如錢引精美。後也因發行量過大，不斷貶值。理宗末年，蒙古軍壓境，賈似道當權，濫發紙幣，物價飛漲，二百貫還買不到一雙草鞋南宋紹興元年，還發行一種紙幣叫」關子「類似唐代的飛錢。是兩地劃撥款項的匯票性質。當時在婺州招商人出現錢，付給關子。商人持關子到杭州榷貨務對付現錢或茶葉、香料鈔引。因對付困難，信譽也不高。關子中有數種。有現金關子，專兌現錢，因政府兌現困難，商民不願使用，行不久即停止；再一種為公據關子，可行使兩年；第三種叫內關子，可行使三年；還有一種金銀見錢關子，為奸相賈似道主政時發行。

宋代由於農業生產的發展，生產關係也大有改善，庶族地主大量增加，農民依附關係減弱，促使工商業繁榮，貨幣流通必然加大。這是社會進步的一種表現。貨幣流通的加大，又促使貨幣種類多樣化。銀子使用地位上升；錢幣的美化和種類繁多；紙幣的開始廣泛的使用等；都是在貨幣上超前代的重要成就。也為後代在使用、發行貨幣方面，取得不少經驗。但是諸如貨幣信譽不高，發行量超過市場需求，造成物價上漲，給人民，特別是農民造成很大損失，官府從中取利，搜刮錢財為皇帝、官員享受，是存在的最大問題。在發行貨幣過量，造成物價上漲的問題中，也有它合理的一面。宋代是一個小而弱的國度，對外戰爭從未間斷，必然要籌措軍費，以對付外侮。我人應當正確看待歷史，評點正誤。宋代一些有作為的名臣賢相，曾為發展貨幣職能作用的事業作出貢獻。像王安石推行新政，設立市易務，實行「免行錢」用貨幣替代實物交稅，擴大了貨幣的作用。按商戶的收入攤派稅，有利中小商人。文彥博支持紙幣交子由官家發行，有利於國家的財政收入。但像蔡京、賈似道一些奸臣當道時，用貨幣政策搜刮老百姓，供淫樂享受，造成貨幣的嚴重混亂，物價飛漲。

歷代金屬貨幣使用價值研究

提　要

　　中國古代貨幣有「虛實」之說，按照傳統的貨幣虛實論，貨幣可分爲實物貨幣、硬通貨實錢、硬通貨虛錢、紙質貨幣四個層次。硬通貨實錢，即用金、銀、銅、鐵、錫等金屬爲鑄造貨幣材料，在通貨四個層次中，處於承上啓下的作用。在歷代貨幣流通中，實行以銅幣爲主的複本位制。銅幣流通最久，達到三千餘年。這與我國在小農經濟下，商品交換不發達有直接關係。

　　金屬貨幣價值比，大致爲 10000：1000：10：1。就是說：十個鐵錢等於一個銅錢；一貫錢（即一千錢）等於一兩白銀（即十錢重）；十貫錢等於一兩黃金。這與我國的金屬產量有直接關係，價值與產量之比很恰當。貨幣的價值最重要落實在換取多少實物上，主要是反映在穀米和布帛的價值。歷代金屬貨幣和實物的正常價比在：一兩白銀，相當一貫錢，或一匹布帛，或一石糧，的中間上下浮動。

一、貨幣的虛與實

　　在中國古代貨幣有「虛實」之說。西漢時期的《鹽鐵論·力耕》載，桑弘羊就曾說過「以末易其本，以虛（金錢）易其實（物品）」。唐代「安史之亂」時第五琦鑄造當五、當十的大錢是虛數而貶值，就有「實錢」、「虛錢」之分（《唐會要》卷八十九）。宋代發行紙幣寫的錢數也是虛數。元朝以後，白銀又逐漸發展爲流通中的主要貨幣，於是「虛實」概念也被推廣用於說明白銀、銅錢和紙幣流通現象。北宋周行己說：「物爲實」，「錢爲虛」（《浮沚

集》）；虛實概念更多地被用於說明不同種類和性質的貨幣的關係。唐代最初使用「實錢」、「虛錢」的概念是指流通中足值銅錢與不足值的虛價銅錢。宋代產生了紙幣，從此以後，人們運用虛實概念解釋貨幣流通現象，大多是以紙幣爲「虛」，尤其是貶值了的紙幣。南宋詩人楊萬里，曾經在廣東、江西當過管財政的地方官。他曾把金屬錢比作「母」，紙幣比作「子」，也應該相權。大凡宋、元人言虛實相權，目的皆爲了強調紙幣應具有兌換性。到清代，人們綜合宋代紙幣作爲信用貨幣並不需要十足準備金和元代不兌換的純紙幣流通的經驗，包世臣、王茂蔭提出了紙幣流通的「以實馭虛」、「以實運虛」的原則。

傳統的貨幣虛實論，說明在人們心目中，貨幣可分四個層次。

第一層次爲實物貨幣。就是桑弘羊所說的實物是本，金錢是虛。實物貨幣是由物物交換包括農產品、畜產品、手工業品等互換而演變來的。在徵調布帛的同時，布帛又成爲貨幣。由於它具有比較穩定的價值，民間已將它作爲價值尺度和支付手段，賦予它一定的貨幣功能。王莽時「貨幣雜用布帛金粟」，布帛開始具有法定貨幣的地位。東漢末，穀帛取代金屬貨幣成爲主要貨幣。曹魏更以「穀帛爲市」。兩晉南北朝並出現絹帛排斥其它實物與金錢兼行爲幣的明顯趨向。特別是在歷史上戰亂期間，使用最廣。直至日寇佔領華北到解放戰爭後期，因爲物價飛漲，紙幣貶值。京津一帶，以「大五福牌」白市布，和「狼狗牌」線襪爲市場交換的「價值尺度」。大額用布匹，小額用襪子計價。優點是互不吃虧；缺點交換很不方便，範圍窄。

第二層次爲硬通貨實錢。就是用金屬鑄造有形制，重量和質量符合標準貨幣。如「秦半兩」、「漢五銖」都是「文如其重」的實錢。經過魏晉南北朝貨幣混亂以後，唐初開元通寶流通，中國衡制中的一兩十錢便由此產生，二十四進位的銖兩制隨即結束。開元通寶錢，徑八分（約 2.4 釐米），重二銖四絲（約 4 克）爲一錢，每十文重一兩，成爲唐代以後各代銅錢的標準「實錢」。金屬幣使用比實物方便，《魏書‧食貨志》上說：「熙平初，尚書令任城王澄上言：……布帛不可尺寸而裂，五穀則有負擔之難。錢之爲用，貫鏹相屬，不假斗斛之器，不勞秤尺之平。隨著生產和流通的進一步擴大，金屬幣材的數量逐漸不能滿足商品流通的需要，而且遠距離的大宗貿易攜帶金屬貨幣多有不便。

第三層次爲硬通貨虛錢。就是錢的實重與標明的價值有差距。例如王莽

時幣制改革以「周錢有子母相權」爲依據，興大錢，鑄造「一刀平五千」、「契刀五百」、「大泉五十」等。五千、五百、五十都是虛值，代表不了五十個「五銖小錢」。南北朝時，貨幣質量亦很差，包括入水不沈、隨風飄飛、一捧十萬、薄如榆莢、大小和家禽眼睛差不多的鵝眼錢、雞眼錢、綖環錢、榆莢錢之類的錢，不足分量，亦是「虛錢」。

第四層次爲紙質貨幣。像宋代的「交子」，元、明時期的「寶鈔」等。發行紙幣時，有些統治者也懂得發行紙幣要有準備金，即「鈔本」，並認識到鈔本的重要性。但到後來，由於軍費、奢靡等造成的財政困難，統治者最終還是乞憐於發行紙幣，使通貨膨脹越來越嚴重。金屬幣受材料所限往往難以濫發，而紙幣印製簡單，成本低，非常容易制印而造成通貨膨脹。

在以上四種中可作爲貨幣的資質可信度順序排列狀況，最高者爲實物。《管子》認爲貨幣「饑不可食、寒不可衣」。而貨幣卻向著相反發展，現今已經使用了更虛的摸不著「電子貨幣」。

二、金屬貨幣使用價值比

古代有五金之說，即金、銀、銅、鐵、錫。都當作過鑄造貨幣的材料，派上過用場。以前四種爲主，錫一般爲輔料。在古代鉛、鋅也納入錫類。五金中沒有鋁，只有近代發明了電，才能生產鋁。所以，在古代鋁不能成爲貨幣的鑄造材料。金屬貨幣的優點：價值比較穩定、易於分割、易於保存、便於攜帶等；

金屬鑄造的「實錢」在歷代貨幣中，流通最久，達到三千餘年。在通貨四個層次中，處於承上啓下的作用。金屬貨幣其基礎還是實物，貨幣的價值是取決於交換實物價值，就是說貨幣價值表現，是能夠買到多少東西。金屬貨幣又是紙幣的「鈔本」。馬克思主義經濟學認爲貨幣的本質是一般等價物，西方經濟學則認爲貨幣的本質是交換中介物。這表述古代貨幣最爲恰當。現今法幣的執行由國家銀行發行，以國家信用保證的法幣，使貨幣與價格波動的貴重金屬脫鈎，因之具有一定的強制性。有人認爲貨幣的本質是；「由國家或國家許可的機構發行的用於在全社會範圍內分配商品的憑證。」

《管子》上說：「先王以珠玉爲上幣，黃金爲中幣，刀布爲下幣」。根據《史記·平準書》上說：「金有三等，黃金爲上，白金（指銀）爲中，赤金（指銅）爲下」。又說「又造銀錫爲白金，以爲天用莫如龍，地用莫如馬，

人用莫如龜，故白金三品：其一曰重八兩，圜之，其文龍，名曰「白選」，直三千；二曰以重差小，方之，其文馬，直五百，三曰復小，橢之，其文龜，直三百……」，又說：「農工商交易之路通，而龜貝金錢刀布之幣興焉……虞夏之幣，金爲三品，或黃，或白，或赤；或錢，或布，或刀，或龜貝。及至秦，一國之幣爲二等，黃金以溢爲名，爲上幣；銅錢識（幟）曰半兩，重如其文，爲下幣，而珠玉、龜貝、銀錫之屬，爲器飾、寶藏，不爲幣。」珠玉龜貝銀錫退爲裝飾品。

銅質材開始曾仿自然貝鑄造了銅貝，銅幣的材質不變而形體不斷發生變化。進入春秋戰國時期，鑄幣呈現出明顯的區域性特徵，大都處於仿傚農具形體。中原晉衛地區的布幣是仿傚耕地農具－鎛，布是其轉音；東北部齊燕地區的刀幣是仿傚砍伐、剝削用的刀；中西部秦晉地區的圜錢是仿傚紡織用的紡線墜；南部荊楚地區的蟻鼻錢是銅貝變換而成。後來，錢上標明重量「重如其文」的「秦半兩錢」、「漢五銖錢」都是。到戰國中期已經出現了外圓內方的錢，並不是秦始皇所創意。公元前 221 年秦統一中國後，立即實施的統一幣制將內方外圓的秦半兩錢推廣到全國。銅作爲幣一直到到清朝中期，金、銀、鐵仍然只是輔助幣材。銅幣以錢爲計算單位，千錢稱爲一貫或一緡。零用用錢支付，大量用貫（緡、吊）支付。

我國自給自足的小農經濟是汪洋大海，貨幣形式特點與國情直接相關。數千年不間斷地以銅作爲貨幣的主要材料，變換的僅是鑄幣上的文字。這在世界文明史上少有特點之一。中國的農民和手工業者之間收入增加始終變化不大。如在漢代平時農民的收入平均每戶每年收入糧食「不過百石」上下（見《漢書‧食貨志》）還要扣除賦稅、地租。工人工資方面，《漢書補注》說，每月工錢爲 300 錢；東漢時的《政論》說雇工一月 1000 錢；《漢書》注釋者如淳說，雇人值更 2000 錢。人們大量日常的交易可能僅是幾升、幾斗米與幾斤幾兩鹽、茶之類的交易。宋徽宗退位時，汴梁軍事吃緊，物價上漲。他曾微服上街市，用銅錢十文買炊餅一個。這樣的交易規模如果用貴重的金、銀來充當交換工具，就難以執行。銅幣與農耕社會生產物品正相匹配的，是鑄幣形制、重量在相當長的歷史階段基本保持連續穩定不變的主要原因。

《國語‧齊語》：「美金以鑄劍戟，試諸狗馬；惡金以鑄鉏、夷、斤、斸，試諸壤土。」用以鑄造兵器的「美金」是指青銅，用以製造農耕器具的「惡金」是指鐵。春秋時代，銅的用途很廣，除了鑄造貨幣外，禮器、兵器、冥

器消耗銅也很多。鐵光澤不如銅，大量用作農具材料。漢以後，以及三國時的吳、蜀，還用鐵鑄錢，以彌補銅的缺乏。但是，價值遠不如銅。

黃金作爲貨幣，是一種以重量爲單位的稱量貨幣。黃金計算的單位有兩種，一是「斤」，合十六兩；一是「鎰」（yi），合二十兩（另一說，二十四兩）。楚國是多產黃金，也是使用黃金最早的國家，黃金單位叫做「爰」，後世在楚地出土爰金也最多。東漢以降，史籍中使用黃金爲貨幣的記載明顯減少，轉爲另一種用途。有一種比較流行的說法，即「佛教耗金說」。認爲由於佛教的傳入，大量黃金用於塑佛金身、書寫金經，致使漢金消失。魏晉南北朝至隋期間，黃金愈加貴重，人們對黃金的用途有了很大改變，更有了「高檔」用途，黃金的身價大增。用於大額支付和商品交易的情況銳減，皇帝對臣屬的賞賜也是黃金的出路，僅西漢二百十五年間賜黃金有一百多次。作貯藏飾品和其它方面用處大爲增加。

中國一向不是產銀大國，唐代民間白銀已作爲流通手段被廣泛使用。白銀的產量唐代每年不過一、二萬兩。江西德興占唐朝產銀量的一半。北宋天禧末年產 85875 兩。北宋白銀產量雖然較多，但南渡以後，阬冶大部分廢棄，礦藏枯竭。南宋以後，白銀主要倚靠外國的輸入爲主。元代歐亞交通方便，往來頻繁，白銀的流通毫無阻礙。到了明代，白銀充當交易手段的職能比以前更爲重要了。白銀貨幣地位上升是與中國和西方之間的貿易擴大相關聯。最早是從中國與羅馬的絲綢交易開始，這規模非常大的生意是由中東的商人經營。由於中國對進口西方國家的貨物不感興趣，唯有珠寶、金銀才是眞正的喜愛之物，而且金銀是國力最重要的標誌，羅馬的金銀只好不斷外流。由於明代與日本及歐洲間出口貿易的發展，大量白銀從海外通過東南沿海流入內地。在明永樂九年（公元 1411 年），政府曾一度解禁金銀，在交易中會有大量的白銀流入。康熙年間（公元 1662～1722 年）白銀流入中國大增。1684年，開放海禁。乾隆年間（公元 1736～1795 年）外國銀幣在中國流通更廣。元、明、清至鴉片戰爭前，中國是白銀積纍時期。清代末年，由於戰敗賠款及國外實行金本位壓低銀價，使白銀大量流失。

1929 年 10 月，世界經濟危機開始席卷全球，長達四年之久。帝國主義國家爲了擺脫經濟危機，從 1932 年開始，英、美、日等國相繼放棄了金本位，貨幣不斷貶值。施行金匯兌本位制，也叫做虛金本位制。本國並不鑄造、流通金幣，而與其它施行金本位制的貨幣保持一定的比價。當時我國仍是施行

銀本位的主要國家，在國際貿易中，造成大量白銀外流，國內銀根吃緊，購買力下降，擠兌銀圓，貨幣基礎動搖。1935 年 5 月，英國派經濟代表團幫助國民政府策劃幣制改革。同年 11 月 4 日國民政府財政部，公佈了施行新貨幣制度和白銀國有化命令。規定以中央銀行、中國銀行、交通銀行（後又加入中國農民銀行）發行紙幣爲「法幣」。從此，基本結束了五金貨幣使用的歷史，只剩下一些合金鑄造的小額找零貨幣在流通著。但是，我們仍然要研究金屬貨幣的使用歷史，以探討發展經驗教訓，爲現代金融業服務。

三、五金貨幣的比價關係

秦代統一貨幣，實行黃金和銅錢並行的二等幣制。漢承秦制，因循未改。漢代作爲貨幣的黃金，以斤爲計算單位，一斤金又稱爲一金。《漢書》卷二四《食貨志》下說：「漢興，以爲秦錢重難用，更令民鑄莢錢，黃金一斤。」顏師古注：「以斤名金。」又《史記》卷三十《平準書》《正義》引臣瓚也說：「漢以一斤金爲一金。」兩漢朝廷常常以大量黃金賞賜貴族大臣，無一例外都是以斤爲計算單位的。漢武帝後五銖錢爲計算單位，千錢稱爲一貫或一緡。漢代有很嚴格的規定：一斤黃金等於一萬銅錢。《漢書‧食貨志》下說：「黃金一斤，值錢萬。」何休《公羊解詁》隱公五年云：「金重一斤，若今萬錢矣。」何休說的「今」，是指東漢。《漢書》記載，「黃金方寸，而重一斤。」西漢的一斤約合今二百五十克，所以出土的金餅以二百五十克重的最爲常見。漢代黃金與銅錢的比價，法定是黃金一斤值銅錢一萬。但在民間實際流通中，則因時因地而有高有低。《九章算術》中曾記載：金一斤值錢「六千二百五十」，「金價九千八百」。

金銀的比價在漢代比較低，大約爲 1：5。此後白銀比價不斷提高，從 1600 年前後的 1：8 上漲到 20 世紀中期和末期的 1：10。根據顧炎武的《日知錄》卷 11《鈔》、錢泳的《履園叢話》上《叢話一》和《明太祖實錄》等記載：洪武初年，定黃金一兩換白銀四兩，銀一兩合錢 1000 文或寶鈔 1000 文。18 年後，金一兩當銀五兩，永樂十七年，則當銀七兩五錢，銀錢比價尚未大變。但鈔價已大落，按《明會典》規定：都是銀一兩，錢 1000 文當鈔 80 貫鈔，已貶值至八十分之一。根據明憲宗、孝宗兩朝實錄，明代中期以銀易金，仍爲七換，史載「金一兩以銀七兩易之」。至於銀錢比價則一般是銀一兩換錢 700 文至 800 文。成化二年，令京師通錢法，明定銀一錢折銅錢 80 文。弘治十七年，令山東將十七、十八兩年稅課錢鈔均折銀徵收，以

備賑濟之用，均爲「錢七文折銀一分」。清代用銀量不斷提升，乾隆年間達到 1：15。「可知歷代較長時期是 1 兩黃金約可兌換 8～11 兩白銀。道光初年，一兩白銀換錢一弔，也就是一千文；到了道光二十年鴉片戰爭的時候，一兩白銀就可以換到制錢一千六七百文了。咸豐以來，銀價猛漲， 兩白銀竟可以換到制錢兩千二三百文之多。「可知正常情況下，1 兩白銀大約可換到 1000～1500 文銅錢，古時通常說的 1 貫錢或 1 弔錢就是 1000 文。

宋代川蜀一帶鐵錢流行很廣，其和銅錢的比價一般維持在 1：10 左右，南唐政府正式規定銅錢一文當鐵錢十文。銅與銀相比，歷代大致是一貫銅錢換一兩銀，一貫錢重約三千克餘（六市斤以上），一兩銀重三十克餘。

楚國曾經以金爲貨幣，漢代曾用銀錫爲白金貨幣，但銅幣仍然是主要的。黃金、白銀作爲稱量貨幣形制與銅幣共同流通，長期處於「複本位制」狀態，互不隸屬，兌換比例因時而異。鐵質貨幣則始終被人蔑視，不願使用。所以各種金屬貨幣之間，始終存在著比價問題。有時錢貴銀賤，有時銀貴錢賤。

綜合以上資料說明：古代鐵、銅、銀、金四者鑄造的貨幣在政治經濟正常情況下，其價值比，大致爲 10000：1000：10：1。（現今金價大幅度上升，四種金屬比價，特別是黃金價格變化很大。）就是說：十個鐵錢等於一個銅錢；一貫錢（即一千錢）等於一兩白銀（即十錢重）；十貫錢等於一兩黃金。

四、金屬貨幣價比與其產量有直接關係

唐、宋兩代，經濟發達，商品交易活躍，各種形制貨幣在市場使用頻繁，其貨幣價值與金屬產量關係也比較清楚，其比價基本和金屬產額量相符合。如唐代元和年間約計年產鐵 200 萬斤，銅 26 萬斤，銀 6 千餘斤（10 萬兩），金 160 斤（2500 兩）。（見隋唐五代經濟史，金爲估算，宋代金年產量爲唐代 4 倍。）

據《新唐書・食貨志四》載：唐代有鐵礦 104 處，銅礦 62 處（不包括今雲南、貴州兩省地區）。元和初年（約公元 806～810 年）鐵的年產量約 200 萬斤，銅的年產量約 26 萬斤。大中年間（公元 847～859 年）銅的年產量增加到 65 萬多斤。唐代在武德四年（公元 621 年）開始鑄錢。肅宗乾元元年（公元 758 年）有鑄錢爐 99 座，都設在產銅地區：位於今山西絳縣的有 30 座，江蘇揚州、鎮江，安徽宣城，湖北武昌和河北蔚縣各 10 座，四川成都，

河南鄧縣，湖南郴縣各 5 座，陝西洋縣 3 座，河北定縣 1 座。絳縣一地的鑄錢爐相當於全國的三分之一。表明晉南中條山銅礦區在唐代開採極盛。唐代鑄錢爐，每爐每年可鑄錢 33,00 緡，需用銅 21,200 斤，（鉛錫合金）3,700 斤，錫 500 斤。按 99 爐計算，每年用銅約 210 萬斤，錫 5 萬斤。唐代銀礦開採亦盛。最大的銀礦在饒州（今江西德興縣）。元和年間（公元 806～820 年）的年收入量曾達十餘萬兩。

宋代由於商業的發展，需要大量的金屬，鑄造貨幣。所以積極發展採礦業。據《宋史·食貨志》記載：宋初全國「坑冶凡金、銀、銅、鐵、鉛、錫，監冶場務二百有一。」治平年間（公元 1064～1067 年），各州坑冶總數為 271 處。坑冶分佈情況和唐代相比有顯著的變化。例如，絳縣的銅礦在宋代已不見記載，銅、鉛、銀集中於今江西、福建、廣東三省境內，規模遠遠超過唐代。金礦分佈於 25 個州，年收入量一萬餘兩。其中登、萊兩州合計 9500 餘兩，相當於全國總收入量的 89%。銀礦分佈於 68 州，年產量為 21 萬餘兩。產量較高的有南劍州將樂縣安福場，以及信州（今江西上饒）、潭州和虢州的銀場。以上四州總產量相當全國總產量的 66%。就銅、錫、鉛這三種鑄錢用的金屬原料來說，大體上是逐漸上升的。從皇祐到元豐元年（公元 1078 年）的近三十年內，銅的年產量由 500 多萬斤增至 1,400 多萬斤（一度高達 2100 多萬斤）；錫由 30 多萬斤增至 200 多萬斤（一度高達 600 多萬斤）；鉛由 9 萬多斤增至 900 多萬斤。元豐元年全國金屬礦生產情況如下：鐵礦鐵場分佈於 36 個州，年總產量 550 多萬斤。主要鐵冶有邢州（今河北邢臺）綦村冶、磁州（今河北磁縣）武安縣固鎮冶務、徐州利國監、兗州和威勝軍（今山西沁縣）。邢、磁兩州的產量約占全國總產量的 74%。銅礦分佈於 22 個州，年產量 1460 多萬斤。其中韶州岑水場（今廣東翁源縣北）、巾子場合計年產 1,280 多萬斤，占全國總產量的 88%。應該指出，史書記載銅的年產量為鐵的三倍，這是由於經營制度及稅收辦法不同的結果，並不反映各該金屬的產量。鉛量多於鐵，也是如此。錫礦分佈於 10 個州，年產量 230 多萬斤。其中賀州（今廣西賀縣）87 萬多斤，占全國總產量的 38%。鉛礦分佈於 32 個州，年產量 900 多萬斤。主要產地有連州（今廣東連縣）、虢州（今河南西部）等六個州，鉛的產量相當於全國總產量的 73%。南宋時，史書記載紹興二十二年（公元 1152 年）鐵、銅、錫、鉛四種金屬的產量均不及元豐元年的一半，除版圖縮小外，礦藏減少可能是另一原因。

五、金屬貨幣和實物的價比

貨幣的價值最重要落實在換取多少實物上，主要是反映在穀米和布帛的價值。糧食（即指穀米）在人們用途上占第一位，所以有「民以食爲天」的說法。歷代糧價波動較大，特別與年成好壞，國家興衰有關。《漢書・食貨志》載，漢宣帝時：「用吏多選賢良，百姓安土，歲數豐穰，穀至石五錢，農民少利。」這就是「穀賤傷農」現象。《後漢書・馮異傳》載有王莽失敗後的長安三輔一帶，「黃金一斤，易豆五升」。漢代城市不發達，農產品充足，糧價較低。《居延漢簡》中所見糧價每石不過 100 至 200 錢。居延又是在邊遠地區，糧價自然更低，不具代表性。魏晉南北朝時期的糧價，據《夏侯陽算經》提到；換算每石米應爲 1200 文、1300 文、1350 文。唐代糧價資料頗爲豐富。安史之亂以前，糧價低廉，北方粟米一般每石總不出 400 文。安史之亂以後至唐末，糧價大幅上漲，粟米石價總在 400、500 至 700、800 文之間。北宋時期，城市發展促使市場用糧加大，湖北沙市已經發展爲一座巷陌三千家的「三楚米市名鎭」。兩宋都城的人口，均在一百萬上下，每人一天二升計算，每天耗糧即達數萬石。宋代糧價處上漲趨勢，北宋熙寧以前一般爲每石六、七百文，徽宗時期每石米就高達二貫、三貫，甚至四貫了；南宋紹興初年，米漲至五、六貫一石，隨後開始下降，保持在一貫左右；孝宗時期又上升到每石二貫至二貫半左右。此後，明清兩代又漲由落，基本維持「石糧千文」的水平上下波動。《後漢書・禮儀志》記：「權水輕重，水一升冬重十三兩」。十六兩爲一斤。十升爲一斗，十斗爲一石。換算一石穀米重約七十至八十斤。

古代一般以麻、葛之織品爲布，絲織品爲帛，因以「布帛」統稱供裁製衣著用品的材料。布帛次於糧食的民生需要的物品，產品生產結果不像農業生產受自然影響產額波動很大。布帛早已成爲商品，由於它具有比較穩定的價值，民間已將它作爲價值尺度和支付手段，賦予它一定的貨幣功能。在徵調布帛的同時，布帛又成爲貨幣。王莽時「貨幣雜用布帛金粟」，布帛開始具有法定貨幣的地位。東漢末，穀帛取代金屬貨幣成爲主要貨幣。曹魏更以「穀帛爲市」。兩晉南北朝並出現絹帛排斥其它實物與金錢兼行爲幣的明顯趨向。到唐代，封建政權多次申明，對絹布綾羅絲綿諸物在市場交易中，「令錢物兼行，違者科罪」。布帛的法定貨幣地位始終穩定。國家徵調的大量絹布，除直接使用一部分之外，大部分是要進入市場的。徵調布帛與布帛貨幣化相配套，更加增了布絹與市場聯繫的必然性。《居延漢簡》所載：布的每

匹價格，都在 200 至 400 錢之間。絲織品每匹可以達到 600 到 1000 錢。漢代的布價一般爲匹二三百錢，帛四五百錢，縑六七百錢，素七八百錢，練則要千錢以上。帛、縑、素、練都是等級不同絲織品，一般絲織品爲帛，細絹爲縑，潔白的生絹爲素，熟絲柔軟潔白爲練。唐代實行「錢帛兼行」，貨幣商品的資格，布帛和銅錢一齊流通。《新唐書・食貨志》載：「貞觀初，……絹一匹易米一斗；至四年，米斗四、五錢。」《舊唐書・郭無振傳》載：〔武后時，〕「甘州刺史李漢通開置屯田，盡其水陸之利。舊涼州粟斛售至數千，及漢通收率之後，數年豐稔，乃至一匹絹、粟數十斛。」同是穀物價格，前一則以絹表其貴，以錢表其賤；後一則反是。這說明，穀物有兩個價格：銅錢價格和絹帛價格。唐代甲子年氾懷通兄弟貸李法律白生絹壹匹，長三丈捌尺，幅闊貳尺半寸，到秋還利麥粟肆石。宋代紡織業以絲、麻爲主。兩宋都城都是全國最大的紡織中心，除了朝廷官辦的紡織業具有規模大、製作精、分工細的特點外；民營的紡織也十分繁榮，尤其是兩蜀、江西、兩浙等地較爲發達。杭州彩帛鋪出售的以全國各地名品與杭州土特珍品爲多。絲綢主要有蘇州的織錦（稱爲宋錦）、建康（今江蘇南京）的雲錦、四川之蜀錦、婺州之精羅、越州（今浙江紹興市）的越羅、亳州（今屬安徽）的輕紗。絲織品的質量提高，價格必然超過漢唐。布帛根據質量每匹價格在一貫錢上下徘徊。絹價：在北宋徽宗元符前，每匹約爲一貫左右；大觀到紹興初年每匹二貫；南宋紹興至乾道時期，每匹爲一至四貫。布價：北宋眞宗時期每匹約爲150—300 文；仁宗時期每匹約 300 文；神宗時期公元每匹約 400～450 文。南宋時期（公元 1127～1279 年）爲 500 文，甚至高達 1～2 貫。《漢書・食貨志下》載：「布帛二尺二寸爲幅，長四丈爲匹。」（在古代人工織布，用手拋梭，幅度不能過寬。）

金屬貨幣和實物的價比：一兩白銀，相當一貫錢，或一匹布帛，或一石糧。

參考文獻

〔1〕王雷鳴著，《歷代食貨志注釋》，農業出版社，1984 年出版。

〔2〕歐陽修等纂，《新唐書・食貨志四》，中華書局，1957 年版。

〔3〕歐陽玄等纂，《宋史・食貨志》，中華書局，1957 年版。

〔4〕錢小安著，《中國貨幣政策的形成與發展》，上海人民出版社，2001。

〔5〕陳岱孫、商德文主編，《近現代貨幣與金融理論研究》，商務印書館，

1997 年。

〔6〕曹爾階、李敏新、王國強著，《新中國投資史綱》，中國財政經濟出版社，1992 年。

〔7〕錢城編著，《中國貨幣知識百題》，安徽人民出版社，2005 年 10 月。

〔8〕黃達著，《貨幣銀行學》，中國人民大學出版社，1999 年 3 月。

見《河南社會科學》2011 第 2 期參與者尚有：史自力、鄒蘭新、李帷筎

試論民國前期貨幣金融變革成效

提　要

　　中華民國前期係指在七七事變前得到各國承認的「北洋政府」和「國民政府」。

　　北洋政府存在共計十四年，其內閣像走馬燈似的共換了三十二任，每任不足半年。但在貨幣金融變革中，改組整頓中國銀行和交通銀行，發展民族資本銀行和錢莊，開辦信託公司和交易所，規範國幣抑制濫發軍票私鈔有所建樹。

　　國民政府前期實際統治只有十年光景，建立了一套較為完整的貨幣金融體系。「廢兩改圓」是符合經濟發展規律的，在當時也是有積極意義的。特別是，推行法幣的金匯兌本位制改革是成功的。雖然經歷曲曲折折，但可以說是順應了世界幣制現狀。

　　我國使用貨幣歷史悠久，在在商代就使用了貝幣。辛亥革命後的中華民國前期，由於受外部的衝擊和瓦解，曾經在貨幣金融制度方面，不斷進行改革。本文僅就改革的條件、過程和效果進行闡明。

　　中華民國前期係指在七七事變前得到各國承認的中華民國這兩代政府，即在北京建立了五色旗為國旗，「卿雲」為國歌，被國共兩黨革命歷史學家蔑稱「北洋政府」和北伐成功以後在南京建立解放戰爭勝利後，又被推翻的國民政府。

　　北洋政府的幣制改革是在清末傳統的銅錢和銀兩複本位制基礎上進行

的。清代末年，清政府迫於形勢，不得不提出所謂「新政」，作一些改革。如辦學堂、廢科舉，頒佈實行「癸卯學制」。宣統二年（1909 年）頒布新律，禁止置買奴婢。在貨幣金融方面也進行了改革。原來錢銀複本位制中，銅錢顯得出許多不便。一貫錢的重量即可約達八斤重，但只相當一兩銀子的貨幣價值。所以，更貴重的銀，在貨幣地位上必然上升。發展銀本位製成為必然趨勢。使用白銀貨幣為銀塊、銀條狀。在重量、成色等並不統一，行使貨幣職能有些不便。

歐美使用銀元較早。於十五世紀末，十六世紀初即以開鑄流通銀幣。明萬曆年間流入中國，俗稱「洋錢」、「大洋」。我國受其影響，首先在商界開始仿造。最早是在清道光年間，臺灣仿製流通的「壽星銀餅」。到咸豐年間，在商業發達的上海商人鑄造銀幣。同時官方也鑄造餉銀。像曾國荃的漳州軍餉銀餅，兩廣總督芩春煊鑄造的「八品功牌」等軍用銀幣也流通市面上。

到光緒十三年，清政府在廣東設局鑄造「光緒元寶」。因上有團龍圖案，俗稱「龍洋」。此後，各省也紛紛仿傚，製造銀幣。當時國內衡器並不統一，有「關平」、「漕平」、「庫平」等之分，關平為舊中國海關收稅用，每兩合 37.7994 克；漕平為漕糧折銀用，如上海漕平每兩為 36.65 克；庫平為國庫度支所用，每兩為 37.301 克。因而各處所鑄銀幣，重量並不一致。銀幣還是以兩為單位，銀的實際含量和名義含量是應該一致的。按當時規定，持幣者可憑銀幣，隨時到鑄幣者處，兌換與面值相同的銀兩。宣統二年，頒佈了《幣制則例》，明確銀幣為本位幣。規定每枚銀幣庫平重七錢二分，含純銀九成。與外國銀幣，如英國的「站人」銀幣、印度支那的「坐人」銀幣、墨西哥的「鷹洋」、日本的「龍洋」等的重量和成色基本相近。

次年，發生辛亥革命。這次建立銀本位的幣制改革，是順應社會經濟發展而進行的。改革結果是基本成功的。改革的動力：一是外國資本主義的衝擊；二是內部發展商品經濟力量的推動。進行改革的過程，先由外國銀幣流入國內，起了示範作用；而後，民間仿製銀幣流行。政府推行銀幣，得到了維新人物和洋務派的倡導。像「龍洋」的使用，就是著名洋務派人物張之洞在廣東首先鑄造的，而後各省紛紛仿傚。銅質「制錢」逐步廢止。仿銀元形狀的新銅幣（俗稱銅板、銅子），名付其實的為輔幣。發行的銅輔幣有當制錢十文、二十文、五十文等數種（當十文者的銅幣等於百分之一元），作為銀元的找零用。以銀元為主幣，以銅元為輔幣的貨幣系統，經這次貨幣改革，基

本較完善的建立起來。清政府「新政」，換建立了相適應的近代金融機構。於是，1897 年 5 月 27 日中國通商銀行正式成立。1905 年國家銀行「戶部銀行」在北京設立，（後改稱「大清銀行」）承領銀銅鑄幣、發行紙幣、代理部庫等特權。發行的紙幣銀元票。這與「廢科舉，立學堂」的教育改革一樣，是成功的。但改革爲時已晚，推翻滿清的革命勢力已經形成，難以挽回清王朝的倒臺。

一、北洋政府時期

北洋政府存在共計十四年，其內閣像走馬燈似的共換了三十二任，每任不足半年。北洋政府的頭面人物大多與當年北洋大臣袁世凱有關而蔑稱。其入閣人員包括還是很廣的，有梁啓超的進步黨人，國民黨人和不少專家學者、實業家。如：蔡元培、張謇、黃炎培、王寵惠、王正廷、顧維鈞等。政府十餘年來以政府的權利，對貨幣金融做了些有利於國家經濟發展的改革。從辛亥革命到 20 年代初，由於帝國主義忙於第一次世界大戰，暫時放鬆了對中國的經濟侵略以及北京政府制定了一些有利於經濟發展的政策等原因，中國的民族資本出現了一個短暫發展的黃金時期。民族資本成爲近代中國國民經濟的一個重要組成部分和富有生機的力量，民族資產階級也逐漸壯大爲能對政局產生一定影響的重要政治力量。這一時期，由於國家的分裂，軍閥之間的割據混戰和軍閥與帝國主義的勾結，使政府不能起到保護民族工商業的作用。第一次世界大戰結束後，外國資本勢力捲土重來，使民族資本的發展受到了沉重打擊

（一）改組整頓中國銀行和交通銀行

辛亥革命爆發後，大清銀行停業清理。1912 年 2 月 5 日，經其商股申請，北洋新政府批准，中國銀行在上海原大清銀行的舊址開業。設總行於北京，在上海的中國銀行改爲分行。北洋政府規定中國銀行爲國家中央銀行，代理國庫，募集和償還公債，發行鈔票，鑄造和發行國幣。交通銀行 1914 年修改章程，增加股本金 1,000 萬兩，繼續經理輪船、鐵路、電業、郵政的收支，並取得代理金庫、經付公債本息、代收稅款、發行鈔票等權利，成爲事實上的國家銀行。

（二）發展民族資本銀行和錢莊

辛亥革命以後，民族資本銀行有了快速發展。1912～1927 年，全國新設

銀行 186 家，平均每年 11.6 家。一些著名的銀行都是在這一時期成立的。主要有：上海商業儲蓄銀行、浙江實業銀行、浙江興業銀行、新華信託儲蓄銀行（以上爲南四行）；金城銀行、鹽業銀行、中南銀行、大陸銀行（以上爲北四行）。中國通商銀行、四明銀行、中國國貨銀行、中國實業銀行（以上爲小四行）。隨著大量資金湧入上海，爲錢莊增添了資金力量，錢莊又趨於穩定，並進而發展。到 1926 年，上海錢莊增加到 87 家。資本額和盈利都有增長。

（三）開辦信託公司和交易所

1921 年上海信託公司設立，同年 5～7 月，上海成立了 12 家信託公司，資本總額 8,100 萬圓，其中紹興幫錢莊發起組織的中央信託公司影響最大，它開辦於 1921 年，資本初定爲 1,000 萬圓，先收四分之一，1923 年改爲實收股本 300 萬圓。證券交易活動，早在 19 世紀後半期就在外商間進行。1914 年 12 月，北洋政府頒佈了《證券交易所法》，次年 5 月，又頒佈了《證券交易所法實施細則》，於是華商證券交易所開始申請和成立。1919 年初，北京證券交易所成立，這是中國第一家正式開業的證券交易所。1920 年 7 月，上海證券物品交易所開幕。1921 年 5 月，專以證券爲交易標物的上海華商證券交易所成立並開業，它是上海證券交易所的前身。由於交易所盈利頗豐，於是，各種交易所紛紛成立，一時間形成了一個爭設交易所的熱潮。

（四）規範國幣抑制濫發軍票、私鈔

1914 年 2 月，北洋政府頒佈《國幣條例》13 條。規定：國幣分銀幣、鎳幣和銅幣 3 種；各以十進位；實行銀本位制，以圓爲單位；圓爲主幣，使用無限制；角分爲輔幣，一圓銀幣重 7 錢 2 分，成色銀九銅一；鑄幣權屬政府。條例還規定了銀幣、鎳幣、銅幣的種類、形狀、發行和流通辦法。《國幣條例》的頒佈，起到了消除各省軍閥濫鑄劣幣的作用。

辛亥革命發生後，政府頒佈《銀本位幣鑄造條例》，仍規定銀圓重量爲 26.6971 克，含純銀 23.493448 克。像「袁世凱頭像」幣，「孫中山帆船」幣等，都與清「龍洋」幣同重。但所發行銀幣的含銀量已存在假象，銀圓面值與實重脫節，銀幣的實際含量與名義含量分離。1914 年在頒幣《國幣條例》的同時，設立幣制局鑄發新銀幣。新銀幣每枚重 7 錢 2 分，成色爲銀九銅一，幣面鑄有袁世凱頭像和年份，幣背爲嘉禾紋飾和「壹圓」字樣，俗稱「袁大頭」。「袁大頭」花樣新穎，形式劃一，成色和重量能嚴格按照規定標準，發行之後，商民歡迎，通行無阻，取代了前清龍洋的地位，逐漸成爲流通的唯

一主幣。《國幣條例》規定銀輔幣為半圓（5角）、2角、1角3種。統一成色為銀七銅三，給予整理。由造幣廠鑄造，專歸中、交兩行負責辦理。1916年中、交兩行開始發行，得到社會各界支持和歡迎，輔幣乃得以流通於市面。銅圓在清末由各省鑄造。1914年北洋政府曾裁合併各地鑄造局，限制鑄額，並開鑄新型銅圓。但因銅材不同，新型銅幣的質量差別很大。各地軍閥為籌措軍餉，又紛紛設廠自鑄，毫無章法，致使劣質銅圓充斥市場。北洋政府末期，這些劣質銅圓逐漸被鎳幣取代而退出流通領域。

（五）抑制濫發軍票、私鈔

當時財政部1913年4月新訂的《中國銀行則例》規定，該行享有代理國庫，經理和募集公債，特准發行鈔票，鑄造銀幣等權力，事實上已具有國家銀行的性質。中國銀行發行的鈔票，銀圓票有壹圓、伍圓、拾圓、貳拾圓各種，自1914年鑄發「袁大頭」以後，即發行有票面印明「兌付國幣」字樣的鈔票。中國銀行還曾發行銅圓票，由該行北京、河南、南京、江西、張家口等分行發行，自1918年後，即逐漸並於各地的平市官錢局發行。其中一些商業銀行，如浙江興業、四明銀行等，也都繼續發行兌換券。

除北洋政府的國家銀行和一些商業銀行發行鈔票外，各地方銀行及官銀錢號仍與清末一樣，皆繼續發行各種紙幣。特別是辛亥革命爆發後，各省財政無著，因而皆以發行紙幣作為籌款手段。如辛亥革命後，廣東省宣佈獨立，推舉胡漢民為都督，陳炯明為副都督，成立軍政府，首先遇到的問題是財政困難。為了應付當時的財政支出，除向港商借到40萬圓外，軍政府印發通用銀票1,900萬圓，其中票面5毫的100萬圓，1圓的600萬圓，2圓的200萬圓，5圓的1,000萬圓。

1915年北洋政府公佈《取締紙幣條例》，禁止新設的金融機構發行紙幣。但由於地方軍閥割據，無法施行，收效甚微。中、交兩行為墊付北洋政府龐大的軍政開支而濫發鈔票，釀成了1916年的停兌風潮。各省地方銀行壟斷當地金融，並為緩解財政困難，籌措軍費，發行鈔票就成了主要手段，致使幣制益形紊亂。私營銀行也發行紙幣，一些商號、銀號、軍閥也都巧充名目擅發鈔票，從中獲利，破壞了貨幣的統一發行，加深了貨幣流通的混亂狀態。袁世凱稱帝而引發了討袁護國戰爭。1918年，蔡鍔護國成功，又鑄銀圓，公開發行「半開」銀圓。富滇銀行發行印有「金馬碧雞」圖樣的紙幣。接著各地方勢力互相爭鬥，使全國陷入了連年內戰之中。各路軍閥為籌措軍餉，在

沒有任何儲備保證金的情況下濫發軍票，戰爭失敗後一跑了之，所發軍票頃刻間成為一堆廢紙。因此，人們對軍閥的信任還遠不如對當地有實力富戶的信任，這使得民間私票更為廣泛地流通。

二、國民政府前期

　　1925 年 7 月在廣州建立了國民政府，經過北伐戰爭，1927 年遷到武漢，後定都南京。1937 年 7 月即發生盧溝橋抗日戰爭。國民政府前期實際統治只有十年光景，中間還不斷發生內戰和九一八和一二九等多次對日的局部戰爭。但在貨幣金融改革仍然做了些有益的工作。1936 年中國經濟狀況頗為良好。這一年投資規模擴大，國民政府僅投資於中央鋼鐵廠等重工業項目的資金即多達 1000 萬元。經濟增長速度提高，與 1935 年相比，水泥增加 26.2%，火柴增加 18.8%，電力增加 8.7%，棉紗增加 2.9%，農產品淨值也有一定幅度提高。當年國民生產總值為 252.98 億元，糧食產量為 1.5 億噸，棉花產量為 84.9 萬噸，均為歷史最高水平。完成項目多，粵漢鐵路和隴海鐵路連雲港至寶雞段全線通車，中國鐵路的大「十」字幹架形成，位居遠東第一的永利化學工業公司南京新廠基本建成。財政收支空前良好，全年財政總收入達 19.73 億元，創歷史最高水平，收支平衡，略有結餘，這在國民政府財政史上是絕無僅有的。國民政府前期，社會矛盾複雜，各種社會鬥爭異常激烈，國民經濟在動盪的政局中艱難曲折地向前發展，民族資本也在這樣的政治環境中得以成長。

（一）建立了一套較為完整的貨幣金融體系

　　國民政府當政後，雖然有意支持民族資本的發展，但其政治利益最終決定他們要求實現國家對經濟的壟斷，故其採取的某些經濟政策在一定程度上推動民族資本發展的同時，也在為國家權力逐漸實現對經濟的壟斷創造條件，並在此基礎上最終形成了國家壟斷的經濟體制，造成了國家壟斷資本和民間私人資本之間種種複雜的關聯。國民政府對國民經濟的壟斷是從控制金融業開始的，其主要形式是設立和控制「四行二局」。1928 年 11 月 1 日，完全由政府投資和控制的中央銀行在上海正式成立，資本總額 2000 萬圓，由國庫一次撥足。中央銀行可招商股，但不得超過 49%。國民政府在實現了對金融壟斷後，又把經濟壟斷推向工商各業。國民政府建立之初就制定了建立國家工業的方針，國民政府設立了一些對國民經濟進行統一管理的國家機構，如建設委員會、全國經濟委員會、資源委員會等，建立了一套較為完整

的財政經濟行政管理機構。

20 世紀 30 年代，國民政府通過廢兩改圓和法幣改革，不僅統一了貨幣，建立了穩定的貨幣基礎，而且還健全了金融組織，建立了以「四行二局」爲核心的國家金融體系，客觀上推動了金融現代化的進程。民族資本銀行的繼續發展，金融業的支持，有利國民政府的建立和鞏固，也得到了金融業資產階級的支持，銀行業也在支持政府過程中獲得了發展。從 1928 年到 1936 年，全國新設銀行 128 家，中途停業 23 家，實存 105 家。銀行資本 10 年增長了 1.1 倍，存放款業務也有很大的增長。金融界以此爲契機，拓寬業務，引入科學體制，並直接參與企業經營管理，加快了金融業的現代化步伐。國民政府和金融界爲了爭取更大的生存空間，以應變求生存，以改革求發展，開始應用一些現代化的金融理論和觀念，不斷完善管理，使 20 世紀 30 年代的中國金融業在面臨著前所未有的危機和挑戰的同時也迎來一次全面整合與重組的機遇。危機與轉機並存，這是當時中國金融業的一大特色。

國民政府成立後，建立了一個全國性的金融樞紐，以增強調控經濟的能力，促使中國金融業逐步實現體制現代化，就成爲當務之急。國民政府在 1928 年全國經濟會議和財政會議通過的決議，已經認識到必須要有健全的國家銀行，作爲全國金融重心。因此籌建一個國家銀行就成爲一種必然的趨勢，中央銀行應運而生。建立新的中央銀行之後，國民政府分別於 1928 年 1 月改訂條例，把中國銀行改爲專門的國際匯兌銀行，交通銀行改爲發展國內實業銀行，並通過撥資和增加官股的方式，進一步加強了國家對兩行的控制。1935 年國民政府把兩年前成立的豫、鄂、皖、贛四省農民銀行改組爲中國農民銀行，作爲農業專業銀行負責經營農村經濟。除此之外，政府還設專門機關辦理郵政儲金及郵政匯兌業務，成立了郵政儲金彙業總局，創設中央信託局作爲中國唯一的國營信託機關，負責信託、儲蓄、採辦、保險、保管等業務。至此國民政府建立起了國家金融機構「四行二局」作爲管理全國金融的機關。而中央銀行初步具有了領導中國金融業的實力，逐步收回了外國銀行在華外匯統治權，從而顯示出它有面對嚴重困難、穩定外匯的能力。在這個時期銀行業出現繁榮景象。重要的銀行有大四行（中央、中國、交通、中國農民）、北四行（中南、大陸、金城、鹽業）、南四行（浙江實業、上海儲蓄、浙江興業、新華信託）、小四行（通商、四明、國貨、中國實業）。

（二）銀兩制度「廢兩改圓」

北洋政府時期，雖然頒佈了《國幣條例》，實行銀本位制，銀圓也逐漸趨向統一，但銀兩制度並沒有廢除，銀兩銀圓並行流通的局面沒有改變，給商品交易和貨幣流通帶來很大不便。1933 年 1 月，國民政府財政部發佈《廢兩改圓令》，3 月 8 日，又發佈《銀本位幣鑄造條例》，規定銀本位幣定名爲圓，重量爲 26.6971 克，成色爲銀 88%、銅 12%，即含純銀 23.493448 克，重量之公差不得逾萬分之三，成色的公差不得超過千分之三，銀本位幣的鑄造權專屬中央造幣廠。中央造幣廠從 3 月起開始鑄新銀圓。新銀幣正面爲孫中山半身頭像，背面爲帆船圖案。4 月 5 日，財政部又發佈《廢兩改圓布告》，規定在全國實行廢兩改圓。廢兩改圓廢除了落後的銀兩制度，對於商品交換、全國統一商品市場的形成和全國統一的貨幣流通市場的形成，都有著積極的意義。這項改革在當時是有進步意義的。因爲，所謂銀兩（紋銀），實際上是一種記帳單位，並非在市面上眞有銀兩作爲貨幣在流通。不過由於我國使用銀兩有悠久的歷史，而銀圓是在清中葉以後，才大量自國外輸入的（最初有西班牙銀圓與墨西哥鷹洋，後來有英國的香港銀圓與法國的安南銀圓，等等）。因其質量形式標準化，使用方便，流通日廣。民國以後，早已成爲市場上通用的本位貨幣。無論國家預算、賦稅收入、薪工支付，概以銀圓計算。只有個別單位（如海關）仍以銀兩記帳，實際收付，亦折合爲銀圓。而銀兩的平色不一，計算方法複雜，雖然上海、漢口等地都產生了標準計算單位，如上海的九八規圓，漢口的洋例，北京的京公砝平，天津的行平，等等。但仍無補於全國性銀兩制度的統一，而且銀兩與銀圓兩種幣制並存，形成一種複本位制度，對發展經濟是有百害而無一利的。因此，廢兩改圓是符合經濟發展規律的，在當時也是有積極意義的。

1933 年 3 月國民政府開始在上海首先施行「廢兩改圓」，規定銀圓和紙幣「圓」完全一致；零碎的銀兩不再流通，由中央銀行收購統一鑄造銀圓，就是由中央國民政府財政部審定監製的標準銀幣，正面爲孫中山頭像，背面爲雙帆船圖案，民間通稱「船洋」或「孫幣」，價值估計約 2.6 億圓。只有作爲小幣值輔幣的銅圓（銅板、銅子兒）尙可流通，但是逐漸也被紙幣角票和輔幣銀角（銀毫子）等代替。於是各地錢莊（銀號）操縱中小型工商業金融市場的實力被大大削弱了，不得不向現代化銀行靠攏。此後全國的貨幣制度逐步得到統一。

（三）推行法幣的金匯兌本位制改革

國民政府成立之初的 1929 年 10 月，世界經濟危機開始席卷全球長達四年之久。帝國主義國家為了解脫經濟危機，從 1932 年開始，英、美、日等國相繼放棄了金本位，貨幣不斷貶值。實行金匯兌本位制，也叫做虛金本位制。本國並不鑄造、流通金幣，而與其它施行金本位制的貨幣保持一定的比價。當時我國仍是實行銀本位的主要國家，在國際貿易中，造成大量白銀外流。國內銀根吃緊，購買力下降，擠兌銀元，貨幣基礎動搖。1935 年 5 月，英國派經濟代表團幫助國民政府策劃幣制改革。同年 11 月 4 日國民政府財政部，公佈了施行新貨幣制度和白銀國有化命令。規定以中央銀行、中國銀行、交通銀行（國農民銀行）發行紙幣為「法幣」。所有完糧納稅及一切公私款項的支付，概用法幣，不得使用現銀，白銀收歸國有。並規定法幣的匯率為一元等於英磅一先令二便士半。從此，中國貨幣改革為金匯兌本位制，放棄銀本位制。法幣與英磅發生了固定的比例關係。美國也不甘心。採取停止收購白銀的手段，壓低銀價。迫時中國政府於 1936 年與美國又簽訂了《中美白銀協定》。同時規定法幣 100 元可兌換 29.75 美元，使法幣又與美元匯價發生固定關係。

根據世界各國貨幣，由金本位制改革為金匯兌本位制的趨勢，我國放棄銀元流通，推行法幣，大方向是對的。控制了白銀外流。在七七事變以前，我國貨幣還是穩定的。物價平穩，經濟好轉，市場繁榮。但是，這次幣制改革，不同於上一次。上一次是由民間開始，逐步由政府辦理，而且時間較長。這次是由政府主辦，時間短。特別是帝國主義國家插手，使幣制改革更帶有半殖民地色彩，受其控制。有人戲稱為「外匯本位制」。

抗日戰爭開始以來，生產力受到很大的破壞，人民的生命財產遭受了巨大損失，政府加重了軍費的開支。因為法幣是虛金本位制並不能用紙幣向銀行兌取一定數量的銀兩。是國家強制下，才能執行流通手段的職能。貨幣只是代替金銀的符號。政府為了彌補財政的困難，就很容易的加大貨幣發行量。在加大貨幣發行量中，貨幣量超過商品量，很容易貶值，造成通貨膨脹，物價上漲。國民統治區在 1940 年以前，通貨膨脹還不十分激烈，物價上漲也比較緩和。從 1940 年下半年起，貨幣信用危機程度加深，通貨膨脹進入嚴重階段。抗戰勝利時，法幣發行指數為戰前的 500 倍。1942 年，曾將「海關金單位兌換券「（簡稱：關金）投入流通，關金一元兌換法幣二十元，對抑制物價

仍無效果。抗戰勝利後，又進行內戰，更加劇通貨膨脹，物價上漲爲抗日戰爭前 3.17 億倍。到 1949 年爲了解決貨幣危機，國民黨新疆省又發行銀元。這是國內最晚的硬通貨。

抗日戰爭期間，中國存在著六個政權。敵佔領區的四個僞政權和解放區，都是執行著同國民黨統治區一樣的貨幣制度。雖然目的不同，在戰爭狀態，都難抑制通貨膨脹。只有全國解放後，社會穩定，經濟發展，逐步使紙幣的發行量，相當或接近商品流通中所需要的貨幣量，解決了貨幣的信譽問題。說明「紙幣本位制」在社會安定狀態下是可採用的。這次幣制改革，雖然經歷曲曲折折，但可以說是順應了世界幣制現狀。

參考文獻

〔1〕蕭清著，《中國近代貨幣金融史簡編》，山西人民出版社，1987 年出版。

〔2〕中國人民銀行，《中國歷代貨幣》編輯組編，《中國歷代貨幣》，新華出版社，1982 年 6 月。

〔3〕朱疆主編《貨幣銀行學》清華大學出版社，2005 年 1 月。

〔4〕伍海華著，《西方貨幣金融理論》中國金融出版社，2002 年。

〔5〕巴曙松著，《中國貨幣政策有效性的經濟學分析》，經濟科學出版社，2000 年。

〔6〕彭信威著，《中國貨幣史》，上海人民出版社，1988 年

〔7〕陳春華，《南京國民政府時期的幣制改革》《廣西社會科學》，2007 年 11 期。

〔8〕賀水金，《論國民政府的法幣政策》《檔案與史學》，1999 年 06 期。

見《經濟研究導刊》2013 年 5 月，參加者尚有、張翔迅，郇蘭新，宋園園

農村商貿旅遊史篇

近現代農產品對外貿易

提　要

　　鴉片戰爭前，中國的茶葉、蠶絲、絹綢、中草藥、香料、染料等豬鬃是我國近代重要的大宗出口商品，其貿易結構與交易模式是近代我國農產品流通外貿的一個縮影，交易主體多元、交易環節繁瑣、交易層次複雜構成了我國農產品流通的特點，這一模式在活躍農村經濟、繁榮市場交易以及促進流通方面發揮了積極的作用.但這一模式所存在的問題及弊端也是顯而易見的，成爲我國農產品貿易發展曲折而艱難的原因，解放以來，進出口的方向 90%以上是原蘇聯、東歐各國及一些亞洲國家。出口的農產品以大米、花生、花生油、鮮蛋、豬肉、牛肉、水產品、水果（蘋果、柑桔）核桃、杏仁、木耳、紅枣、香菇、栗子、棉紗、絲綢、豬鬃、腸衣、毛皮、地毯、桐油、茶葉、煙草等爲主。

　　中國自古號稱以農立國，農業資源豐富，農產品種類繁多。歷代對外貿易一直占絕對的優勢。在鴉片戰爭前，中國的茶葉、蠶絲、絹綢、中草藥、香料、染料等都是傳統的向國外輸出的農產品。而由國外輸入的農產品確是微乎其微的。非中國原產的一些農產品，像玉米、紅薯、棉花、煙草等，大多引入種子而後繁育推廣，並不作爲農產品輸入。世界上大多數農產品我國都能種植、飼養而成爲自己新開發的農產品。清代乾隆皇帝曾在 1793 年給英王的敕書上寫到：「天朝物產豐盈，無所不有，原不借外夷貨物以通有無。」而中國的蠶絲、茶葉、大黃、香料等，歐美各國則要依賴由中國輸入。在第

一次鴉片戰爭前，以歐洲當時經濟最發達的英國為例，在中英貿易中，中國長期處於出超地位。從 1760 年（乾隆二十五年）到 1833 年（道光十三年）的七十多年中，我國輸入商品總值，由 47 萬兩增加到 733 萬兩。而輸出由 97 萬兩，增加到 995 萬兩，一直處於出超地位，每年順差約在 50 到 260 萬兩之間。出口商品主要是農產品，如香料、茶葉、大黃等。這些商品都是在西歐各國的農牧混合經濟生產中，人們食肉較多的情況下，不可少用的農產品。而英國發展資本主義生產中，重點是毛紡業、金屬製品等。這些東西在中國銷路並不佳，都無法作為中國貨的抵償。對華進出口貿易始終是出現逆差。

自 1767 年向中國輸入鴉片以來，每年不過 200 箱，以後不斷增加，為了補償中國農產品的逆差，發動了兩次鴉片戰爭，使中國喪失許多領土主權，加速了中國半殖民地化的進程。我國對外農產品貿易也發生了變化。

一是：我國一些傳統的出口經濟作物，由於帝國主義市場對它的需要減少，而衰落下來。藍靛在 19 世紀下半期曾大量出口而洋靛（陰丹士林）還取代了土靛在國內市場地位。茶葉是我國傳統的出口農產品。1867 到 19 世紀 80 年代以後，因受印度、日本的競爭，大量下降，只占出口總值的 23.7%。總量還保持在 200 萬擔以上。此後一直不斷下降，到 1949 年解放時只能有 15 萬擔出口任務。目前雖然茶產提高了 6.4 倍，但主要是內銷。綠茶在國際市場上還有一定地位。甘蔗在鴉片戰爭以後出口量還處於不斷增加的趨勢。1870 年出口 38 萬 5 千擔。1885 年以後中國蔗糖受爪哇、馬尼拉和歐洲甜菜糖的競爭而一蹶不振，1890-1891 年兩年合計出口不足 2 萬擔，目前只能內銷。以上三種出口農產品由於都是加工業產品，技術落後於國外同類產品，墨守成規，不圖改進，而在農產品對外貿易中日益衰落下來。

另一種原因，國際市場的需要而發展起來。在鴉片戰爭以後，中國民用工業發展，需要進口大量的洋棉以替代原來的土棉。同時大力發展棉花種植。到 19 世紀 60 年代我國還向日本輸出。到 1894 年出口棉花種植。到 19 世紀 60 年代我國還向日本輸出。到 1894 年出口棉花 74 萬擔，進口只 4 萬擔，出大於進。並不斷上升，1927 年出口達到 144 萬擔。日本佔領時期每年掠奪中國棉花，讓華北增產棉花每年要達到 1 千萬擔。蠶絲業在鴉片戰爭以後，雖然受日本等國的競爭，但是蠶絲出口絕對量一直增加。1867 年出口 4 萬 5 千擔，到甲午戰爭後出口亦不減少。1900 年到 1918 年間才徘徊不前。

第一次世界大戰結束後，又緩慢的增長起來，1927 年達到 16 萬擔。抗日戰爭時間出口受到較大影響。

另外煙草則是在二十世紀初，帝國主義資本來華投資辦廠，而發展起來的。是一種特殊的農產品對外貿易形式。解放前我國以曬煙爲主，所以烤煙還要大量進口。豆類也不斷增加出口，1921 年躍爲出口第一位，壟斷 70%國際市場，出口量達 350 萬噸。花生也成爲重要出口農產品。

罌粟是鴉片戰爭後主要進口貨物。1840 年每年進口 20,616 箱，到 1850 年十年間激增到 52,925 箱。隨後我國罌粟面積擴大很快，到八十年代初，僅雲、貴、川三省產煙土 26.5 萬擔。客觀上又起到抵制進口的效果。到 1905 年中國自產達到 37 萬 6 千擔。日本侵華時期也在東北、華北地區種植。只有罌粟是適應國內市場需要而發展起來的，轉而成爲軍閥聚財的重要來源。其它經濟作物則受國際市場的影響而或興或衰。

解放以來，農產品在對外貿易方面，依然占重要地位，對我國加強國際間貿易往來，促進物資的交換，賺取外匯收入都起了很大的作用。農產品在進出口方向和數量與國內外的形勢都有很大關聯。五十年代由於國民經濟的迅速恢復和發展，對外貿易發展速度是比較快的。1952 年到 1959 年，出口額的年增長率爲 14.4%，大大超過了同期世界出口額的平均增長水平，出口額占世界出口總額的 1%上升到 2%。按美元計算，農產品在 1950 年占 90.7%以後工礦產品雖然不斷上升，到 1959 年依然達到 76.3%。但絕對量還是有較大增長。進出口的方向 90%以上是原蘇聯、東歐各國及一些亞洲國家。出口的農產品以大米、花生、花生油、鮮蛋、豬肉、牛肉、水產品、水果（蘋果、柑桔）核桃、杏仁、木耳、紅棗、香菇、栗子、棉紗、絲綢、豬鬃、腸衣、毛皮、地毯、桐油、茶葉、煙草等爲主。從 1959 年到 1962 年由於經濟指導思想上的「左」傾錯誤，加上自然災害等，造成國內經濟困難，出口額下降很快，每年平均下降 13%，出口方向依然以東歐亞洲爲主。進口額下降也較快，由原來的 21.2 億美元下降到 11.7 億美元。農產品出口大都明顯下降，個別農產品如鮮蛋卻在增加。1959 年以前最多只進口小麥 14 萬噸、砂糖 20 萬噸，而 1962 年小麥進口多達 363 萬噸、砂糖 99 萬噸。

1963 年經濟好轉以後，對外貿易總額也得以提高，到 1966 年已經超過 1959 年水平。到十年動亂期間，對外貿易也遭到干擾和破壞，基本上處於停滯不前的局面。1971 年以後又開始緩慢增長，出口的範圍也不斷擴大，北美、

南美和非洲外貿都在擴大。出口商品中由於礦產品出口的增加，農副產品的比例有所下降。但還保持在 62% 以上。而且絕對量是上升的。爲 1966 年農產品總出口總額 17.4 億美元，到 1978 年出口總額達到 60.5 億美元。

近代傳統的對外貿易農產品到解放以後有明顯的變化。我國的糧食方面以往以出口大米爲主。解放以後，繼續保持出口一定的大米和其它雜糧。1974 年出口最多爲 364 萬噸，一般保持 100 到 200 萬噸左右。1960 年以前進口糧食減少，1961 年由於國內糧食不足才開始大量進口糧食，當年進口 580 萬噸，主要是小麥。到 1978 年達到 883 萬噸。出入相抵，還要補進 600 萬噸雜糧。國內紡織工業系統的建立，棉花需要量也增加紡織工業基本依靠本國的棉花，出口已經以棉紡織品爲主了，很少出口原料。三十年來，出口棉紗棉布最多年份爲 1975 年，棉紗達到 2,765 噸、棉布 10.72 億米。爲了調濟不同品級的棉花，特別是長絨棉，我國還要進口棉花，1962 年以前進口幾萬噸，1972 年以前進口十幾萬噸，1973 年以後明顯增加，1980 年達到 89.78 萬噸。到 1982 年由於國內棉花種植面積擴大，進口棉花才大幅度減少。

茶葉一直是傳統的出口農產品，但目前國外茶葉生產的增加和國內茶葉生產下波動，茶葉出口量一直不多。紅茶和綠茶合計出口量只三、四萬噸。1970 年以後才逐步增加，1980 年已達到 9.81 萬噸。

烤煙出口量也不多，1959 年出口達到 4.75 萬噸。1960 年以後，因爲農村經濟逆轉、烤煙生產下降，出口量不足 1 萬噸，1968 年以後才逐漸恢復。到 1978 年才達到 3 萬噸，尚不能達到歷史最高水平。

砂糖解放以後，由於國內食用量的增加，不但不能出口，反而大量進口。1961 年增加最快，比以往多四、五倍，1967 年以後由於經濟好轉，進口量下降，每年只約 50 萬噸左右。1977 以來進口量又加大，每年進口 100 萬噸左右。

油品出口以花生及花生油製品爲主，出口量比解放初期下降較高。1955 年曾出口花生仁 38.42 萬噸。1960 年以後只能出口幾萬噸。本世紀初出口量較大的大豆及大豆製品，解放以來已很少出口。出口比較穩定受國際市場歡迎的農副產品、水產品，豬、牛、兔肉、腸衣、豬鬃、家禽、黃魚，對蝦等是熱門出口商品。黃麻我國保持一定的進口量。木材進口也有增加趨勢，1980 年進口 181 萬立方米。

與近代經濟進口貿易相比較，現代的農產品進出口貿易顯示出了本質的

差別，表現三個方面：首先現代是獨立自主的對外貿易、農產品的進出口完全根據國內的需要而進行的。如三年困難時期我國農產品出口減少，大量進出口完全根據國內的需要而進行的。如在此時期我國農產品出品減少，大量進口糧食和砂糖以彌補國內的不足；其次由於國內工業的發展，我國農村生產的原料以供應國內工業生產為主，棉花、煙草、蠶絲人半供應國內市場；其三，受國際市場競爭比較大。為了互通有無蠶絲國際市場競爭，以爭得外匯是非常必要的，有些農產品出口下降主要受國際市場競爭的影響。如大豆、茶葉、棉花出口量都有這個因素。因此今後要加強農產品在國際市場競爭能力是非常重要的。大豆外國人稱為「上帝賜給的金丹」，在近代曾以原產地的優勢，壟斷國際市場數十年。但由於國外對種植大豆得到重視，改進技術發展生產，加上有一個時期內把大豆當作低產作物被輕視。一輕一重，失掉優勢，現在大豆已被美國佔先。茶葉也失去優勢，在以糧為綱中，忽視全面發展，經濟作物國內發展不快，優勢被國外佔有

寫於 1984 年

重農政策與官工官商關係

提　要

　　中國早在夏、商、周三代時期，就有了士、農、工、商「四民」。歷代統治者始終以重農爲基本國策。漢武帝推行「重農抑商」達到頂峰。但是朝庭也始終把容易獲得財富的工商業，緊緊的控制在手中，推行官工官商政策。

　　重農政策有利於農業的發展，但幾千年來，農村和農民仍在困苦之中。官工、官商促進農業的發展作用不大，也起到防礙農村商品化、區域化、專業化的進程。歷史上的社會進步，經濟發展，促成了社會的職業分工。梁漱溟先生稱之爲職業分立。在我國三代時就有了職業分工，據《春秋・穀梁傳》載：「古者有四民，有士民，有商民，有農民，有工民。」《漢書・食貨志》稱：「士農工商，四民有業。學以居位曰士，闢土殖穀曰農，作巧成器曰工，通財鬻貨曰商。」兩者所敘述的四民排列順序有些差異，也可以反映時代對職業的重要性的看法有所不同。其中學以居位的士民，在古代還不能構成爲產業。其它的農、工、商是直接從事勞動生產的。

一、歷代重農政策對發展農業的作用

　　從狩獵、採集發展起來的農業，在中國起源是很早的。根據考古的成果證明，裴李崗種粟文化和河姆渡種稻文化，至少有七、八千年的歷史。三代時，統治者就很重視農業，《禮記・祭法》上就記載祭祀土地神——社和五穀神——稷。社稷也代表國家。歷代重視農業的言論，可以說是史不絕書。如《管子》說：「民事農，則田墾。田墾，則粟多。粟多，則國富。國富者

兵強，兵強者戰勝，戰勝者地廣。」農業關係國計民生，國家的富強。成為國脈民天的農業，確實是「一夫不耕，或受之饑；一女不織，或受之寒。」〔註 1〕歷代重農思想形成了重農的政策和行動措施。這種思想、政策、行動在中國貫徹了二千多年。直到解放後依然是這種狀況，甚至有所加強。像「以農業為基礎」，「以糧為綱」等。

重農的政策、措施包括有：勸農親田，指導農耕：從周代始就有天子在春季耕作籍田的儀式，鼓勵農耕。政府專門設立農官，指導農業生產。如漢代搜粟都尉趙過推行代田，增產效果就很好。歷代政府還重視編寫、發行農書宣傳農業政策，推廣農業技術。像漢代的《四民月令》、後魏的《齊民要術》都受到政府的重視。元代還由官方頒發了《農桑輯要》，清代官纂有《授時通考》開邊守土，獎勵墾殖：農業離不開土地，在古代的政治、軍事的主要目的在於保護、開闢疆土，發展農業。興修水利，防治水患：水利是農業的命脈，除害興利，防災保收是水利政策的目的。歷代政府對治河、開渠、漕運都投下了大量的人力物力。賦稅政策，災荒蠲免：農業是自然再生產和經濟再生產的交叉，依靠天時、地利，就難免遭受天災人禍。蠲免政策，就是既要保證正常的稅收，又要在災年能夠保存農業生產的元氣不致衰落。儲糧建倉，備荒備戰：國家有餘糧，達到「耕三餘一」是歷代政府所追求的目標。建立物資儲備是穩定社會，保證生產的連續性的重要條件。也是古代社會保障體系的一種。糧食儲備的形式，主要有正倉、常平倉、義倉、社倉。前兩種為國儲，後兩種為民儲。

平準均輸，控制物價：自春秋、戰國時期，已經由國家儲備糧食，調濟市場有無和糧價的高低，以平抑物價。均輸則是利用距離關係調濟物資。重農政策對農業、農村、農民三者並非有著同樣的影響，是有差別的。重農政策對中國的農業歷史的發展所起的作用是較為顯著的，歷代政府基本上是貫徹施行，依靠這些政策推動農業的發展。治理了大江大河，即是最難治理的黃河，也築成了千里金堤。開發無數的渠道、陂塘，灌溉農田。土地開發了十五億多畝，使不少鹽鹼不毛，高低不平，雜草叢生，荊棘滿地之區墾為良田。農業技術逐步改進，形成舉是矚目的有特色傳統農業技術。中國歷代能夠在傳統農業生產力的基礎上達到最高水平，重農政策具有一定的積極作用。但同時，這種政策也有消極的一面。為了修築大規模的工程，調發了大

〔註 1〕文見《管子》。《漢書·食貨志》引之，文有出入。

量的夫役，甚至是苦役；爲建立儲備而強行攤派，從而加重了農民的負擔；土地開發過量造成了生態失衡，爲後世留下了遺患；官府在執行重農政策中，貪污腐敗，產生許多人爲的弊病。事到如今，仍有舊景重現。像大躍進中，農業工程實施過量，而且許多的是有害工程。過量的收購餘糧，造成「三年災害」。重農的消極作用表現在對鄉村建設方面，千百年來建樹不多。廣大鄉村依然是處在蓬門柴戶，瓦甕繩床，家徒四壁的狀態。而農民的改善亦不快，長時期處於破產和半破產狀態。農民掙扎在生活線上。遇到天災人禍，農民受苦受難是首當其衝。漢代晁錯曾說過：「今法律賤商人，商人已富貴矣；尊農夫，農夫已貧賤矣」。〔註2〕

二、重農政策下工商業的三種狀況

歷代重農政策是無可非議的。但是，到了漢代，特別是漢武帝以後演變爲重農抑商，重本抑末。影響得中國歷史上工商業的發展畸形化，特別是影響商業最重。官工、官商歷代自始至終占主要地位，民營工商業長期受到抑制，這是中國經濟發展的重要特點之一。

在重農政策下，歷代的工商業基本是三大塊：一是官府直接經營的以兵器、禮器、國用物品、宮廷用品爲主的工業。因爲多是非賣品，很少有商業行爲；二是以鹽、鐵、鑄幣三大產業爲主的實行專賣；對糧食等重要產品實行管理的平準、均輸的民制官賣，也就是民工官商行爲；三是爲滿足農業生產、農村人民生活需要而形成的城鎮手工業和集市貿易行爲。官府只是進行管理和收取賦稅。茲分述如下：

1、重農政策與官辦工業

中國古代工業的特點爲：是「工相議技巧於官府」〔註3〕的純粹官辦工業。這種工業是官府辦的，工人有固定的場所勞動。工業生產有固定的專業人員和技術。《考工記》說：「智者創物，巧者述之，守之世，謂之工。百工之事，皆聖人之作也。」聖人在這裏是指有專長的人。工匠有的來源於有專長的平民或奴婢，有的世代相傳，師徒相傳，脫離了農業的專門工匠。《國語·齊語》載：「是故父兄之教，不肅而成；其弟子之學，不勞而能。夫是，故工之子恒爲工」。又《荀子·儒效》說：「工匠之子，莫不繼事」。這些官營的工業，生

〔註 2〕見《漢書·食貨志》。
〔註 3〕見《管子》。

產目的是為國家需要而生產的。像用於戰爭、建築等方面的車輿、宮室、兵器及禮樂諸器等。工業的內容據《考工記》載：包括有攻木之工，攻金之工，攻皮之工，設色之工，刮摩之工，摶埴之工。從事金、鐵、皮、革、筋、角、齒、羽、箭、幹、脂、膠、丹、漆的加工。多半製成武器，像金鐵製槍矛，皮革製甲冑，筋角製弓，羽幹製箭。均不是商品生產。所以《禮記‧王制》上說：「圭璧金璋，不鬻於市；命服命車，不鬻於市；……」。

看來在春秋時代分出四民的時候就有了工民「一民」。為了不去冒犯權威，有悖經典，可不稱為階級。不稱階級，實為階級。或按照當前一些經濟學家像吳敬璉先生的說法稱為「階層」。西歐在十四、五世紀出現工人階級時，也只是用的簡易工具勞作。從事勞動性質、勞動力水平與中國春秋戰國時期工人勞作沒有基本的差異。按照以往的說法，中國在清末李鴻章等辦軍工時，才有了中國的產業工人，實則，工民「一民」在中國出現的很早。

春秋戰國時期工人，在社會上已經成為重要的一民。有了一批帶頭的能工巧匠，像魯班在社會上就影響很大。魯班最拿手的技術就是攻城工具製造。以工匠為主的「墨家」也是擅長於軍事技術，曾助宋國守城。「墨家」還發展了樸素的唯物主義，原始的辯證思想，很具有工人階級的特色。歷代「工民」一族稱為百工，以區別於百姓。《史記‧李將軍》載：「良家子，非醫巫商賈百工也」。在重農政策下，百工社會地位低於百姓。

官辦工業使用的勞動力又是很複雜的。大致可分三類：一類為官奴婢、刑徒、俘虜。多為罪犯，罰到官府服勞役，地位低下，沒有人身自由，就是奴婢。使用刑徒最多的是秦朝，修長城，建宮殿。現在出土的兵馬俑亦為刑徒所製。在秦朝這些人可隨意殺戮，有「生埋工匠」的記載。兩漢、魏晉南北朝、隋唐都大量使用官奴。宋代官辦工業則使用招募的工匠為主。元代官辦工業又大量使用俘虜為官奴，在殺戮中「唯匠得免」，充為工奴使用。這類人還稱不上為真正的「工民」。二類是從民間徵發的工匠，唐時稱為「短番匠」。工匠到官辦工業部門服役，有一定的時間，但是沒有報酬。相當於向官府服勞役，服役完畢，可以回家。基本還是平民身份。三類為有技術的工匠，由政府募雇而來，給一定的報酬，待遇較好。唐時稱為「和雇匠」，但還不是雇庸工。有的是頂替稅收制度中的「丁庸」，或是用報酬頂稅，反正是官府不拿錢。到了宋代，工匠、兵士都實行招募，工匠的依附關係大大改善。不論是直接雇傭的工匠；還是當行（鱗差）的民工，都有「雇值」。元代則逆轉。明

清時期官府的工匠，由於勞作的技術性增強，待遇不斷提高。這種以軍工為主的官辦工業，基本是沒有效益的，而且全部經費取之國庫，以至延續到今。從清末洋務派辦江南造船廠到解放後發射「兩彈一星」都是如此。這種官辦工業與傳統農業是走在兩條道上的車，很少發生直接經濟關係，官辦產品基本不會供應農村。

幾千年來，這種官辦工業技術進步是很緩慢的。其工業是為統治者而生產的，各種生產都有一定的制度（禮）限制。例如：季康子的母親死，公輸般想改進裝斂的機法，因為必奉行「故事」，違制的事而不能辦。又技術保守，尤其是軍事工業，不便公開。如紀曉嵐《閱微草堂筆記》載：明成祖北征時，用飛炮破元兵於亂柴溝。因其術「太精，恐成為變」，將發明人殺後葬於宣武門子城內，「歲祭之，使不為厲」。官辦工業難以發揮勞動者的積極性和創新性，工作效率不高。在管理方面難以改進。管理不善，滋生官員腐敗。

2、重農政策與民需工商業

這種工業民眾是隨時都離不開的，最明顯的如鹽和鐵。不像是禮器、兵器等在民間不需要，或不能要。春秋戰國、秦和漢初時期，公、私均來開採經營鹽、鐵，還出現了許多富甲天下的經營者。這些經營者大都是產、供、銷結合。像經營鹽業的猗頓；經營鐵業的卓氏；經營錢幣業的鄧通等。經營商業為主的白圭、范蠡、呂不韋、端木賜等大商人也聚斂大量的財富。這必然與統治者發生矛盾，特別是鹽、鐵、錢三大行業矛盾最為突出。春秋戰國時代，政府即開始以重農的名義限制工商業。齊國管仲實行了「官山海」的政策，秦國商鞅實行「壹山澤」的政策，控制私人經營鹽、鐵。西漢晁錯在闡述抑制商人意見時說：「男不耕耘，女不蠶織，衣必文采，食必粱肉。亡農夫之苦，有阡陌之得。因其富厚，交通王侯，力過吏勢，以利相傾。千里遊敖，冠蓋相望，乘堅策肥，履絲曳縞。」〔註4〕漢武帝時代實行了鹽鐵官營，完成了「民制、官收、官運、官銷」專賣政策，設立官職專門管理。對私人鑄幣業進行了嚴厲的打擊，因鑄私錢被處死刑的有數十萬人。統一使用官鑄的「五銖錢」。至此三大行業在歷代都控制在政府手中，政府的財政收入大大提高，超出農業稅收。漢武帝對匈奴用兵，一歲動用資金數十萬萬到百餘萬萬。主要用「興鹽鐵、設酒榷、置均輸、番貨長財，以佐助邊費」。

〔註4〕見《漢書·食貨志》。

到唐代各級政府都經營工商業，稱爲「公廨」，設立專職人員「創收」。除上繳外，經常作爲官員的俸祿的一部份發放，官員的俸錢頗豐。

糧食在國民經濟中占重要的地位，爲了防止商人操縱糧食和土貢，還推行了平準、均輸政策。此後不斷加強禁榷制度，抑制商人贏利，漢代有「酒榷」，唐以後又有「茶榷」。宋代西部的茶馬互市興盛，官府亦加以控制管理。唐以後海路貿易活躍，設立市舶使管理對外貿易。宋代在廣州、泉州等主要對外貿易港口設立管理機構市舶司

3、重農政策下的民間工商業

我國農村長時期是處在男耕女織自給自足的自然經濟中，能從農業中分解的手工業發展受一定的限制。商品交換的品類雖然繁多，但官家對此一類又把掃帚、鍋碗瓢勺並不放在眼裏，無須染指。交換的範圍也有限度，大都是地方性的小市場集市貿易。對發展農村工商業，在重農政策下受到限制。《管子》上說：「工事競於刻鏤，女事繁於文章，國之貧也」。《鹽鐵論》說：「商不通無用之物，工不做無用之器」。中國歷代統治者始終把技術當成「雕蟲小技」。主要理由是怕貽誤農時，影響農業生產。

由農業分離出去的一部分手工業者，從事集市上的作坊式手工業、副業生產，大多爲兼業性質。小農的自給性有強有弱，但是離不開與政府施行專賣鹽鐵業，集市的手工業者用農產品進行交換，還不得不以「副養農」、「織助耕」從事工商業活動，離不開與市場打交道，以解決吃鹽、用物的需要。眾所週知，「用貧求富，農不如工，工不如商」、「刺繡文，不如倚市門」。〔註5〕如果農民都去追逐利潤，勢必會「野與市爭民」影響農業生產，這也是實行重農政策的原因之一，儘量減少農民轉向到工商業。

民營工商業的逐漸發展、歷代的重農抑商，崇本抑末政策促進官工官商的發展，不但抑制農民向工商業發展，同時也有抑制豪強地主染指工商業的意思，避免與官府爭利。歷代地主都有一定的政治、經濟特權。經常會與官府工商業和普通的商人爭利難以制止。地主利用地租剝削收入經商，更有利於贏利。東晉時代的地主豪強有的達到：「僮僕成軍，閉門爲市，商船千艘，腐穀萬倉」的程度。連北魏的皇室中的宮中人也種菜贏利。南朝設在水陸碼頭上的邸舍，多半是貴族、官僚、王妃、公主經營，買賣貨物，囤積各種日用品。官僚地主表面維護重農政策，賤視商人。雖口稱：「列肆販賣，古人所

〔註5〕見《史記‧貨殖列傳》。

非」，卻在暗地裏指使家人作生意。一方面勸農，一方面也說：「遊食末業不可禁」。在重農的口號下，地主資本、官僚資本、商業資本三管齊下，互相勾結，投入於贏利之中，國家難以制止。到唐代文人眼裏的從商者是：「商人重利輕別離」，地位低下，仍然視爲末業。但是經濟狀況總是比農民好得多。歷代官府對商業的抑制，隨著國內外商業的發展，逐漸減弱。唐代水路、陸路對外貿易不斷加強。長安城中有東、西兩市。東市有商賈二百二十行；西市有中亞、波斯、大食的胡商集聚，從事貿易活動。宋代以後商業的私人活動不斷加強，逐漸廢除了坊市制度。汴梁城中，長街之上店鋪林立。明代神宗時的首輔張居正曾主張「不官榷」，扶植私人工商業，但受到守舊者的抵制而未能執行。

明代是資本主義萌芽時期，商人的地位不斷提高，官府再難以抑制。像徽商、晉商在社會上都有一定的地位和知名度，並把商業資本投向工業、礦業和手工業。清順治年間，曾一度取消歷代實行的匠籍和免徵代役銀。康熙時，把代役銀併入到田賦中徵收。工匠地位也有改善，有利於發展工業。

明清、民國時期，工商業者地位逐步提高，向官商結合，亦官亦商發展。像清末紅頂商人胡雪巖，民國時期的孔祥熙都是走官商結合，依靠政治後臺，拉關係的路子。鴉片戰爭前後，思想界也有很大的變化。王韜、馬建忠、鄭觀應、康有爲、梁啓超、孫中山莫不提出，振興中國在於發展工商業。有些志在救國者，雖然身份地位很高，也不再受傳統的「崇本抑末」束縛。像狀元出身的張謇，就投身於發展工商業之中。近代軍事、交通等國家所用的工業，依然如故的由政府經營。並保留了專賣政策，近代發展煙草生產亦納入了專賣的範圍。清末到光緒年間，屬於農業的田賦年收入三千萬兩左右，而屬於鹽業、工商業收入的鹽課鹽釐，工商業的關稅、釐金總計達到五千萬左右，大大超出農業稅收。近、現代有些工商業已經被帝國主義勢力和官僚資本主義所壟斷，民族工商業始終受到抑制，發展緩慢。

解放後，經過工商業改造等各種運動，發展官工、官商。商業由糧油、花紗布、百貨、副食品、五交化、建材等八大公司經營。到文化大革命，集體的合作社以成爲「二國營」。民間相互交易，毛遠新則推行了「趄社會主義人集」的政策，使官工、官商達到了頂峰，又回到了「原始的「工商食官」的狀況。但改革開放以後，鄉鎮企業、私人企業、個體企業又逐步發展起來，在國家經濟中起了重要作用。

三、官工官商對農業經濟的影響

　　中國歷代官府依靠政治力量，官工官商始終佔有優勢。社會的經濟活動本來就是綜合的互有聯繫。官工官商必然會對農業經濟產生影響。官府直接經營工商業所獲得的財政收入，便利於國家的軍事開支，滿足經濟建設需要。所增加的國家的財政收入，並不是通過加重農民的負擔所取得的。在漢代所謂「文景之治」時，為了使農民休養生息，實行三十稅一，以減輕農民負擔。到漢武帝時，時常對外用兵，抗擊匈奴，軍事費用大大增加。為了不致加重農民負擔，才加強官辦工業，貨幣鑄造、發行權收為國家，推行鹽鐵專賣，推行酒榷。官辦工商業的收入也會方便皇帝的奢靡開支。漢文帝修建霸陵，為了節省開支，都用瓦器，不用金銀銅錫器。到漢武帝以後，建陵日見奢侈。《晉書》上說過一段話：漢天子即位一年而為陵，天下貢賦三分之」，修陵墓的費用占全國貢賦的三分之一。此說雖有些誇大，但實際開支也是可觀的。官辦工商業還會助長官員的貪污腐化，從中謀取不義之財。隋唐時期的公廨制度，就是部門的「小金庫」。個人利用官辦工商業貪污更是方便。官辦的工業從春秋戰國時實行「官山海」、「壹山澤」政策，工業資源基本是由官府控制、壟斷，普通人是禁止開採的。所用勞動力在宋代以前大部分是抽調民間的工匠，基本是無償的勞動。實際上官辦工業還是剝奪民間的財富。

　　官工官商，限制了農民轉向工商業，有「驅民歸農」的作用。使農民專心於農業，人力、物力投向於土地，實行精耕細作，把中國的傳統農業提高到一定的水平，受到世界上的重視，實現農作物產量不斷提高，並且地力常新。但是把廣大農民的經濟活動，囿於自給自足的自然經濟之中，商品經濟難以發展，限制技術進步，使農村長期處在落後的狀態。

　　官辦工商業有限制商人對農民中間盤剝的作用。《周禮》鄭注：說：「通物曰商，居賣物曰賈。」也就是古代的行商叫做商，座商叫做賈。行商還用互通貨物有無的作用。座商往往是屯積聚奇，貴賣賤買，坐收漁利，同時往往又是高利貸者，農民深受其害。官府的抑商政策也有減少農民被商人盤剝的原意。但是，官工官商也是執行壓榨、盤剝農民政策的工具。官工官商是權力與金錢的直接結合，是難受約束的壟斷者。歷代官工官商在交易上「坐大」，服務上生硬，成為不可克服的痼症。農民在與官營工商業者的交易中，由於政治地位低下，處於非平等的不利地位。農民往往又無表達合理意願的渠道。因此，農業經濟沒有穩定發展的外部環境，常常會陷入衰敗的境地。

綜觀歷史，不論士、農、工、商，還是官、民，在經濟發展中都起了一定的作用。但是都有一定的局限性，這局限性還是難以改變的定性。在各個歷史時期，都要佔有適當的位置，不能偏廢，經濟狀況就會發展順利。否則，偏重某一方面，社會就會出現問題。這是歷史的深刻經驗教訓。

參加者尚有張翔迅、張海源

宋代城鄉集市貿易興起的緣由探討

提　要

　　宋代以前城鄉集市貿易並不發達。與各代統治者所執行的工商食官制、重農抑商、市坊制度等「抑商」政治經濟政策有很大關係。宋代以來，中國的經濟發展舉世矚目，城鄉集市貿易隨之興起。草市的大量湧現，建制鎮又加快了向商業性集鎮發展。城鄉集市貿易發展的根本緣由是土地私有化使農民兼業化，勞動力得以釋放，發展工商業，不再實行「抑商」。

　　我國城鄉集市貿易在古代早已產生，《易·繫辭下》：就有「日中爲市，致天下之民，聚天下之貨，交易而退，各得其所」的記載。在宋代以前，雖然交易場所形成爲有固定時間和地點的集市，如南北朝時有草市；唐代有集、墟、場，但是集市交易並不發達。其根源在於當時的經濟發展狀況，以及統治者的政治、經濟政策。

一、宋代以前的集市貿易沿革

（一）三代及春秋時期的自給自足經濟與工商食官制

　　三代及春秋時期的民間集市貿易很少，基本是自給自足的經濟狀態。正如《老子》所說的：「鄰國相望，雞犬之聲相聞，民至老死不相往來。」貴族們隨的生產力的增長，消費品的需求量也不斷增加。但消費品是貴族的享用，不是爲了交換而進行的商品生產。西周的「工商食官」制度，是指當時的手工業者和商賈都是官府管的奴僕。官營手工業集中官府直接經營的以兵器、

禮器、國用物品、宮廷用品為主的工業。因為多是非賣品，很少有商業行為，「工相議技巧於官府」的純粹官辦工業。大規模的官營商業，抑制了集市貿易發展。

春秋戰國公、私均來開採經營鹽、鐵，人商人也聚斂大量的財富。這必然與統治者發生矛盾，特別是鹽、鐵、錢三大行業矛盾最為突出。春秋戰國時代，政府即以重農的名義限制工商業。齊國管仲實行了「官山海」的政策，秦國商鞅實行「壹山澤」的政策，控制私人經營鹽、鐵。在重農政策下，農村貿易發展受到限制。

（二）漢代的重農抑商與集市貿易發展

漢代實行重農抑商政策，抑商措施規定鹽、鐵、酒一律只由國家經營，私人不得販賣。政府鑄造五銖錢為統一貨幣，民間不得私鑄。漢代社會生活消費不斷提高，以致統治者「頗逾制度、奢靡漸啟」。但是，士、農、工、商作為社會的主要成員，其各自的職業是固定的，身份是凝滯的，而且是一項嚴格執行的制度。《後漢書‧劉般傳》記載：「（劉）般上言：『郡國以官禁民二業，至有田者不得漁捕。今濱江湖郡，率少蠶桑，民資漁採，以助口實，且以多春閒月，不妨農事。夫漁獵之利，為田除害，有助穀食，無關二業也』。」農民在農閒時捕魚打獵，猶在禁止之列，可見四民之間界限森嚴。統治者始終把技術當成「雕蟲小技」。主要理由是怕貽誤農時，影響農業生產。由農業分離出去的一部分手工業者，從事集市上的作坊式手工業、副業生產，大多為兼業性質，兼業也是有限的。

（三）魏晉南北朝的莊園制與集市貿易

在永嘉南渡以後，南方土地大量開發，又落到名門大姓之手，形成了莊園經濟。晉代的士族都是在地方豪強的基礎上發展起來的，在社會上有較高的地位。土地開發，士族佔有優勢，成為大土地佔有者，建立了大量的莊園，形成不少「鐘鳴鼎食之家」。大富豪孔靈符在永興的莊園，有水田、陸田、山頭、果園。莊園是集農、工、商、軍、學於一體的經濟組織。

（四）唐代市坊制度與集市貿易發展

唐代前期城市規制沿舊有傳統，行坊市分立之制。交易區域與交易時間並有嚴格規定。兩京各州縣所沿前代舊規，坊與市嚴格區分，商業區限定在市內，並規定嚴格的交易時間。至唐末，原有的制度隨著商業的發展而有所

鬆弛，唐代坊市制度是中國歷代坊里（市）制度發展的高峰，也是城市封閉結構發展的高峰。與中國古代其它城市制度一樣，坊市制也表現出較大的政治屬性，坊市制度阻礙了城市經濟的發展與繁榮。

二、宋代城鄉集市貿易的崛起

　　宋代在作坊化、商業化、貨幣化和城市化方面遠遠超過世界其它地方，舉世矚目的經濟發展使城鄉集市貿易迅速崛起。

（一）城鄉集市大量湧現

　　宋代集市有多種形式：一種是日常性的定期集聚交易，屬於最常見的期日集市。各地的市集周期是由當地一貫的集會習慣逐漸形成的，集會的時間有長有短。都是按照干支記日法推算。周期稍長的期日集市，則是三數日一集，集會地點是在「空場」，會散了就「虛」所以叫做「墟市」。部分偏僻和落後地區，市集周期往往在五六日以上。例如江浙一帶的集市有取干支寅、申、己、亥日成集，故謂亥市。池州一帶的鄉村則集會日期干支為子午，故而墟集稱為子午會。經濟活躍地區，集市周期就比較短，一般間隔為兩日或一日。

　　另一種是結合當地燈會、廟會以及地方風俗和節日活動的集會。這種集會間隔時間比較長，規模大、範圍廣，商品交易量大是其特點。每年定期、定點舉行。類似如今的每年的各地的藥材大會，都結合藥神廟會。例如紹興府會稽縣正月十五元宵節，開元寺辦燈會。每年吸收大批周邊州縣的商人，以及海外舶商參與商品交易。「傍十數郡及海外商估皆集。亦間出焉。」商品種類繁多。其中包括許多種名貴珍品：如名香、珍藥、玉帛、珠犀、名畫、鍾鼎，以及高檔的工藝品組繡、髹藤、彝器等。

　　再就是專業市場：例如蠶市、藥市和花市等。這些專業市場以相應的產品為主要交易對象。此類集市多位於某類商品的集中的城市或城郊。專業市場的形成和發展，與城市的發展，農業和手工業的發展相互促動。川蜀地區因為是茶馬交易中心，大型定期商品集會特別活躍，成都府專業集市排列為：「正月燈市、二月花市、三月蠶市、四月錦市、五月扇市、六月香市、七月寶市、八月桂市、九月藥市、十月酒市、十一月梅、、十二月桃符市。」每個月都有一個專業市場進行交易，規模宏大。

（二）市鎮經濟功能的擴大

《吳江縣志‧鎮市村》稱：「有商賈貿易者謂之市，設官防者謂之鎮」。又據《宋史‧職官志》記載：「諸鎮監官，掌警盜邏竊及煙火之禁，兼徵稅榷酤」。宋代高承《事物紀原》說：「民聚不成縣而有稅者，則爲鎮」。由此可見，說明古代我國的市和鎮之間，功能是有差別的，「市」只僅僅具有經濟職能，「鎮」則是具有鎮守地方的軍事、行政雙方職能。有著比較嚴格的界線。北宋時代，京城設在汴梁（今開封），地處平原，無險可守。只得在京城四邊設鎮，駐軍鎮守。隨著經濟的發展，鎮的性質開始發生了變化。開封府以南的軍事重鎮朱仙鎮，因地處汴河之濱，成爲水旱碼頭，商品的集散地。草市的大量興起，也使得一些大的農村集市，城鄉交流的聯結點，演變爲市鎮。北宋時期，純粹以貿易爲特徵的鎮市大量出現，在縣城與草市之間也就有了鎮的建置。新鎮的出現又加快了商業性集鎮的發展，南宋時代，隨著江南經濟發展，臨安府增至 28 市鎮，嘉興府達 15 市鎮，蘇州達 19 市鎮。後來形成國內的朱仙、漢口、佛山、景德四大名鎮。

當時江西景德鎮陶瓷生產是其特色，有瓷窯達三百餘座，而且專業分工相當精細，據《宋會要‧食貨》記載：「市戶自有經紀，工匠自有手作」。分工明細，有陶工、匣工、土工、利坯、車坯、釉坯、印花、畫花、雕花等工種。漢口鎮是水陸交通樞紐，商賈繁榮。隨著市鎮商品經濟的發展，手工業分工擴大，生產技術進一步提高，佛山鎮成爲爲南方手工業重鎮。同時湧現了一批具有手工業專業市鎮。例如在四川的筠州（今宜賓市筠連縣）清溪市爲礦冶專業鎮、陵州﹛今仁壽縣﹜賴鑻鹽業鎮、彭州（今彭州市）蒲村茶業鎮、遂州（今遂寧市），鳳臺糖業鎮都很著名。綜合市鎮也是眾物雜陳，商品玲瓏滿目，市場上的商品種類較之前代更加豐富。宋代的專業市鎮特色非常鮮明。

（三）集市貿易促進海外貿易發展

宋朝的開國是在收拾殘唐五代的那種亂糟糟的局面後而成立的，所謂：「雖曰宋之土宇，北不得幽薊，西不得靈夏，南不得交趾。」當時西方、北方邊有遼金、西夏、吐蕃，強敵四伏，經常發生戰亂。隨著集市貿易的發展，開闢了海上絲綢之路，港口城市大量出現，使廣州、杭州、明州（今浙江寧波市）、泉州、秀州（今浙江嘉興市）、密州（今山東膠州、諸城一帶）等成爲重要的外貿港口城市。各個外貿港口還在城鎮設立專門買賣外國商品的

「蕃市」和供外國人居住的「蕃坊」，供外商子女接受教育「蕃學」，服務十分到位。政府還專門制定了蕃商犯罪決罰條。海上絲綢之路主要向南發展，貿易對象主要是印度、中南半島、東南亞各島嶼，以及阿拉伯半島等地區的一些國家。輸出的商品以絲織品、瓷器、茶葉、工藝品、五金為主，輸入的物品以奢侈、貴重品為主；有犀角、象牙、珠玉、珊瑚、蘇木、香料等。為了海外貿易的發展，在廣州、杭州、明州、泉州、密州、溫州等地設置了市舶司加強對港口城鎮的管理。

（四）集市貿易帶動第三產業和文化產業興起

宋代是服務業發展的重要里程碑。據《夢梁錄》、《武林舊事》、《西湖老人繁盛錄》等文獻的記載，兩宋的都城汴京、臨安，綜合起來，去掉重複，服務業不下 200 餘種。有茶樓、酒館、旅店、戲場、旅遊等為生活服務的主體服務業，還有寄存店鋪和商旅貨物的塌房，存儲和撥兌商人貨款的櫃房，賃租店鋪房屋的房廊等為商品流通服務業。飲食業，服務周到、價格合理在《東京夢華錄》中載：高檔的筵會，有茶酒司管賃。假賃椅卓陳設、可以在園館亭榭寺院舉辦。「其收費大體公允，不敢過越取錢」。對小客戶「雖百十分，廳館整肅，主人只出錢而已，不用費力」。服務業幾乎可以滿足於城市的各行各業乃至官府衙門的需求，各式服務已經形成一定規模，居民生活因此而更加方便。

宋代城市個人的物質生活消費和精神文化消費往往經過集貿市場而完成。後一種消費屬更高層次，人們的溫飽問題改善後，精神文化方面的滿足才可能列入日常生活之中。從宋代文獻裏對勾欄瓦肆的記載看，內容非常豐富：有小唱、嘌唱、雜劇、傀儡、講史、小說、影戲、散樂、諸宮調、商謎、雜班、弄蟲蟻、合聲、說諢話、叫果子等等。鄉村精神文化也很活躍，民間說唱活躍於鄉村田間地頭，散發著泥土芳香的民間藝術形式。南宋詩人陸游詩《小舟近村三首》之三記述了宋代鼓書藝人的活動：「斜陽古柳趙家莊，負鼓盲翁正作場。身後是非誰管得，滿村聽唱蔡中郎。」繪畫藝術在宋代十分興盛，隨著商品經濟的發展，繪畫藝術出現了商品化的趨勢，成為街肆買賣的商品。

三、宋代城鄉集市貿易崛起與發展的歷史緣由

（一）土地私有化使農民兼業化

宋代確立了「不設田制、不抑兼併」的佃耕制。佃耕制亦稱租佃制，雖

然表面上是一種沒有農田制度的制度，實質卻是農田制度的另一種存在形式。土地買賣全面推向市場，土地零細化，土地買賣頻繁，辛棄疾「千年田換八百主」是對當時土地不斷易主的寫照。由於庶族地主增加，農民與地主只是租佃經濟關係，依附關係削弱。部曲等一類的農奴已不復存在。不設田制和不抑兼併的政策，表明土地基本上是進入市場流轉，適應了商品經濟發展的趨勢，減少了官府對土地的政治干預，客觀上有一定的積極意義。宋代農民的普遍兼業，打破了單一的經濟構成，走出了自給自足的藩籬，變成了小農、小工、小商三位一體的復合式經濟單元。使個體小農經濟成為一個由種植業、養殖業、小手工業、小商業、小雇傭勞動等多種經濟成分構成的統一體。勞動力自由化使大量的雇工出現，而失掉土地的農民成為流民或半流民，許多人流入城市，轉向工商業和服務業，促進了城鄉集市貿易的發展。

宋朝已建立冤假錯案的預防機制。哪怕臨刑之際，只要犯罪嫌疑人翻供喊冤，也得立即停刑，原法官迴避，另選法官或移交其它法院重審。北宋規定，犯罪嫌疑人有三次翻供機會，南宋改為五次。但實際操作中，一次次翻供，一次次重審，政府居然沒感到不耐煩，支付的司法成本夠高。

（二）糧食、經濟作物增產促進集市貿易興盛

在農業生產力水平不斷提高和交通運輸業繁榮發展的基礎上，宋代形成了規模較大的幾個商品糧輸出基地。在長江流域荊湖一帶，「民計每歲種食之外，餘米盡以貿易。」而在太湖流域，「湖、蘇、秀三州號為產米去處，豐年大抵舟車四出」。在西南的兩廣地區，「廣南最係米多去處，常歲商賈轉販，舶交海中」。歷史的發展，使長沙、九江、蕪湖、無錫並稱為中國古代四大米市，其共同點是具有沿江交通便利、糧食生產豐富和商貿流通發達的優勢。對促進當時的糧食生產、流通起到了積極的作用，大大提高了當地的社會發展、農民生活和商業經貿。

（三）農村勞動力釋放使工業手工業大發展

佃耕制使宋代農村勞動力釋放出來轉向城鎮、工業區，同時投入城鎮，很大一部分資金促使工業手工業大發展，紡織品、瓷器、紙張、印刷品、運輸工具等產品充斥市場，支撐城鄉集市貿易活動。宋朝的絲、麻、毛紡織業都非常發達。西北地方流行毛織業，四川、山西、廣西、湖北、湖南、河南等地麻織業非常發達。宋朝時，有開封官窯、浙江龍泉哥弟窯河北定州定窯、河南汝州汝窯、禹州的鈞窯，合稱為官哥定汝鈞五大名窯。江西景德鎮景德

窯、福建建陽建窯也有名氣。許多大小瓷窯遍佈全國。所產宋瓷通過海上絲綢之路遠銷海外，如日本、高麗、南洋、印度、中西亞等地區。近年來在亞非各地都有大量出土，證明瓷器是當時的重要輸出品。時至今日，宋瓷已成為中國古代著名的藝術品，而享譽海內外。

（四）鼓勵商業發展，打破市坊制度

宋王朝不實行「抑商」政策，鼓勵商品經濟發展，並立法以促進，成為中國古代經濟立法最為活躍的時期，專門設置了專賣法，如鹽法、酒法、茶法等法令，法規內容涉及多方面社會經濟活動，由於對商品經濟發展的重視，宋代的工商業極度繁榮，生產力水平大大提高，城鎮集市貿易的發展，促進國家的賦稅增長。公元 1077 年，北宋稅賦總收入共 7070 萬貫，其中工商稅 4911 萬貫占 70%，農業的「兩稅」2162 萬貫，只占占 30%。構成國家財政收入主體的是工商業，不再是農業了。宋朝已經從農業文明開始向工商業社會邁進。工商業宋朝的手工業中還出現了銅板印刷的廣告，比西方資本主義印刷的廣告要早三百多年。第二，第三產業得到了極大的發展，人民生活水平也得到了空前的提高。

城市建設徹底衝破了坊、市之間的界線，商店可以隨處開設，從而導致了城市內部集市的產生。打破了唐代以來，坊（居民區）和市（交易區）設置嚴格分開的形式。不但平民百姓住宅附近設有商店，就是官衙、豪宅、使驛、寺廟附近也廣設店鋪。宋朝首都東京（開封），「八荒爭湊，萬國咸通」，御街上也有商鋪，這是當時宋朝的真實寫照。

（五）貨幣金融業支持城鄉集市貿易

政策導向使商業大潮興旺，商貿高速發展，金融業很活躍，可以貸款、異地付款。南宋時的軍器所工匠竟達七八千人，廠裏的工人按期以貨幣形式領取工資。因為經濟的空前繁榮，市場需要有錢幣大量流轉，銅錢、銀錠是宋朝的本位貨幣，而促使貨幣鑄造業發展，以適應經濟發展的需要。在神宗時全國年鑄幣 506 萬貫，唐元盛世時期，年鑄幣只有 32 萬貫，高出十幾倍。集市貿易發展，市場出現錢荒，金屬幣攜帶、交易亦不方便。於是，公元 998 年間（咸平元年）在四川地區民間出現最早的紙幣「交子」是世界上最早的紙幣，紙幣逐漸代替銅錢，對集市貿易的高速發展起到了推動作用，同時也是我國貨幣史上的一大業績。後來，為了促進集市貿易發展，又發行了「錢引」、「關子」、「會子」等紙幣。這種紙幣只相當於擔保的代幣券，本位幣仍

是銅錢。天聖元年（公元 1023 年）宋政府開設了「益州交子務」負責紙幣發行，是世界上最早的「中央銀行」。

參考文獻

〔1〕傅宗文：《宋代草市鎮研究》，福建人民出版社，1989 年。

〔2〕龍登高：《宋代東南市場研究》，雲南大學出版社，1994 年。

〔3〕葉廷珪：《海錄碎事》卷五《商賈貨財部 市廛門 子午會》，文淵閣《四庫全書》本。

〔4〕徐松輯：《宋會要輯》，中華書局，1997 年。

〔5〕趙汝适：《諸蕃志》卷下《海南》，文淵閣《四庫全書》。

〔6〕周煇：《清波雜誌》卷七《吉陽風土惡弱》，中華書局，1994 年第 302 頁。

宋代田園詩中所見的農村實況

提　要

　　中國有史以來，人們期盼的太平盛世可以說屈指可數。南北宋三百年來，外有遼、金、西夏、蒙古強敵壓境，連年戰爭，就沒有出現什麼「真仁之治」或是「孝光之治」的雅號。商品經濟的空前發展，是宋代農村社會經濟最為鮮明的特徵，它對於瓦解封建自然經濟與統治秩序有著一定的作用，並為宋代城市經濟的繁榮及市民等級的成長壯大奠定了堅實的物質基礎。但是農村經濟有了發展，農民生活有所改善，農民對地主的依附關係鬆弛了許多。從宋代的田園詩中我們可以探索一些農村的概況。宋代的農村政策有所進步，但是還是問題多多。所以說，對農村問題在任何時代都不可掉以輕心，都要慎重對待。

　　中國有史以來，人們期盼的太平盛世可以說屈指可數。書史上稱道的如漢代的「文景之治」，唐代的「貞觀之治」，清代的「康乾之治」時間很短暫。就是這些帶有溢美之詞的太平盛世，背後也是布滿戰爭、腐敗、冤獄、血淚。像清朝乾隆時期的文字獄十分殘酷，在天子腳下的寵臣和坤就是個富甲天下的大貪官。看來只要當時沒有大的戰亂就是太平盛世。像文景時的七國之亂，康熙時的平定臺灣等就可以忽略不計了。所以說老百姓對太平盛世的標準要求並不高。由此看來宋代就達不到這個標準。南北宋三百年來，外有遼、金、西夏、蒙古強敵壓境，連年戰爭，就沒有出現什麼「真仁之治」或是「孝光之治」的雅號。

　　但是，宋朝的開國是在收拾殘唐五代的那種亂糟糟的局面後而成立的，當時是周邊強敵四伏，能在中國腹地維持三百年的統一和穩定也是難得。宋代在經濟建設上確有長足的發展，農村社會也有不可磨滅的進步功績。雖然宋代的版圖較小，所謂：「雖曰宋之土宇，北不得幽薊，西不得靈夏，南不得交趾。」〔註1〕南宋又失中原。全國耕地只有 461 萬頃，相當唐代的三分之一。但是農村經濟有了發展，農民生活有所改善，農民對地主的依附關係鬆弛了許多。從宋代的田園詩中我們可以探索一些農村的概況。

一、宋代的田園詩

　　宋詩在後世文人的眼裏，多認為遜於唐詩，好發議論，講道理，往往又粗淺，繼承有餘，創新不足。誠然宋詩有這樣那樣的問題，但是宋詩中有許多篇還是可讀的，較為突出的是愛國詩。宋代在外力的壓迫下，大量國土淪喪而無力收復。而且僅存國土也岌岌可危。在這種嚴肅、厚重的有關國事詩篇中，沒有唐代邊塞詩中的：「醉和金甲舞，擂鼓動山川」那麼氣勢磅礡；和「欲將輕騎逐，大雪滿弓刀」那麼豪情滿懷。只是希望雪國恥，立國威「收拾舊山河」。像陸游在詩中的「王師北定中原日，家祭勿忘告乃翁。」那種至死不渝的愛國情結是很感人的。

　　宋詩中還有大量的田園詩，也是別於其它朝代的。例如稱為「中興四大詩人」的尤袤、陸游、楊萬里、范成大，都寫出了大量的田園詩。從讀這些田園詩中還會瞭解到宋代農業、農村、農民的一些情況。對研究農村社會史、農業經濟史都是很有價值的。

　　宋代的盛行田園詩有其原因：一方面是因為文人本身的努力；另一方面是當時的政治環境條件比較寬鬆。

　　宋代繼隋唐而切實實行科舉取仕，不少的庶族平民能夠通過科舉而為官，這樣促使了寒門弟子讀書。許多的詩人或家居農村，或經常接近農民，熟悉農村的生活。宋代又是文人執政，不少高官相國，如王安石、梅堯臣、晏殊、蘇軾大多出身寒門，他們本人也是有成就的詩人。許多的詩人居住在農村，在田園詩中，經常會反映出來。如詩人王庭圭就曾住在山村中。

　　　　避地東村深幾許，青山窟裏起炊煙。

　　　　敢嫌茅屋絕低小，淨掃土床堪醉眠。

〔註1〕《宋史・食貨志》。

　　鳥不住啼天更青，花多晚發地應偏。

　　遙看翠竹娟娟好，猶隔西泉數畝田。（《移居東村作》，王庭珪）

這些詩人經常與農民接觸、探詢，深深瞭解農民情況。

　　雨過‧村桑柘煙，林梢口暮鳥聲妍。

　　青裙老姥遙相語，今歲春寒蠶未眠。（《農謠》，方岳）

　　詩人反映農村的生活，在當時沒有受到上方壓制，甚至得到鼓勵。傳說宋孝宗皇帝曾打算叫詩人范成大爲宰相，後來以爲他「不知稼穡之艱」而作罷。於是他寫了大量的田園詩以替自己表白。至少在宋代並沒有像明、清以來大興文字獄。常見到有譏諷朝政，針砭時弊的辛辣詩文，特別是譏諷朝庭喪權辱國的詩文很多，朝庭並未當成「給什麼什麼抹黑」予以追究，這是可以標榜後世的。例如：

　　山外青山樓外樓，西湖歌舞幾時休。

　　暖風薰得遊人醉，直把杭州作汴州。（《題臨安邸》，林升）

就是譏諷朝政，而且很是刻薄的。又如下列詩句：

　　青苔滿地初晴後，綠樹無人晝夢餘。

　　惟有南風舊相識，偷開門戶又翻書。（《新晴》，劉扮）

　　這首詩的意境和清代江蘇東臺舉人徐述夔的詩「清風不識字，何須亂翻書」非常近似。

　　乾隆皇帝卻大興文字獄，將徐述夔開棺戮屍。兩個孫子及兩個族人被處決。

二、農田建設有詩篇

　　宋代在水利建設上是有所作爲的。北宋太宗時即在河北的拒馬河一帶，引水種植水稻，並起阻止遼國騎兵入侵的軍事作用。特別是神宗時七年共修水利工程一萬又七百九十三處。在河南、河北、山西、陝西一帶還大量實施了「引濁灌淤」工程，改良鹽鹼地、瘠薄地。有記載的就達六百四十五萬畝。南方則多丘陵山地，開發農業，首先平整土。在水利建設上，不會像北方以灌、排並重，必須廣建陂塘蓄水，開渠灌溉。爲了保證水利工程的有效的實施，在王安石的倡導下，熙寧元年頒佈了「農田利害條約」，這是中國歷史上第一部農田水利法。在田園詩中有不少反映灌溉的詩篇。

　　石梁茅屋有灣崎，流水濺濺度兩陂。

晴日暖風生麥氣，綠陰幽草勝花時。(《初夏即景》，王安石)

半畝方塘一鑒開，天光雲影共徘徊。

問渠那得清如許，謂有源頭活水來。(《觀書有感》，朱熹)

草滿池塘水滿陂，山銜落日浸寒漪。

牧童歸去橫牛背，短笛無腔信口吹。(《村晚》，雷震)

這些詩篇都歌頌了發展水利灌溉，對農業生產帶來的好處，給農民帶來了歡樂和希望。在灌溉工具上也有了較大的改進、提高。除了用人力提水的龍骨車以外，還有利用水力運轉的「水車」和「竹車」。梅聖俞《農具詩》中《水車》一首：

既如車輪卷，又若川虹飲，能移霖雨功，自致禾苗稔。

王安石的詩中也有《水車》一首：

取車當要津，膏潤及遠野。與天常斡旋，如雨自淙瀉。

開發水利，發展淤灌工程，南方擴大陂塘蓄水都使一些荒地劣壤變成了良田。開封府原本是不能種麥的土地，淤田以後便能種植麥子[註2]。河東絳州經過淤田後，作物產量增加四、五倍。因此這些地區的地價隨之上揚。南方根據其地土地高低不平的特點，發展了梯田、架田、圍田等。南宋詩人范成大首先提到了梯田，說「嶺阪上皆禾田，層層而上至杪，名梯田。」樓鑰的詩中也提到：「百級山田帶雨耕，驅牛扶耒半空行」，擴大了耕地，農田布滿了山崗之上。

綠遍山原白滿川，子規聲裏雨如煙。

鄉村四月閒人少，才了蠶桑又插田。(《村居即事》，范成大)

由於地價昂貴，普通農民難以在平疇沃土得到可耕土，只得在墾殖困難的地方尋找耕地。農民除了在山崗地墾殖梯田以外，還在水面上找種田的出路。有的是發展水面種植，架田就是一種，在水面上放葦箔種植蔬菜之類，類似現在的水上栽培技術。再是種植水生作物，如菱、藕、茜等。農民種水更是辛苦。

採菱辛苦廢犁鋤，血指流丹鬼質枯。

無力買田聊種水，近來湖面亦收租。(《四時田園雜興》，范成大)

溪頭風迅怯單衣，雨槳凌波去似飛。

折得蘋花雙葉子，綠鬢撩亂帶香歸。（《採蓮三首》，范成大）

圍田就是圍湖造田。造田的結果雖然擴大了農田，但是影響了湖沼的調解水量的功能，往往會造成水害。當時的社會對圍湖造田就有爭議，如《宋會要輯稿》上說到太湖的圍田「旱則……民田不占其利，潦則遠近泛濫，不得入湖，而民田盡沒」。而且經常發生「爭占鬥訟愈見生事」，大戶侵奪小戶權益。范成大的《圍田歎四絕》就是敘述此事的。現錄一首於下：

萬夫塍水水源乾，障斷江湖極目天，

秋潦灌河無泄除，眼看漂盡小家田。

三、農村政治經濟狀況好轉

宋代商品貨幣經濟發展迅速，促進了土地的商品化，土地買賣盛行，轉移頻繁。劉克莊的詩有：「莊田置後頻移主」；辛棄疾亦有：「千年田換八百主」都說明了土地買賣在宋代已是平常事了。土地轉移的頻繁表明庶族地主大量增加，農民的依附關係大大減弱。宋代的農村戶口分為五等，一、二等戶為上等戶，賦稅、服役都是很重的。而王公貴戚功臣免役，說明上等戶是庶民中的殷實之戶。宋代農奴身份的人，有著本質的不同。唐代的農奴不算編戶人口，只是主家的財產。宋代的客戶是有獨立的戶籍，經過努力耕作，家有盈餘，購買了幾畝土地，或經過墾荒獲得了土地，還可以成為主戶。宋代並允許客戶購買官田、荒田、逃戶田。農民相對的自由了，與地主只是雇傭關係。有些主戶為了躲避繇役或其它原因，逃到外地，或破產喪失了土地，就降成客戶。客戶開始到外地謀生是很艱苦的。

租帖名猶在，何人納稅錢。燒侵無主墓，地占沒官田。邊國干戈滿，蠻州瘴癘偏。不知攜老稚，何處就豐年。（《逃戶》，樂雷發）宋代在文人執政下，政策對待農民較為寬鬆。宋代盛行理學，講究「存天理，滅人欲」，知識界以「慎獨」作為重要的修養方法。還出現了一些名臣賢相，寇準、包拯都是歷代稱頌的清官。北宋時最大的「路線」鬥爭就是王安石主持的「變法」，堅決反對的有司馬光、蘇軾。但是蘇軾入獄王安石還積極營救，流放回來還騎著驢在迎接。王安石死後司馬光又主政，廢除新政，還不忘給王安石爭封銜。他們之間並沒有發生個人的「你死我活」勢不兩立的鬥爭。說明當時的官風較好。雖然也曾出現過像蔡京、秦檜、賈似道等這些敗類，但是宋代已經沒有漢至唐歷朝歷代中，像郅都、張湯、周興、來俊臣等那些酷吏。《宋史》上不再像以前各朝史書中專門設有《酷吏傳》。最為令人痛恨的是宋高宗殺岳

飛，還只是絞刑。平反後還封爲鄂王尊號。尤其是縣令都是京官出任，對上級州官互有牽製作用。宋代對官員實行養廉政策，縣令已經有「父母官」的稱號。這些官員們還爲農民說話，常常見於詩文中。詩人梅堯臣寫了不少的爲普通百姓鳴不平的詩。如宋仁宗康定元年他在河南襄城任縣令時，西夏出兵攻宋。上級郡吏徵發地方弓手（鄉兵），在大雨中，道死百餘人。曾寫詩予以譴責。汝（指汝河）墳貧家女，行器音悽愴。自言有老父，孤獨無丁壯。郡吏來何暴，縣官不敢抗。督遣勿稽留，龍鍾去攜杖。勤勤囑四鄰，幸願相依傍。適聞閭里歸，問訊疑猶強。果然寒雨中，僵死壤河上，弱質無以託，橫屍無以葬。生女不如男，雖存何所當。拊膺呼蒼天，生死將奈向。（《汝墳貧女》，梅堯臣）〔註3〕

宋代的工商業發展，使農村的生產逐漸走向多種經營。除了傳統的種糧養蠶以外，以供應市場爲目的的茶、果、菜的生產也很受重視。茶葉摘取之後，不能直接消費，必須經過一系列的加工過程。因此還要有「茶焙」、「水磨坊」加工作坊，促進農村手工業發展。

田塍末道細於椽，便是桑因與菜園，

嶺脚置錐留結屋，盡驅柿栗上山巓。（《桑茶坑道上》，楊萬里）

蝴蝶雙雙入菜花，日長無客到田家。

雞飛過籬犬吠竇，知有行商來買茶。（《四時田園雜興》，范成大）

新城果園連穀西，枇杷壓枝杏子肥。

半青半黃朝出賣，日午買鹽沽酒歸。（《夔州竹枝歌》范成大）

北宋建國之初，很注意發展生產，罷除了五代時期遺留的苛捐雜稅，精簡役賦，獎勵開荒，興修水利，安置流散，實行休養生息的政策，經濟發展收到了可觀的效果。宋太祖乾德四年的下詔稱：「今三農不害，百姓小康，夏麥既登，秋稼復稔，倉藉有流衍之望，田裏無愁歎之聲」。特別是王安石變法後，軍隊實行募兵制，農民生產穩定。唐代的奴婢式部曲制在宋代被取消後，那種「車轔轔，馬蕭蕭，行人弓箭各在腰。耶娘妻子走相送，塵埃不見咸陽橋」的場面不多見了，農民只參加地方性質的「鄉兵」。

繇役在宋代是按照戶等分擔，共分五等。上戶爲一、二等，中戶爲三等，下戶爲四、五等。上戶人丁興旺，財富條件好，出役就多。女戶、官戶、僧戶、道戶、無丁戶免役。差役到農村辦事，也不再如狼虎似的。農民比較容

〔註3〕司馬光：《論義勇六答子》亦論及此事。

易對付差役，給幾個青錢買酒就打發了。黃紙蠲租白紙催（黃紙是趙廷的文告，白紙是地方官府的文書），皂衣旁午下鄉來。長官頭腦冬烘甚，乞汝青錢買酒回。（《四時田園雜興》，范成大）

四、農家忙中有樂

歷朝歷代農民總是一年忙到頭的辛苦異常。宋代詩人是體會農民的辛苦，反映農村忙忙碌碌的詩篇很多。農民早起晚歸，披星帶月，整年一家老小辛勤勞作。種田織布，打魚噪樵。還要給官家納稅出役。

雞唱三聲天欲明，安排飯碗與茶瓶。

良人猶恐催耕早，自扯蓬窗看曉星。

指曉呼兒去採樵，祝妻早辦午炊燒。

日斜枵腹歸家看，尚有生枝炙未焦。（以上《田家》詩，為愛國志士華岳所作）

晝出耘田夜績麻，村中兒女各當家。

童孫未解供耕織，也傍桑陰學種瓜。（《四時田園雜興》，范成大）

農民長年寄身於大自然之中，又遇到的好年景，會有農家之樂。詩人們對國事的失望，對官場的厭倦而與農民投身於小橋流水，瓜棚豆架之間，聆聽寺院鐘聲，牧童笛音，可稱為人間快事。宋代的田園詩總是將寫景與描述農民生活融合在一起。

日頭欲出未出時，霧失江城雨腳微。

天忽作晴山卷幔，雲猶含態石披衣。

煙村南北黃鸝語，麥壠高低紫燕飛。

誰似田家知此樂，呼兒吹笛跨牛歸。（《二月二日出郊》，王庭圭）

農民在遇到節日會有酒有肉。社日是農事活動的節日，春社、秋社祭神以祈禱風調雨順，國泰民安。鄉親們歡聚一堂，也是快樂非凡。

莫笑農家臘酒渾，豐年留客足雞豚。

山重水複疑無路，柳暗花明又一村。

蕭鼓追隨春社近，衣冠儉樸古風存。

從今若許閒乘月，拄杖無時夜扣門。（《遊西山村》，陸游）

農村到了臘月，就忙於過年。一方面要享受一年來的勞動成果，一方面要迎接新的一年到來，預祝豐收。范成大曾寫過《臘月村田樂府十首》，反映

了農村在有了收成的臘月，農村準備過年的歡樂。一人臘月大家聚起杵臼來「冬春」。「臘中儲蓄百事利，第一先春年計米」。第二件事就是為了在年後「偏愛元宵燈影戲」，在年前趕燈市，有買有賣，熱鬧的很。第三件是祭竈，宋代祭竈神是臘月二十四。「豬頭爛熟雙魚鮮，豆沙甘鬆粉餌團」已經有了年節的氣氛。二十五日照田蠶，一步接一環。「儂家今夜火最明，的知新歲田蠶好」。到了過年「分歲」時，一家老小相互敬酒，喜氣洋洋。「小兒但喜新年至，頭角長成添意氣。……老翁飲罷笑撚鬚，明朝重來醉屠蘇。」用過年的歡樂，報答一年的艱辛勞作。

但是並非所有農民都能過個好年，窮困之家，過年如過關。

> 稻雲不雨不多黃，蕎麥空花早著霜。
> 已分忍饑度殘歲，更堪歲裏閏添長。（《憫農》，楊萬里）

五、田園詩道出了農民的苦

宋代的詩人並不只是歌功頌德，農民的苦難同樣是詩人的寫作主要課題。豐年還好，遇到了災荒和古往今來的農村一樣，「民有菜色，野有餓殍」。再加上官府催租催糧，農村更為淒慘。

詩人們敘述了發生了兩次大的災荒，淒慘無比。宋寧宗嘉定二年（公元1209 年），歲次己巳，大旱歲饑。

> 野有犬，林有烏，犬餓得食聲咿嗚，烏驅不去尾畢逋。田舍無煙人跡疏，我欲言之滋淚俱。村南村北衢路隅，妻喚不省哭者夫，父氣欲絕孤兒扶，夜半夫死兒亦殂。屍橫路隅一縷無，烏啄眼，犬銜鬚，身上那有全肌膚。叫呼伍伯〔註4〕煩里閭，淺土元不蓋頭顱。過者且末歎，聞者且末吁，生必有數死非辜歟。君不見荒祠之中荊棘裏，剜割不知誰氏子。蒼天蒼天叫不聞，應羨道旁饑凍死。（《野犬行》，劉宰）

又宋理宗嘉熙四年（1240 年）歲次庚子，連年大饑。

> 餓走拋家舍，縱橫死路歧。有天不雨粟，元地可埋屍。
> 劫數慘如此，吾曹忍見之。官司行賑恤，不過是文移。
> 杵臼成虛設，蛛絲網釜岑。啼饑食草木，嘯聚斫山林。
> 人語無生意，鳥啼空好音。休言穀價貴，菜亦貴如金。上兩首均為
> （《庚子薦饑》，戴復古）

〔註 4〕即指地保之類人物。

　　以上詩文所反映的是顆粒不收的重災年的情況。農民餓死無人掩屍，少壯鋌而走險。即便是歉收年收，政府再橫征暴斂，農民也會無路可走。

　　誰道田家樂。春稅秋未足。里胥扣我門，日夕苦煎促。

　　盛夏流潦多，白水高於屋。水既害我菽，蝗又食我粟。

　　前月詔書來，生齒復板錄，三丁籍一壯，惡使操弓韣。

　　州符今又嚴，老吏持鞭樸，搜索稚與艾，唯存跛無目。

　　田閭敢怨嗟，父子各悲器。南畝焉可事，買箭賣牛犢。

　　愁氣變久雨，鐺缶空無粥。盲跛不能耕，殘廢在遲速。

　　我聞誠所慚，徒爾叨君祿。卻詠歸去來，刈薪向深谷。

　　（《田家語》，梅堯臣）

　　宋代農村中雖然比前朝有所改善，依附關係較爲鬆動，但是農村依然是存在窮困和饑荒，隨時瀕臨破產危機。農民的困苦在宋代主要來自災荒，平常年則是政府的重稅。宋代賦稅高的原因很多，外部有強敵遼、金、西夏、蒙古的威脅，需要強兵備戰；軍隊實行的是募兵制，官員實行高薪養廉，皇室腐敗開支很大，都加重了農村的負擔。

　　相對而言詩人們對主戶（地主）剝削（客戶）佃農反映亦有，但並不太強烈。

　　老農鋤水子收禾，老婦攀機女織梭。

　　苗絹已成空對喜，納官還主外無多。（《田家》，華岳）

　　垂成穡事苦艱難，忌雨嫌風更怯寒。

　　笑訴天化休掠剩，半償私債半輸官。（《四時田園雜興》，范成大）

　　前一首詩所說的「還主」就是給主戶的地租。後一首所說的「私債」應當包括租金和借貸，說明有地租剝削存在。但是詩人們把其放在官稅的次要地位，並非有什麼偏見。前面已經談道宋代實行按財產分五等戶制度。上等戶負擔最重，同樣與官府有較大的矛盾，許多上等戶不堪重稅淪爲逃戶，或都將土地寄在官戶名下，稱爲「詭名挾佃」。宋代還保留著大量的官田，向佃戶直接收租。這許多原因造成農民和官府的直接矛盾。

　　以上研究充分地說明，中國的農村始終是國家的重要議題，應該在歷史的發展中，認眞總結經驗教訓。宋代的農村政策有所進步，但是還是問題多多。所以說，對農村問題在任何時代都不可掉以輕心，都要愼重對待。

　　　　　　　　　　　　　　　　　　　見《古今農業》2002 年 03 期

休閒農業現狀與創意

　　國務院《關於河南省加快建設中原經濟區的指導意見》在近日公佈。這意味著中原經濟區建設已提升為國家戰略，河南省歷來是人口大省、糧食和農業生產大省、新興工業大省，將向工業化、城鎮化和農業現代化「三化」發展，對促進中部地區崛起發揮應有作用。在促進河南實現「三化」過程中，欲逐步增強綜合經濟實力，使城鄉基本公共服務趨於均等化，基本形成城鄉經濟社會發展一體化新格局，建設成為城鄉經濟繁榮、人民生活富裕、生態環境優良、社會和諧文明的目標，發展農村休閒也是重要內容。以往河南省的休閒農業，隨著國民經濟增長和人民生活多大的需求，有所發展。從 1997 年開始，省內部分城市近郊的農戶就開始利用優美的田園風光和成片的林木花卉發展鄉村旅遊，稱為「農家樂」。由於其具有投資小、見效快的特點，近年來吸引了社會資金的投入，成為了休閒農業一種形式。

一、市民是主要客源

　　休閒度假和旅遊觀光兩者雖然都是人們同一活動行為，但有不同的含義和內容。旅遊業側重名勝古蹟、名山大川，這類旅遊景點一方面資源稀少，而且投資大，多數都是幾代甚至幾十代人積纍而成的。旅遊者長途跋涉，費時費力費用高。旅遊業由旅遊觀光型向休閒度假型轉變，也是適合社會需求。隨著城市人口的不斷增長，大量的市民會厭倦了水泥堆成的建築、灰濛濛的天空、喧囂的市場和緊張的工作，需要換一換環境，到農村休閒是最好的方式，古人稱之為「郊遊」。在唐詩中屬於「郊遊」的詩很多，如李商隱《登樂遊原》「向晚意不適，驅車登古原。夕陽無限好，只是近黃昏。」杜牧《山行》

「遠上寒山石徑斜，白雲生處有人家。停車坐愛楓林晚，霜葉紅於二月花。」韋應物《東郊》詩：「吏舍跼終年，出郊曠清曙。楊柳散和風，青山澹吾慮。依叢適自憩，緣澗還復去。微雨靄芳原，春鳩鳴何處。樂幽心屢止，遵事跡猶遽。終罷斯結廬，慕陶直可庶。」將落夕陽，秋天紅葉，郊外楊柳，遠眺青山都是絕好的詩情畫意。久在衙門的韋應物，出郊外轉轉，頓時去掉了煩心。

　　農業休閒事業首選是城市周邊地帶，一是緊鄰城市客源多，二是交通方便，挑費小，易於招徠遊客。省會鄭州有天然地域優勢，全市已建成各類休閒農業點 187 個，2010 年共接待遊客 68.65 萬人，實現營業收入 5,748 萬元、利潤 1,530 萬元，從業農民年均純收入 7,750 元，較全市農民平均純收入多 1,509 元。全市休閒農業的快速發展，對促進現代農業發展、新農村建設及城鄉統籌發展等方面起到了重要作用。目前鄭州由農村投資的稍有名氣的農業資源為依託的景點有：櫻桃溝、金鷺鴕鳥園、富景生態園、豐樂農莊等，已在全市周邊形成了一條農業環城休憩地。

二、依靠名景點發展

　　選擇依山傍水之地是休閒業的基本條件，常言說的好：「登高使人心擴，臨流使人意遠」，是人們嚮往的好去處。河南省山水旅遊資源豐富，省之西部為山嶺地帶，北有太行、王屋；西有崤函、伏牛、南有桐柏、大別。唐代詩人白居易一到太行山口便吟詩驚歎：「濟源山水好，老尹知之久。常日聽人言，今秋入吾手，孔山刀劍立，沁水龍蛇走。……。」李世民《入潼關》詩稱：「崤函稱地險，襟帶壯兩京。霜峰直臨道，冰河曲繞城。古木參差影，寒猿斷續聲。冠蓋往來合，風塵朝夕驚。高談先馬度，僞曉預雞鳴。棄繻懷遠志，封泥負壯情。別有真人氣，安知名不名。」宋之問的《送司馬道士遊天台》詩稱：「羽客笙歌此地違，離筵數處白雲飛。蓬萊闕下長相憶，桐柏山頭去不歸。而省之東為黃淮海平原，則河道縱橫，著名的湖泊有宿鴨湖、雁鳴湖、淮陽環城湖等，都是旅遊名地。

　　山水在河南省可稱「境廣面闊」，而休閒農業創建和發展，必須依靠現有名氣較大的旅遊點發展，「深山藏古寺」省境內有歷代留下來得眾多多名廟雄剎、是遊覽觀光、談經論道的好去處。背靠大樹好乘涼，就是這個道理。河南的著名旅遊點如鄭州的黃河遊覽區、洛陽龍門石窟旅遊區、信陽雞公山旅

遊區等在景觀、設備、道路各方面投資很大，只靠農村資金難以奏效。可以作爲著名旅遊點的補充，投資於住宿、餐飲、小紀念品、地方特產等。特別是景點旅遊旺季，住宿超員，價格昂貴，而休閒農業完全可以補充，投資小，效益大。鄭州的黃河普通市民的遊覽休閒得到滿足，不是靠有名氣人、高貴的「邙山頭景點」、」憶江南景點」，而是靠沿河數以千計的「漁家樂」、「農家樂」完成的。「農家樂」是一種簡單樸素的旅遊形式，其能否在一個地區可持續地、健康地發展下去，不僅取決於所提供的旅遊產品，而且與管理、運營模式有著相當大的關係。近年來，河南省「農家樂」旅遊開發和經營取得了不俗的成績，在調整農村產業結構、推進社會主義新農村建設等方面發揮了積極作用，但是由於起步晚、可借鑒的經驗少等原因，在旅遊在管理、運營模式方面還存在著許多問題和不足，需要我們去思考和完善。

三、利用氣候季節優勢

河南地處中原，氣候屬於南北過度區，四季分明。在旅遊業中，夏季優於冬季。對其南部毗鄰各省份來說，避暑休閒交通方便，來雞公山者，數以萬計，造成優勢。雞公山在河南省南端，卻是全國著名的四大旅遊避暑勝地之一與北戴河、廬山、莫干山齊名，是我國南、北方天然分界線，有「青分楚豫」之稱，素有「天然植物園和天然中藥園」之美譽，擁有珍貴植物 2000多種，是天然綠色基因庫。風景秀麗，以「山明水秀、泉清林翠、氣候涼爽、風景幽奇、別有天地」而馳名。山上盛夏無暑，氣候涼爽，早在北魏時期就已載人史冊，明清兩代更有許多名人墨客來山觀賞，留下了大量的讚美詩篇，享有「三伏炎熱人欲死，清涼到此頓疑仙」之美傳。再向北看河南諸山，避暑條件都很好，甚至優於雞公山。但距離武漢較遠，加上開發宣傳不夠，休閒來者甚少，今後要重視休閒農業，就是此理。因爲氣候資源條件，冬季與夏季相比爲差，冬乏冰雪期，像鄭州附近的桃花峪一類的人造冰雪場，寥寥無幾。春秋兩季是旅遊的好季節，但也是人們爲事業忙碌季節，所以觀光多於休閒。

四、休閒與觀光並重

農業休閒應著力於延長休閒期是其特色。旅遊觀光多是短期行爲，走馬觀花形式。人們常說旅遊是：「坐車睡覺，下車走道，導遊領跑，回家完了」。在河南的休閒旅遊業，鄭州的黃河遊覽區屬於短期休類型，可以早出晚歸；

而信陽雞公山旅遊區則是屬於長期休閒類型。能使人們住下來，不能讓休閒者無所事事，傻吃悶睡，經營此業者必須要為創造必要的休閒條件。教師、學生有寒暑假，離退休人員有時間保證，是休閒業的主要從業對象。這些人一般手頭並不寬裕，但也非「囊中羞澀」。休閒農業一般收費低廉，適合大眾消費。如湖北省武漢等市數以萬計的普通避暑休閒者，吃住的卻都是雞公山的普通農家院，包吃包住，一天不過消費三十幾元。這是休閒農業的最大優勢之一。休閒活動一定要有文化內涵。綠色生態旅遊資源特別推出猜謎、垂釣比賽、民俗風情、茶藝表演、棋牌比賽等一系列促銷活動，修武雲臺山旅遊區有書畫活動，既學且展，淇縣雲蒙山旅遊區有演武傳統，民間遊藝很有特色，河南墜子更適合在休閒區演出，招攬休閒者。發展有河南地方農家特色的餐飲業，現在風行鄭州市內的「烙饃村」、「胡辣湯」等就是來源於農村。讓遊客吃好住好，慕名而來、滿意而歸。

五、突出了農業特色

農業休閒更應突出農業特色，也就是休閒和農事緊緊掛鈎。重點在於最大程度地保持和突出原汁原味的農家風味。有的借景發展特色餐飲，演繹了從土地生產到餐桌消費的全過程；有的興建手工磨坊、油坊、酒坊等舊式作坊，不斷豐富鄉土風情、農事體驗、科普教育等內涵，形成不同的風格和特色。休閒觀光農業項目都是依託中心城市居民這一重要客源市場，與開展城市周邊遊等項活動相結合，逐漸形成環城、環山、環河、環路等旅遊觀光帶。邙嶺經濟林生產帶。以石榴為主的經濟林產業帶，東起廣武鎮唐垌村西至高村鄉棗樹溝村，長達 15 公里，每年舉辦河陰石榴文化節。石榴盆景（盆栽）重點戶達到 16 戶，每年生產石榴盆景（盆栽）500 多盆；由石榴發展帶動的農家樂、漁家樂達 20 餘家，旅遊旺季日接待遊客 800 餘人，年收入可達 190 萬元；石榴養生酒、榴葉茶等加工產品的開發，為河陰石榴增加了附加值，為河陰石榴產業的發展增加了後勁。鄢陵以花卉觀光為主，該種植花卉始於唐宋，盛於明清，享有「鄢陵臘梅冠天下」之美譽。1992 年以來，該縣的花卉苗木種植面積迅速膨脹，目前已達 32 萬畝，花卉品種 2,100 多個，該縣已成為我國北方最大的花卉苗木生產地。2003 年曾在這裏舉辦第三屆中原花木交易博覽會暨生態旅遊節。商丘市寧陵縣劉花橋村成功創建「全國休閒農業與鄉村旅遊示範點」，為商丘市加快休閒農業和鄉村旅遊發展奠定了堅實的基礎，拓寬了旅遊的發展空間，同時也達到了推進農業功能拓展、農村經濟結

構調整、社會主義新農村建設和促進農民增收的目的。欒川縣根據縣內景區多以農家樂，節假日短休閒遊為主的實際，著力特別推出「生態田園」，「生態採摘農家樂」等旅遊項目，重點打造重渡溝、寨溝等鄉村休閒旅遊品牌，培植合峪等鄉村休閒遊專業村、特色村來吸引省內外遊客，輝縣市沙窯鄉水寨窯村綠色果林現投資 3,000 萬元建設投資綠色果林，總面積 5,000 畝，林地面積 3,500 畝，種植面積 1,500 畝，年接待能力 2 萬人次。主要有山楂、柿子和特種果林（如新疆葡萄、果桑、草莓、桃、杏、櫻桃）構成，組織農民編製富有觀賞、包裝價值的荊籃子，竹籃子，配套專用採摘工具，讓遊客盡興體驗採摘收穫的勞動場景，展示太行柿子獨特風味和價值。

政府應加大財政支持，拓寬、扶持示範基地基礎性公共設施的建設。以休閒農業為載體，整合相關投資，吸引社會資本積極參與休閒農業。開展最有魅力的休閒農業推介活動，支持並打造一批有突出影響、特色的農事節慶活動，提升產業影響力、社會認知度和品牌知名度，全面優化服務，營造良好的發展氛圍。

參與者尚有郭春縣

宋代農村觀光休閒已經形成風氣

提　要

　　宋朝的開國是在收拾殘唐五代的那種亂糟糟的局面後而成立的，當時是周邊強敵四伏，能在中國腹地維持三百年的統一和穩定也是難得。也曾出現過「眞仁之治」或是「孝光之治」。由於時到了宋代觀光休閒已經是蔚然成風，尤其是一些文人官宦樂於鄉遊，多是「遊中有詩，詩中有遊」，留下許多著名的田園詩句，膾炙人口。許多士大夫長期在農村居住休閒邀遊是時代的特色。佃耕制農民有更大的主動性和自由性。所以宋代以農民爲主體的觀光遊覽，非常興盛，但在取向不同於前者，以趕集上店爲主。

　　河南省觀光休閒農業的發展起步於上世紀九十年代後期，經過十多年的發展，目前全省已湧現出大批融生產性、觀光性、參與性、娛樂性爲一體的觀光休閒農業景點和項目，在中原大地上築起了一道道亮麗的風景線。觀光休閒農業的發展不但爲城市居民休閒度假提供了一個好去處，並且促進了農業和農村經濟增長方式的轉變，拓展了農業的功能和發展空間，有效地促進了農業增效、農民增收。同時，觀光休閒農業的發展也加速了農村剩餘勞動力的轉移，促進了新農村建設，爲社會資本注入農業、工業反哺農業提供了一個新的平臺，觀光休閒農業一經成爲我市都市型現代農業建設進程中一個重要的產業支撐。

　　休閒農業園區大都是在各類現代農業示範園區特色種養園以及農業生態資源開發的基礎上建設起來的。經過幾年的培育和發展，已經形成了一批集

生產展示、科普教育、觀光休閒、採摘體檢、餐飲娛樂、培訓接待等為一體的設施完善、功能齊全、接待能力強的規模園區。隨著經濟社會的發展，人門的消費需求日趨廣泛。為了滿足不同人群不同的消費需求，近年來，觀光休閒農業產品也發生了很大變化，休閒農業產品已經涉及到觀光農業的各個方面，呈現出多樣化趨勢。目前，主要休閒農業產品有：功能完善的休閒農業園、豐富多彩的農業節會、感知民風民俗的鄉村風情遊、參與體驗的農地認養、踏青賞果的瓜果採摘、修身養性的池塘垂釣以及各式各樣的農家樂等，已初步形成了規模適度、功能多樣、產品豐富、參與性強、產業融合、效益明顯的發展格局。

一、宋代是農村觀光休閒的興盛時期

宋朝的開國是在收拾殘唐五代的那種亂糟糟的局面後而成立的，當時是周邊強敵四伏，能在中國腹地維持三百年的統一和穩定也是難得。也曾出現過「真仁之治」或是「孝光之治」。但不為人們所樂道。宋代在經濟建設上確有長足的發展，農村社會也有不可磨滅的進步功績。雖然宋代的版圖較小，所謂：「雖日宋之土宇，北不得幽薊，西不得靈夏，南不得交趾。」……南宋又失中原。全國耕地只有 461 萬頃，相當唐代的三分之一。但是農村經濟有了發展，農民生活有所改善，農民對地主的依附關係鬆弛了許多。

其實在我國古代城市居民到農村觀光休閒就有發展。孔子說「智者樂水，仁者樂山」。一般認為在魏晉時期，人們雖然希望精神寄託於山水之間，但由於時到了宋代觀光休閒已經是蔚然成風，尤其是一些文人官宦樂於鄉遊，多是「遊中有詩，詩中有遊」，留下許多著名的田園詩句，膾炙人口。宋代觀光旅遊是全民性的，內涵多面性。工商「四民」中的觀光旅遊的取向、目的、和方式截然不同，取向有時是相反的，目的的和方式就有差異。農村觀光休閒是以士大夫一類人為主體，而農工商則取向城市、集鎮。當前農村觀光旅遊業的對象，由於城市人口的發展，旅遊業的開發，依然是兩個取向。相比逛大城市、遊名山大川，農村遊依然處於弱勢，須要倡導、宣傳。

二、宋代的農村觀光興盛的原因

1、上代的基礎

魏晉南北朝時期，局局動蕩，人們常常嚮往「桃花源」式德爾田園生活。

到了唐代，因為經濟發達、社會安定，城市居民到名村郊遊就興盛起來。尤其是長安城形成郊遊熱。季節性的郊遊有三月三。古代的上巳節其因選取夏曆三月中的第一個「巳日」而得名，為了記時的方便，上巳節在唐代固定在三月三。杜甫《麗人行》長詩開頭就提：「三月三日天氣新，長安水邊多麗人」。唐人還喜歡選擇在立春、清明節外出郊遊。白居易的《立春日酬錢員外曲江同行見贈》，寫的便是他立春這天與錢員外郊遊的情況：「下值遇春日，垂鞭出禁闈。兩人攜手語，十里看山歸……」杜牧的一首詩《清明》清明時節雨紛紛，路上行人欲斷魂。借問酒家何處有，牧童遙指杏花村。表明清明的出遊景象。酷夏過後，秋高氣爽，重陽節親朋好友登高也是重要的郊遊。王維《九月九日憶山東兄弟》的詩有：「獨在異鄉為異客，每逢佳節倍思親。遙知兄弟登高處，遍插茱萸少一人」。唐代官員整日忙於「繁文縟節」，「案牘勞形」，常常需要換換環境，個人也會到郊外一遊。李商隱、杜牧都是官人，忙於事務。趁著公餘的傍晚，還出去散散心。如李商隱的《登樂遊原》「向晚意不適，驅車登古原。夕陽無限好，只是近黃昏。」杜牧的《山行》「遠上寒山石徑斜，白雲生處有人家。停車坐愛楓林晚，霜葉紅於二月花。」

2、宋代上峰的倡導名家的帶頭

文人官宦喜歡到農村觀光與上峰的倡導有直接關係。深入農村反映農民的生活，會得到鼓勵。傳說宋孝宗皇帝曾打算叫詩人范成大為宰相，後來以為他「不知稼穡之艱」而作罷。於是他寫了大量的田園詩以替自己表白。這些人也希望經常與農民接觸、探詢，深深暸解農民情況。宋代繼隋唐而切實實行科舉取仕，不少的庶族平民能夠通過科舉而為官，這樣促使了寒門弟子讀書。宋代又是文人執政，不少高官相國，如王安石、梅堯臣、晏殊、蘇軾大多出身寒門，或家居農村，或經常接近農民，熟悉農村的生活。文人官宦自然而然的會常到農村轉轉，必然形成經常性的觀光旅遊。著名的理學家起帶頭作用。如北宋詩程顥的《春日偶成》雲淡風輕近午天，傍花隨柳過前川。時人不識餘心樂，將謂偷閒學少年。該詩表達了理學家追求平淡自然、不急不躁的修身養性的色彩和水到渠成的務實功夫，也表現了一種閒適恬靜的意境。風格平易自然，語言淺近通俗。另一位理學家朱熹的《春日》寫到：「勝日尋芳泗水濱，無邊光景一時新。等閒識得東風面，萬紫千紅總是春」。這是一首哲理詩，「泗水」暗喻孔門，「尋芳」暗喻求聖人之道，「東風」暗喻教化，「春」暗喻孔子倡導的「仁」。本詩把哲理融化在生動的形象中，而不

露說理的痕跡。

三、宋代士大夫觀光休閒方式

1、士大夫短期觀光休閒

宋代政治比較平和，並沒有像明、清以來大興文字獄。常見到有譏諷朝政，針砭時弊的辛辣詩文，朝庭並未當成「給什麼什麼抹黑」予以追究。宋代商業發展很快，經濟繁榮，官俸種類繁多，有穀帛、錢幣、職田等，幾乎包含歷代各種俸祿形式，是歷代最高的。《舊唐書‧德宗本紀》詔：「正月晦日、三月三日、九月九日三節日，宜任文武百僚選勝地，追賞爲樂。」而宋人龐元英所著《文昌雜錄》載：宋代官員的休假，一年達七十六天。其中，元日、寒食、冬至各七日，天慶節、上元節也是七天，天聖節、夏至、中元節、下元節等各三日，立春、春分、清明、上巳、立夏、端午、天貺節、初伏、中伏、立秋、七夕、末伏、秋分、重陽、立冬等各一日，上中下旬各一日。可見宋代的休假主要是各種傳統節日，包括一些重要節氣日。有些節日是連休七天，有些是連休三天。所以說宋代士大夫有著充分的休閒時間。

但是在宋代城市的規模和功能都有很大的的擴展，休閒很多是在城市就能完成，不必像李商隱、杜牧傍晚還向外跑。宋代還限制官員騎馬，下鄉不太方便。樓鑰《陪沈虞卿使君遊錢園》：「休沐無官事，公庭且放衙。城中尋勝地，道上引高牙。潭府臨芳徑，東岩玩物華。山林眞夐絕，棟宇謝豪奢」。宋代由於商業市場迅速蔓延，酒肆茶坊就蓬勃地興盛起來了。據《東京夢華錄》記載，當時東京擁有大酒肆72個，其餘中小酒肆「不能遍數」。而《宋會要輯稿》中仁宗五年有「在京腳店酒戶內撥定三千戶」的記載，說明當時東京的中小酒肆不會少於三千。茶坊、酒肆不僅是士大夫聚朋交友的地方，同時往往還有說書、評話、講史、小唱……所以茶坊酒肆也是市民娛樂、休憩和消遣的場所。宋代的園林可分爲四大類別，供帝王休息享樂的皇家園林與宗室外戚、高官富商所擁有的私家園林、寺觀園林和陵寢園林。園林配以假山、人造池、廊、亭、堂、榭、閣、花木與動物。《洛陽名園記》中，介紹了洛陽名園就有十九個，：園景與住宅分開，園林單獨存在，是士大夫休閒、遊賞或宴會的好去處。南宋都城臨安的西湖，山水秀麗，嵐影波光、更是人們休閒的好去處。

2、士大夫農村長期休閒

宋代有許多士大夫長期在農村居住休閒遨遊是時代的特色。這些人包括

被貶謫官員、退休、離職官員、待仕人員、隱居之士。宋代確立的是佃耕制。在農村是庶族地主，農民與地主只是租佃經濟關係，依附關係削弱。宋代農民的普遍兼業，多種經濟成分構成的統一體。當時的政治環境條件比較寬鬆。實行科舉取仕，不少的庶族平民能夠通過科舉而爲官，這樣促使了寒門弟子讀書。許多人或家居農村，或經常接近農民，熟悉農村的生活，容易在農村結合。這些知識分子也結合生活寫出許多詩篇，稱爲田園詩，是宋代道德一大特色。如：

王禹偁出身清寒的農家，爲官遇事敢言，屢遭貶謫。《佘田詞五首》，小序中即標明「僕愛其有義。《村行》是最好的田園詩，「萬壑有聲含晚籟，數峰無語立斜陽。棠梨葉落胭脂色，蕎麥花開白雪香」兩聯，字句凝練，對仗精工，影響頗大。

陸游是屢屢退居農村的士大夫，較長期的生活在農民之間。《遊西山村》提到：「莫笑農家臘酒渾，豐年留客足雞豚。山重水複疑無路，柳暗花明又一村。蕭鼓追隨春社近，衣冠儉樸古風存。從今若許閒乘月，拄杖無時夜扣門」。春社、秋社祭神以祈禱風調雨順，國泰民安。與鄉親們打成一片，歡聚一堂，其樂融融。是屬於「社日節氣遊」。

宋庠、宋祁弟兄同時中進士，稱爲雙狀元。爲宋初臺閣宰輔人物。因爲出身農村，其詩如宋庠的《歲晏思歸五首》、宋祁的《有懷舊隱》，或抒寫歸田之思，或抒寫郊園休沐之樂。

魏野、林逋均屬於隱士類型。魏野世代爲農。自築草堂於陝州東郊，常在泉林間彈琴賦詩。當時顯宦名流如寇準等多與他交遊。宋眞宗西行汾水時曾召見他，但他迴避不見。終生不仕。林逋宋仁宗賜諡「和靖先生。通經史百家。書載性孤高自好，喜恬淡，自甘貧困，勿趨榮利。及長，漫遊江淮，隱居杭州西湖，結廬孤山。相傳20餘年足不及城市，以布衣終身。

這些人在農村休閒，但並非偷閒。除了吟詩作畫外，還常常查訪民情。陸游就瞭解農村文化活動。其《小舟遊近村舍舟步歸》七絕四首之二云：「斜陽古柳趙家莊，負鼓盲翁正作場。身後是非誰管得，滿村聽說蔡中郎」。范成大官至參知政事，因與皇帝意見相左，去職。晚年隱居故鄉石湖。楊萬里官至秘書監，以正直敢言，累遭貶抑，晚年閒居鄉里長達15年之久。但官去人不閒，經常瞭解民情。范成大《四時田園雜興》：「垂成穡事苦艱難，忌雨嫌風更怯寒。箋訴天化休掠剩，半償私倆半輸官」。就道出了民間租稅之重。

聯想到現今，城市中居住著大量的退休人員，包括教師、醫生、技術人

員。在鄉村創造適合的條件，會發揮重要的作用。漢代就曾經用退休官吏，從事鄉里的教化工作，稱爲「三老」。

四、宋代農民爲主體的觀光遊覽

以小農經濟爲主體的宋朝社會，出現了農產品大量商品化的新經濟特徵。小農經濟與市場是緊密聯繫的，而進入市場的小農必然是會理性考慮自己的交易得失，買賣行爲必然符合效用最大化原則。佃耕制農民有更大的主動性和自由性。所以宋代以農民爲主體的觀光遊覽，非常興盛，但在取向不同於前者，以趕集上店爲主。張擇端的傳世名畫《清明上河圖》，所描繪的主要內容之一，便是在清明節這一天，以農民爲主的人群，趕到北宋都城汴梁街市遊逛。並伴有郊遊踏青的情景，有進有出，熱鬧非凡。

農民爲主體的觀光遊覽主要是各地的集市。宋代集市有多種形式，遍佈各地：一種是日常性的定期集聚交易，屬於最常見的期日集市。市集的周期有長有短。另一種是與燈會、廟會等地方風俗和節日活動相結合的商品交易集會。這類集市一般每年定期、定點舉行。雖然間隔時間比較長，但相對於日常性期日集市，具有規模大、範圍廣的特點。如正月十五元宵節紹興府會稽縣每年都要在府城外的開元寺前舉辦燈會，由此吸引了大批周邊州縣的商人，甚至還有不少海外舶商，交易極爲興盛。四月十五日，平江府崑山縣舉辦馬鞍山山神神誕祈會。「它州負販而來者，肩袂陸續。」還有一種是：專業市場主要有鹽市、藥市和花市等。這些專業市場以相應的產品爲主要交易對象。此類集市多位於某類商品的集中的城市或城郊。

五、結　語

本文寫作目的是「以古鑒今」，吸收歷史經驗教訓。進一步提高對觀光休閒農業發展重要性的認識，要把觀光休閒農業作爲農業和農村經濟的一個新型產業來抓，要把觀光休閒農業作爲都市型現代農業建設的重點來抓。要進一步明確各相關部門職責，明確分工、通力合作。在農村投資建設長期居住的必要的設施，栽上梧桐樹，引得鳳凰來。建立和完善規範的管理體制和機制，確保休閒農業產業快速健康有序地發展。

發揮古代逸居習俗辦好臨黃農村休閒業

提　要

　　鄭州市在「黃河之陰」是由黃土高原到平原的過度，河床相對穩定，河道、灘塗，堤岸、濕地地形起伏。其對岸「河之陽」亦爲同類型地貌，形成爲沿河的幽靜、雅致環境所在，是發展農村休閒事業的發展好區位。開發可用慢城、農莊、農業觀光、農村旅遊等多種形式。

　　當今鄭州市總人口 903 萬人，向千萬人口發展。使得城區不斷擴大，很多原來的農民無業可守。必須在原來農、林、牧、副、漁五業中，再加一「觀光休閒」業發展。不但促進了農業和農村經濟增長方式的轉變，拓展了農業的功能和發展空間，有效地促進了農業增效、農民增收。同時，觀光休閒農業的發展也加速了農村剩餘勞動力的轉移，促進了新農村建設，爲社會資本注入農業、使工業反哺農業提供了一個新的平臺，觀光休閒農業一經成爲都市型現代農業建設進程中一個重要的產業支撐，就可以充分利用農業生產過程、農民生活和農村生態，爲消費者提供休閒、觀光、體驗等服務，是實現農業多功能、高效益的新型產業。發展休閒觀光農業，而且可以帶動農村二、三產業發展，促進農業產業轉型升級和發展方式的根本轉變，推進現代農業和新農村建設。並且，鄉村爲城市居民休閒度假提供了一個好去處。正是表現城鄉經濟相互對立、相互轉化的兩個方面。鄉村支持了城市；城市也回報了鄉村。

　　鄭州市在「黃河之陰」西迄鞏義，東至中牟綿延 150 餘公里。是由黃土

高原到平原的過度，河床相對穩定，河道、灘塗，堤岸、濕地地形起伏。其對岸「河之陽」亦爲同類型地貌，形成爲沿河的幽靜、雅致環境所在，是發展農村休閒事業的發展好區位。現在世界在高度城市化、充分工業化、深度信息化的大背景下，以回歸自然、回歸鄉村爲主的休閒方式正在贏得人們的青睞，發展鄉村休閒業是大的趨勢。目前鄉村休閒事業有多種模式，鄭州市都可供選擇。

一、慢城模式

慢城運動始於意大利小城布拉提出了建立一種新的模式，提出在現代化的城市中，尋求一種將現代化技術與傳統生活方式的結合，1999 年 10 月，意大利基亞文納、布拉、波西塔諾、格雷韋因基安蒂四個小城的市長聯合發佈了著名的《慢城運動憲章》。在慢城，規定有更多的綠地供人們休閒，有更便利的商業供人們娛樂和享受，提倡拆除不美觀的廣告牌、霓虹燈，限制小汽車的行駛速度和提倡電瓶車。城內不能賣速食，包括麥當勞、星巴克等連鎖店和超市都應禁止。支持當地的農民，以及販售當地農產品的商店、市場與餐廳；獎勵環保科技；保護當地美學與美食傳統；培養熱情好客與敦親睦鄰的精神。南京市高淳是中國第一個參加「國際慢城聯盟」的江南小鎮，保留著那份靜謐怡人。古老的一字街，美麗的古城湖，仙境般的瑤池山莊，銀林山莊，孔子曾登高的遊子山，誘人的固城湖螃蟹，吸引國內外的遊客。它以水產、種茶、造船、建築支撐著本區經濟。鄭州市濱臨黃河農村休閒農業區，環境、條件、基礎與「慢城」有所不同。這種「慢城精神」可以參照。例如；使用當地新鮮農產品做「慢食」，不接受快餐店經營，旅遊使用電動車等。

二、農莊模式

生態農莊、休閒農莊一般辦得比較成功的例子較多。就是休閒農業和生產農業相結合，達雙收。尤其是鄭州濱臨黃河更顯重要。沿黃河一帶並非農區，村落稀少，農民介入有個過程。開發休閒旅遊區，各種行業都可能「搶攤」。辦農莊就可以突出農業特色。過去熟知農事，熱心此業的人，有了新就業機會，輕車熟路很容易幹好。

農、林、牧、副、漁五業都可以和「觀光休閒」相結合。特別是把一部分因爲拆遷改造的農戶，而就新業困難者，提供機遇。農莊擴大有利於環境的改善。像邙嶺以石榴爲主的經濟林產業帶、雁鳴湖的養蟹業、黃河一帶垂

釣養魚業，既是生產基地，又是休閒觀光的好去處。兩者結合，可以彌補黃和沿岸農村稀少，農業並不發達的競爭弱勢。單一的專業性的農莊，容易創建、經營，可優先發展。

三、農業觀光模式

城市化越來越快的今天，城市的密度越來越大，城市被越來越多的工業、高樓大廈整天用「水泥柱子」包圍，噪音取代了本來寧靜的生活環境，空氣污染破壞了平衡的生態環境，城市的發展使人們的活動空間越來越狹小，人們的生活節奏也越來越快，太多傳統的文化被現代化的元素所代替，城市和城市之間正變得越來越缺乏個性，人和人之間正變得越來越冷漠和缺乏親情。在這樣的生活環境裏，人們留給自己的休閒時間太少，根本無法盡情享受生活的美好。有的人由於失掉當年的老屋而惆悵。正如詩人馬道州所說：「老屋剛剛拆遷，母親的故事卻留在裏邊，」很想回望農村舊影。

人們在「絲竹亂耳，案牘勞形」中，都想輕鬆一會。就連唐代身為官員的李商隱，辦公一天後的傍晚，也要到郊外去轉轉。他《登樂遊原》詩說：「向晚意不適，驅車登古蹟。夕陽無限好，只是近黃昏。」就是短暫的休閒，古人稱之為「郊遊」。他那時還不老，說的「夕陽」是欣賞景色，而不是感歎人生。濱臨黃河地帶正是短暫休閒的好去處，可以早出晚歸，行動自由。但非常需要給客人設立「歇腳」之處，給人以方便。

四、鄉村休閒模式

鄉村休閒，在古代稱之為「山居」、「逸居」，它區別於一般的旅遊業。休閒度假和旅遊觀光兩者雖然都是人們同一活動行為，但有不同的含義和內容。旅遊業側重名勝古蹟、名山大川，這類旅遊景點一方面資源稀少，而且投資大，多數都是幾代甚至幾十代人積纍而成的。旅遊者長途跋涉，費時、費力、費用高。目前旅遊業是短期行為，走馬觀花，「趕大會」的形式居多。旅遊業由旅遊觀光型向休閒度假型轉變，也是適合社會需求。隨著城市人口的不斷增長，大量的市民會厭倦了水泥堆成的建築、灰濛濛的天空、喧囂的市場和緊張的工作，需要換一換環境，到農村休閒是最好的方式，古人稱之為「郊遊」農業休閒，區別於觀光，應著力於延長客人休閒期，是其特色。能夠多點時間留住休閒度假客人，是這種模式重要特點。對增加承擔此業的農村、農民取得較好經濟效益的必然途徑。

企業要投入一定的資金。要建設能留住人的環境和房舍。人們看慣「千城一面」的水泥大樓。嚮往的是：瓜棚豆架園地，小橋流水人家。鄉村休閒模式就是讓客人能住下來，比如要有舒適的住所，使其流連忘返。要「休閒而不閒」，有的農莊，讓客人有一片租賃的土地，種植果樹、蔬菜、林木、花卉，自種自採，不能讓休閒者無所事事，傻吃悶睡，經營此業者必須要爲客人創造必要的休閒條件。鄭州是學校的集聚所在，教師、學生有寒暑假，離退休人員較閒，有時間保證，是休閒業的主要客戶對象。這些人一般手頭並不寬裕，但也非「囊中羞澀」。休閒農業一般收費低廉，適合大眾消費。適合住農家院，包吃包住，這是休閒農業的最大優勢之一。休閒活動一定要有文化內涵。綠色生態旅遊資源特別推出猜謎、垂釣比賽、民俗風情、茶藝表演、棋牌比賽等一系列促銷活動，民間遊藝很有特色，吸引民間藝人，唱河南墜子、說評書等，更適合在休閒區演出，招攬休閒者。發展有河南地方農家特色的餐飲業，現在風行鄭州市內的「烙饃村」、「胡辣湯」等就是來源於農村。讓遊客吃好、住好，慕名而來、滿意而歸。

五、開展濱臨黃河鄉村休閒注意的問題

鄭州市濱臨黃河地帶有其特色，它不同於上海、廣州、武漢、蘭州等沿水路設市，直逼江河之濱。房屋建築，跨江跨河，流經鄭州市境原本水情不穩定的黃河，經過治理泥沙已經積蓄和沖刷平衡。留有開發休閒的地域。但在發展鄉村休閒旅遊業，也有些問題，應該注意。這一帶原本是荒涼之地，人煙稀少，不是農區。已經有多家知名房地產企業在這裏打算開發，內含則各有打算，與農村休閒業是有競爭性的，條件優劣各有不同。現在政府加大開發力度，正在規劃、建設水、電、田、林、路等設施。應該在設施先進的同時，特別注意爭取保持原生態環境。「北四環」以外，臨黃地帶，不要再「水泥化」，建設「黃河新居民區」不是方向。這一帶本來就農村稀少，農舍缺乏，發展農村旅遊並非強項。補救辦法可考慮依託現存的古蹟、老鎮爲支撐點，發展適合旅遊休閒的村落、農莊。沿河有兩河彙處、虎牢關、鴻溝、氾水渡口、廣武老鎮、古榮、官渡、花園口等。以這些點點，向外擴展成鄉村休閒區。像古榮鎮附近設立的電視影棚，本來是「假」造，但能吸引大量的遊客，還受到誇獎。正是人們思舊的心理所致。

2014-7-20

農業社會史篇

農業狀況與古代官俸關係

提　要

　　中國古代官吏的俸祿制度始於戰國時期，俸祿之設是爲勉勵、督促官員盡忠職守，以充分實現國家機器的職能。歷代官員俸祿均直接、間接取自農業，其薪俸必然要考慮與農業生產水平現狀的承受能力以及農民的收入水平作爲制定官俸的基礎。自漢以後，歷代統治者從實踐中逐漸總結出俸以養廉的經驗並將其作爲治國理政的舉措；並認識到俸祿對於官吏的廉政雖然不是決定性因素，但是增俸加祿，可以在一定程度上起到養廉防貪的目的。

　　我國古代幾千年來是以從事農業生產爲主，一切有關經濟問題，無不與農業經濟相關聯。近年來談論當前官員貪污腐敗的問題時，常常說到古代的高薪養廉政策，引起人們的重視。我國歷代主政者在制定官員俸祿時，確實把官員俸祿的供給與防止貪污相關聯。但是歷代官員俸祿均直接、間接取自農業，其薪俸必然要考慮與農業生產水平現狀的承受能力以及農民的收入水平作爲制定官俸的基礎。否則就沒有客觀標準，也無從談起什麼是高，什麼是低。本文僅就歷代農業政策，農業生產方式，農業制度等方面與官員薪俸制定的密切關係，進行闡述。以古鑒今，爲現今的公務員工資合理化，防止職務貪污提供參考。

一、井田制下分田制祿向穀粟爲俸發展

　　實行井田制的周代即設三公六卿官職，有官吏就會有俸祿。《左傳》、《論

語》等春秋時代的書籍上都提到食祿、俸祿、俸秩等。有了俸秩，官與官之間因責任、工作量的大小俸祿就有了級別差異。周代俸祿採用「分田制祿」的辦法，替天子、諸侯辦事的從屬臣、宰、皂、隸、僚、僕等地位並不高，俸祿支出在國家財政上也不占重要地位。公卿、大夫，各有領地、采邑，就食封地，國家無須給官吏支付大量的俸祿。當時甚至是「以祿代耕」，即算是給臣下的服務報酬，就不必再耕田爲生。俸祿用農夫的勞動所得爲標準來定臣屬們的俸祿的多少，或是相等於農夫所得，或加若干倍，俸祿所得與平民相差不大。基層單位村社中管教化的父老和管生產、治安的里正只是多了一份田，能乘馬。戰國已開始設立郡縣，派駐官員，開始由「分田制祿」向「穀粟爲俸」發展，出現了以「石」爲官俸等級。逐漸廢除了俸田，立百官之職，則由國家支付實物俸祿。官員在任上，脫離了生產，生活的物質來源，主要依靠俸祿。從各朝政府來說，俸祿過大，會加重政府負擔；俸祿過少，官員常會依靠獲得的權勢，貪污擾民。官員正式有了俸祿以後，歷代政府常把制定合理的俸祿當成防止貪污的手段。晉泰始三年爲官員加俸時的詔書上所反映的古代俸祿稱：「古者以德詔爵，以庸制祿。雖下士猶食上農，外足以奉公忘私，內足以養親施惠」。〔註 1〕下士即指級別低的官員，上農即指生產、生活條件好的農民。就是說官俸的水平制定的標準，低級官員的俸祿收入要達到上等農民的收入水平。按照《孟子》上的說法：「上農夫食九人」。比一般中等的養五口之家，高百分之八十。說明了制定俸祿高低，一要看官員的貢獻（庸）；二要照顧農民的生活水平。這是古代官府制定俸祿所遵循的基本原則。

二、除井田開阡陌後以穀帛爲官俸

郡縣制是設官爲治，用人自多，俸祿開支也大。秦代官秩無可考。漢是承秦制，瞭解漢代的官吏俸祿，秦、漢兩朝就能通曉大概。據《漢書》載：漢代百石以上的「正」官階，多時達到十六級。「石」爲官秩，類似現在的級別。各秩實發的官俸爲糧食。丞相（相國）、太尉、太師等金印紫綬者爲最高官階，稱萬石。其俸月給三百五十斛穀。其下則爲司直、光祿大夫、中郎將、太常、執金吾、駙馬都尉等，官階爲二千石。其又分爲三等，即秩中二千石、秩二千石和秩比二千石，月給分別爲百八十斛、百二十斛、百斛。秩千石、秩比千石的有：長史、中丞、太中大夫、廷尉、僕射等，月給九十

〔註 1〕見《晉書·食貨志》。

和八十斛。秩比八百石有諫大夫（此一級後不設）。以下還有六百石，月給七十斛；比六百石，月給六十斛；四百石，月給五十斛；比四百石，月給四十五斛，三百石，月給四十斛；比三百石，月給三十七斛；二百石，月給三十斛；一百石，月給十六斛。注：（據呂思勉在《中國制度史》上說：「漢一斛當今六十斤」。）地方官吏刺史（牧）、郡守（太守）均爲秩二千石、郡尉（都尉）秩比二千石。郡長史、郡丞秩六百石。縣大者置令，小者置長。縣令秩千石至六百石，縣長秩五百石至三百石。縣丞、縣尉爲長吏，秩四百石至二百石；秩百石以下有：斗食、佐史。官吏「斗食」既有級別的意思，也有日得一斗俸祿量的意思。西漢俸祿發放實物，到東漢時「凡諸受俸皆半錢半穀。」〔註 2〕說明貨幣經濟有一定發展，開始支付錢幣。秦漢時，曾設二十級爵位。爵位與官位不同，主要用以獎勵軍功。由低到高爲：公士（僅高於士卒）、上造、簪嬝、不更、大夫、官大夫、公大夫、公乘、五大夫、左庶長、右庶長、左更、中更、右更、少上造、大上造、駟馬庶長、大庶長、關內侯、徹侯。這時爵位的社會地位，遠不如先秦時期的公、侯、伯、子、男爵位顯赫。漢文帝時，五大夫以上爲高爵，僅免役；以下照常服役。因爲在秦始皇四年遇天災而鬻爵先例，晁錯曾建議漢文帝以爵換糧。這是無本「生意」。武帝因武功耗財，可以用奴婢、羊買爵。東漢桓、靈二帝，就是官和爵都賣，朝庭廷已經到衰亡的時候了。

三、農村紡織發展官俸增加絹綿

　　戶調即政府按戶收絹綿。始於東漢。表明農村生產向農業與手工業結合發展。到西晉時官俸也隨之加放絹綿。曹魏篡漢，晉篡曹魏，其官制是繼承性質的。三國時，處於動亂時期，官俸較薄。晉初亦不高，太宰（太師）太尉、大司馬、大將軍等，品秩第一，食俸日五斛。光祿大夫、卿、三品將軍、太子太傅，品秩第二，秩中二千石，食俸日三斛（比漢代少一倍）。司馬、尚書令秩千石，從事中郎秩比千石。

　　西晉局勢穩定以後，太康二年始給官員加俸絲絹。如一品給春絹百匹、秋絹二百匹，綿二百斤。後又給菜田十頃，田騶〔註 3〕十人。二品給春絹五十匹，秋絹百匹，綿百斤，菜田六頃，田騶六人。高級官吏的俸祿比漢代仍是減少。縣令級別的官員與漢代差別不大，如東晉著名詩人陶淵明曾爲彭澤

〔註 2〕見《後漢書·食貨志》。
〔註 3〕田騶（音 ZOU）管理田園、車馬的差役。

令，因不屈身見督郵，而不爲五斗米折腰。所言五斗米是縣令的日食俸量，只略低於漢代同級的俸祿量。因之，認爲晉代的官俸級差有所縮小。秦、漢、魏、晉官員們，並不專門依靠官俸收入，都佔有大量的田產和奴婢。反映了莊園農業經濟的特點。但社會矛盾突出。爲了緩解人民的不滿，歷來政府曾經多次下令限制田產、勞力。如漢哀帝綏和二年下詔：限制諸侯王、公主、官吏、豪民多畜奴婢、田宅。田地均不得超過三十頃。諸王使用奴婢限二百人，列侯、公主百人；關內侯、吏、民三十人。西晉規定按官員級別占田。一品佔五十頃，依品級差按五頃減，至九品爲十頃。佃客限制：一、二品爲五十戶，三品十戶，到八、九品限一戶。東晉時在南方推行佔山制，按官品規定佔山數。一品佔三頃，到九品只佔一頃。佔有佃客數規定：官品第一第二佃客不超四十戶，到第九品只限五戶。〔註4〕

四、均田制下的授職田官俸

北魏爲了解決宗主督護制下豪強控制租稅的問題，孝文帝推行「均田令」，實行授田。官員亦在授田之中，充爲俸祿。「諸宰民之官，各隨地給公田。」規定「刺史十五頃，太守十頃，治中、別駕各八頃，縣令、郡承六頃」。「職分田始於此」。（秦漢以後，二百四十步爲一畝，百畝爲頃。）規定官員在任滿時收回，「更代相付」。〔註5〕北齊、北周繼續執行均田制。北齊建都於鄴，河清三年令，對官員受田有新規定。京城官員集中，土地窄狹，規定京內高官受田在三十里內的公田之內，三十至百里是一般京官受田範圍。鄴城百里以外，才是百姓受田範圍。允許官吏、百姓開墾田地，成爲「永業田」。但按官吏等級限制使用奴婢數。親王限三百人，八品以下至庶人限六十人。

隋官吏俸祿較高。京官人員集中都城，難以分配祿田，而是改爲按春秋兩季給祿穀。《隋書·百官》載：歲給「京官正一品，祿九百石，其下每以百石爲差，至正四品，是爲三百石。從四品二百五十石，其下每以五十石爲差，至正六品，是爲百石。從六品，九十石，以下每以十石爲差，至從八品爲五十石。食封及官不判事者，並九品，皆不給祿。」外官刺史、太守、縣令則是計戶給祿。州、郡、縣三級官員，又各分九等。按管轄戶數多少，定俸祿等級。州官只給刺史、長史和司馬，最高六百二十石，低到三百石；郡只給太守，最高三百四十石，少至一百石；縣只給縣令，大縣百四十石，少

〔註4〕見《隋書·食貨志》。
〔註5〕以上均《魏書·食貨志》。

者六十石。俸祿在職別間亦有交叉。職分田規定較低，一品五頃，按半頃依次減少，九品為一頃。但是官吏的永業田很多，最多達一百頃。均田制的體制下，唐初官員俸祿受田仍是主要的。京城長安，官員集中，官俸是有糧有田。按「給祿頗減隋制的精神」給俸。官分九品正從十八級。正一品七百石，從一品六百石，……正七品八十石，從七品七十石。最低從九品三十石。「皆以歲給之，外官則否」。外官無祿給職分田，一品十二頃，二品十頃，依次為九頃、七頃、六頃、四頃、三頃半、二頃半，最低九品為二頃。職分田交農民耕種，職租限制每畝不得超過六斗。解職時職分田移交後任。受田在百里之內。百姓則丁男給田一頃，其中包括永業田二十畝。各級官府仍然按前朝制，有公廨田，作為辦公費開支。公廨還經營工商業，設立專職官員創收，除上交外，還發公廨錢，而且收入頗豐。曾任平章事的元稹，有「今日俸錢過十萬」之句。韓愈《昌黎集》提到：「月費俸錢，歲靡廩粟。」說明唐代官員是：月發錢，年給糧。一品月俸錢九千八，二品八千。均田制下，官員個人尚分有口分、永業田。按隋制官吏繼續有永業田，親王仍為百頃，一品達五十頃，最低九品為二頃。九品官以上永業田部分均不課，影響國家稅收。到唐德宗推行兩稅法後，才一律收稅。

五、佃耕制下錢幣爲俸逐漸增大

宋代佃耕制發展，貨幣使用活躍，官俸也有較大變化。官俸的發放有錢，有綾絹，也有祿粟。宰相、樞密使月俸三百千（緡），年給綾四十匹，絹六十匹，綿百兩，月給祿粟二百石。重要京、府判官月俸錢三十千，年絹二十四匹，綿二十兩，月給祿粟四石。縣令月俸錢二十二千至十二千，年給絹十匹，綿十五兩，祿粟月五石至三石。另有職錢、料錢。高級官員還月給薪、蒿、炭、鹽實物，福利工資成分很高。外官繼續保有職田。長吏二十至十頃，通判八頃至六頃，判官三頃半至五頃，縣令四頃至六頃。元代官員的俸祿少，而且俸秩簡單，以後又發俸鈔。所以官員經常擾民。

明代由於處在資本主義萌芽時期，俸祿是發放米和錢鈔，取消了職田。官員俸祿品位分九品正從十八級。正一品歲祿一千四百四十石，從一品八百八十八石，……正四品二百八十八石，……正七品九十石，……從九品六十石。另有未入流三十六石。發放時，採取「米鈔本折兼支」。洪武年米多鈔少，高官米占五、六成，卑官米占七、八成。到正統年間，五品以上米只占二成，以下米占三成。明代大封宗親，藩王祿厚，有「天下之事極弊而大可

慮者，莫甚於宗藩祿廩。」親王歲供米五萬石，鈔二萬五千石。另還有錦、紗、絹、絲、布、鹽、茶等。高級官員俸祿也較厚，而中、低級的官俸較低，又所發放的錢鈔的不穩定，有「自古官俸之薄，未有若此者」的說法。〔註6〕明代正七品年俸為九十石，日食二斗半，高於「上農」的收入的三倍，比晉代時縣令為日食五斗米的官俸少一半。但這是指的正俸，官員灰、黑色收入在此時期已大有來路。

　　清代賦稅特別是在康熙推行攤丁入畝政策，收納銀兩，俸祿以發放銀兩為主，俸米逐漸減少。清代與明代一樣，都對王公貴族世爵特別優厚。清代滿漢之間差別很大，最高的親王歲給一萬兩銀及每兩銀加米一斛。對待一般官員則為低俸。百官八品以上正、從相同，順治年間規定俸銀為：一品一百八十兩；二品一百五十五兩；三品一百三十兩；四品一百零五兩；五品八十兩；六品六十兩；七品四十五兩；八品四十兩；正九品三十三兩一錢；從九品三十一兩五錢。各級按銀兩數，每兩加俸米一斛。雍正年間，官員又增加了養廉銀，恩俸。鴉片戰爭後，銀價逐漸下跌，官俸必然需要增加，分為俸銀與薪銀，正一品增加了薪銀六十兩。

六、各朝代俸祿的比較

　　秦漢以來，各朝代的俸祿有較大的差別。大致看來：漢代官員俸祿較高。三國時由於戰亂，官俸降低。晉統一後官俸增加，但未超過漢代。北魏、隋唐實行「授田官祿」，基本保持晉代的水平。宋代商業發展很快，經濟繁榮，官俸較高，而且官俸種類繁多，有穀帛、錢幣、職田等，幾乎包含歷代各種俸祿形式。到明清時，對中、下級官員採用的是低俸制，以銀、穀為主。因為各朝代的發放俸祿種類不同，而且各級別的官員俸祿的級差又有差異，相互比較，判斷官俸的高低，就有些麻煩。如果以各朝普遍設立的縣令（長）為代表，各種官俸形式，都折以以穀米為價值尺度，（正常年月，石米、匹絹、兩銀、千錢是等價的。）又設以漢代官俸指數為1相比；則晉代為0.6；北魏為0.5；隋為0.66；唐為0.4；宋為0.88；明、清約為0.3。高官一品的俸祿，以宋代為最高，依次為漢、晉、明、清、隋、唐。一品高官與七品官相比，俸祿差別較大的是漢、宋和明。漢、宋是由於俸祿水平均高，官員的秩級差距較大；明代則是低級官員俸祿過低，拉開官俸距離。如果以各朝代

　　〔註6〕見《明史・食貨志》。

的縣令（長）俸祿指數爲 1，則丞相一級的一品官員俸祿：漢爲 5.8；晉爲 6.3；隋爲 2.7；唐爲 3.2；宋爲 11；明爲 16；清爲 4。漢至唐的官員，除了在官府所得的俸祿以外，私人都掌握大量的土地和勞力。漢、晉多有莊園，北魏、隋唐佔有永業田，私人的財富很多。不像後代官員，以俸祿收入爲主要生活來源。

七、官俸養廉的社會經濟指標

官俸衡量養廉水平高低的標準，應與社會的發展，人民生活水平相關聯，不能妄談高俸或低俸。第一，要與當時的人民收入水平相比較：漢代的官俸高低，可以作如下比較。據《漢書·食貨志》載：「今農夫五口之家，其服役者不下二人，其能耕者不過百畝，百畝之收不過百石。」又說：「治田百畝，歲收畝一石半。食五人終歲九十石。」看來漢代像斗食一級的下級官員（相當後來的九品官）的俸祿，秩爲百石，月俸十六斛。只是相當於中等農戶的收入水平。符合「雖下士，猶食上農」的說法。即低級官員的收入，能達到富裕農戶水平。按照《孟子·萬章下》的說法：「上農夫食九人。」比一般五口之家收入高近一倍。漢、晉縣令的官俸約爲斗食佐吏的五倍。如依歷代官俸水平來判別現在的官員工資高低，可作以下分析。據 1998 年統計，國家機關工作人員，年平均工資爲 7,776 元，全國職工工資爲 7,479 元，農民純收入爲 2,160.98 元，其中農業收入爲 1,237 元，官員平均收入高於農民三倍餘。縣、處級官員月工資在千元左右，如以穀物爲價值尺度，日食約爲二斗半。正相當於明、清時期七品官員的俸祿。但是，現今福利很高，又似宋代的福利官俸。總之是不低於古代的官俸。但現今執行的工資制度的級差，高級官員與中、下級官員相比，大都與各朝代相近似，但比宋、明爲小。第二，要與國家的整個開支水平相比較：西漢全國共設置官員 120,285 人，東漢爲 152,986 人，約四千人負擔一位官吏。漢代採用薄賦斂的政策，據《太平御覽》上說：「漢定以來，百姓賦斂，一歲四十餘萬萬，吏俸用其半；餘二十萬萬藏於都內爲禁錢」。另外掌握皇家山澤、工商財政收入的少府，年收入八十三萬萬。官俸開支國家有負擔能力，特別是文、景之治時，國家財政富裕，達到「太倉有不食之粟，都內有朽貫之錢」。因爲經濟狀況好，官俸制定較高。而人民的沉重負擔，不在於官俸，而是當時的豪強地主。

唐代約有官吏 188,000 餘人。比漢代官員約增三分之一，民眾對官俸負擔依然不大。宋代官員大增，南宋時，國勢雖弱，只京城內官員即達四萬兩

千員。明代時，每年供應京師的祿米就達四百萬石，在外諸府祿米需八百多萬石。但與今日的國家負擔官員工資相比，仍不可同日而語了。據 1998 年統計資料，全國政、黨機關和團體人數爲 1,097 萬人，純爲脫產管理人員。約一百人負擔一位官員，漢代只爲四千比一。而且，古代的里胥地保是「無祿」的。後魏均田制的農村基層管理爲三長制，由鄰、里、黨三長負責。三長只是免去一到三人的勞役，並無俸祿。現在鄉有「統籌」、村有「提留」，加重了人民負擔。官員數量過大，是影響官員薪俸提高的主要原因之一。有報導：陝西黃龍縣是個貧困地方。九個農民就供養一個財政供給人員，全縣財政十分困難，幹部常常發不下工資。第三、注意不同地域經濟水平差異和中央和地方關係。漢代重視地方官吏，官俸較高。如郡守俸祿的「秩」定爲二千石。只比最高秩的丞相等低一秩。縣令（長）的俸祿級差較大，高者千石，低者只三百石，注意了地方的差別。實行均田制階段以授田爲俸。縣令一級官員，北魏授職田數爲六頃，唐爲三頃半。農民一夫授田爲一頃，略低於漢代縣令與農民的收益比例。官員所授田畝，是和當地農民田畝在同一天地，必然豐歉是一致的，收入更爲接近。唐以後各代，地方官吏的薪俸逐漸降低，高俸祿向京官傾斜，各種福利待遇，亦不如中央官吏優厚。現今我國實行的薪俸，中央和地方都按統一級別標準發放。地方之間，差別不大，與地方的經濟水平關聯很小，甚至沒有關聯。像沿海經濟發達地區，官員的收入明顯的低，不利養廉；而經濟欠發達的地區，官員薪俸收入又顯突出高，脫離了當地群眾經濟水平。需要進行改革工資制度。

八、高俸與養廉的關係

中國古代在發放俸祿方面，即有爲官吏養廉的目的，以免直接騷擾百姓。三國時，處於戰爭狀態，官俸很低。身爲漢相的曹操，即不得不節儉。晉統一中國後，提出加俸，目的爲養廉。晉武帝下詔稱：「今在位者，祿不代耕，非所有崇化之本也。其議增吏俸。」宋代強調了厚祿，熙寧年間增祿的設想是「吏祿既厚，則人知自重。」雖官俸最厚，但貪污依然。「然良吏實寡，賕取如故」。〔註7〕適當的官俸，對養廉和避免直接擾民是有作用的，會對防止貪污、濫權有利。漢代重臣趙廣漢請將長安的遊徼、獄吏的秩（級）提爲百石，結果「皆差自重，不敢枉法妄繫留人」。元代官員爲低俸，官員收入少。

〔註7〕見《宋史·食貨志下》。

內官依靠賞賜，賴非法賦斂，官多貪暴。外官依靠職田聚斂，民多受其害。明、清時，中、下級官員俸祿低，給銀又多折罰，就想方設法撈「外快」，利用職務貪污。主考、學政差事，收取門生「贄敬」；管理官吏的抽豐外官，收取「冰敬、炭敬」；管監察的御史，可以買賣參劾，部曹取費於印結。上自取於屬員，叫「辦差」，小官取於地方叫「陋規」。《日知錄》上說：「正人心急於抑洪水。」時人感歎：「人心不正，則雖厚官吏之祿，亦安能使之不貪乎。」高官厚祿者貪污更嚴重，元代大貪官阿合馬的兒子呼遜在浙江貪污贓鈔八十一萬錠。明正德年間抄劉瑾家產，僅黃金得二十四萬錠又五萬七千八百兩；嚴嵩被抄家時，估銀二百三十六萬兩。清代貪官和珅富甲天下，有和珅跌倒，嘉慶吃飽「之說。人們擔心厚祿會使貪污更嚴重，「且祿厚則其位極不易得，必以厚賄得之。取償於後，其貪愈甚爾。」所以高薪不一定收到養廉的效果。依然是「貪者行利放私，廉者終窶莫訴。」〔註8〕。貪者仍貪，廉者仍廉。實際是官員的道德修養問題。我國古代有許多修養好的官員，最高的道德修養能達到「慎獨」的境界。官員如果寡廉鮮恥，不是貪官就是酷吏，或者兩者兼有。

九、俸祿與酷吏、貪官的關係

漢、晉官俸較高，官員還都自己掌握著大量的私人土地和勞力。這些勞力被稱為佃客、蔭客、徒附、部曲等名稱，實際為其農奴。他們需要政府給以權力，就可以獲得財富，並不需要用貪污國家資財的手段來聚斂錢財。而以莊園主的形式聚財。

此時期多酷吏，其以「酷烈為聲」，「刑罰暴酷，輕絕人命。」從漢至唐，郅都、張湯、董宣、陽球、於洛侯，田式，周興、來俊臣等，都為史書所載的有名酷吏。」酷吏只是向朝廷負責，推行政令。晉王冕在《傷亭戶》中曾說：「課額日以增，官吏日以酷。」人們企望的是官吏守法而有治績的「循吏」。像漢代的文翁、黃霸；晉代的魯芝、胡威、唐代的韋仁壽、張允濟等著名循吏，為官溫良有讓，足知，頗受人敬仰。到唐代中期到宋代，土地的商品化逐步的加強，出現大量的庶族地主，民眾的人身依附關係鬆弛，人權逐漸好轉，肆虐人民的酷吏有所收斂。宋代以後的正史，已不專設酷吏列傳。但出於貨幣的職能加強，儲藏、交換等功能作用明顯，官吏對錢財的注意成為熱

〔註8〕見《明會要》。

點。貪污錢財既便於隱藏，又容易轉換和轉移。北宋太宗年間的貪官趙永嗣就是收稅時貪污官錢被處之以極刑。紙幣性質的交子，寶鈔、銀票流行已廣，種種原因為貪污大開了方便之門，路數更寬，貪污方法的多種化。許多大貪官像明代嘉靖時的嚴嵩，清代乾隆時的和坤等都是官商結合。此時期人們則又期望清官。像北宋的包拯、寇準，明代的海瑞，清代的余成龍都是人們所敬仰的榜樣。

　　官員的貪污較之官員的酷行，兩者對百姓來論，官員貪污受害較間接、輕微；而官員酷行，會使人身直接受精神、皮肉之苦，更為嚴重。歷代統治者對待兩者的態度卻差異較大。因為酷吏是為統治者辦事而有過火行為，一般都寬待之；而貪官是純粹肥己，懲治都很嚴厲，明朱元璋曾設剝皮亭酷刑對待貪官。因此，從某種歷史意義方面看，酷吏向貪官轉化，應看作是社會進步的良性過渡，昇平環境之一個側面。

　　　　　　　　　　　　　　　　見《古今農業》2002 年 4 期

農村基層行政變革歷程

提　要

　　鄉村自古以來，就有鄉遂管理體制。戰國、秦、漢確立郡縣制後，縣以下鄉村的基層行政組織實行什伍制、三長制等。到宋代以後爲保甲制。組織形式和任務雖然有些差別，但都是以戶爲基礎組成的，基本是大同小異。任務不外是協助官方管理戶籍、治安、稅收、教化等。這些人員俗稱鄉約地保，只不過是「庶民在官」。一般都不屬於官員。解放以來，農村政權有了根本變化，當人民公社解體後，鄉成爲一級政府，權力較大。但由於機構龐雜，財政拮据，困難很多；同時加重了農民負擔。目前「三農」問題已經引起各方注意。在農村政治經濟體制各項改革中，政治體制改革方向是推行民主自治以繁榮農村的經濟、文化事業。本文主要是探索歷代農村基層行政的變革歷程，爲當前農村改革提供借鑒。

　　當前「三農問題」已經引起各方面的重視。包產到戶是農村解放生產力的重要舉措，而目前的問題是要重視政治改革體制問題。本文所研究涉及的是政治體制改革中的鄉村的行政管理。農村基層政權行政改革非常重要，對進一步建設新農村，發展農業，以適應中國加入世界貿易組織起著關鍵作用。

　　爲了深化農村行政改革，不妨回過頭來，瞭解一下歷代的農村行政組織狀況，或有借鑒之處，通過探討歷代農村基層行政的變革歷程及經驗教訓，作爲當前行政體制改革的參考。

一、歷代鄉村行政組織管理

（一）井田制下的農村行政

據歷史記載，中國在夏、商、周即實行井田制。隨著生產力的發展，氏族民主制逐漸瓦解，出現國家政權，確立了君主制。這種等級君主制實際是在疆域內，包括成千上萬的諸侯與方國。各諸侯與方國都建立了武裝據點——城市，出現了城市與農村的區別。基層的行政管理也實行鄉遂管理體制。居於城市的為國人，居於鄉村的為野人。井田制下的管理村社事物的人，有父老和里正。據《公羊傳‧宣公十五年》載：「什一行而頌聲作矣」。說明井田制實行什一而稅，當時農民很滿意。何休有注說：「在邑曰里，一里八十戶，八家共一巷，中里為校室。選其耆老而高德者名曰父老；其有辯護伉健者為里正。皆受倍田，得乘馬。」按照井田制的說法，八家為一井，十井則為一里。選年高德劭的為父老，負責教化。如用現在的說法，就是管農村的思想教育。這種制度一直沿襲到以後各朝代，並有所加強。他們的報酬只不過是多給一份田地，有乘馬的資格，便於巡視。又按照《周禮‧大司徒》的記載，五戶為鄰，五鄰為里，只有二十五戶。比井田制的里正管理的戶數要少，《公羊傳》何休注為：一里八十戶。里以上，四里為酇，五酇為鄙，五鄙為縣，五縣為遂。分別設立鄰長、里胥、酇師、鄙正、縣長、遂大夫。遂大夫是管理農村的主要官員。當時已經有卿、大夫、士為官員，表明已經實行家臣制，國君不再直接管理地方事物了。

當時，農業生產管理很簡單。一是讓農民能安心生產、休息，再就是管好治安兩件大事。這也是井田制下的基層行政人員的主要任務。《詩經‧大田篇》載：「盍彼南畝，田畯玉喜。」毛注：田畯，田大夫也。田畯是管理農業的官員，有傳授技術，指導生產的責任，相當於現今的技術指導站。

戰國時期，郡、縣設置不斷擴展，食封貴族不斷消失，郡縣行政管理也不斷完善。縣是親民的行政單位。縣以下設鄉、里兩層行政組織。里下按什、伍組編居民。鄉設三老負責教化；嗇夫主管一鄉訴訟、稅收；遊徼管巡察緝撲事務。符合《周禮‧王制》中所說的「庶人在官」。即普通人在官府中辦事不算官，不在官位等級。

（二）名田制、莊園制下的農村行政

秦朝實行除井田，開阡陌政策，加速土地的私有化，也加劇了土地兼併。

漢代推行「孝悌力田」，奠定了中國兩千年的以家庭爲生產單位自給自足的小農經濟格局。家庭以家長爲主導，村落基本是爲家族的集聚所在。至今村落依然是家族集聚，以姓氏爲村名者居多。漢武帝「罷黜百家，獨尊儒術」更加強了農村的家長制。漢初地方政府行政實行郡縣與王國雙軌管理體制。漢景帝在平定七國之亂後，逐步剝奪了王國的行政管理權，只享用封地的租稅。漢武帝時，取消列侯在封地直接置吏徵稅，而由地方政府徵收，再按數交付列侯。縣以下的基層行政組織，設鄉、里、亭。在管理上更重視鄉俗民規，將教化工作與行政手段結合起來，帶有很大的自治性。結合姓氏村落集聚形式，更加強了家族的統治勢力。他們負責催辦國家賦稅、徭役、兵役及治安，處理民事糾紛。

基層行政組織沿用戰國時期的形式，鄉設三老、嗇夫、遊徼。但是比前朝任務加大，權力更強。據《漢書‧高帝紀》載：「民年五十以上，有修行，能帥眾爲善」的人中推舉出三老，掌管教化。或是從有經驗的退休官員中選任。三老在社會上地位很高，可上書皇帝，與地方官員分庭抗禮。嗇夫主管一鄉行政，在大鄉有印綬、俸祿，小鄉則無，徵調賦役任務很繁重。漢初爲了使人民休養生息，採取輕繇薄賦的政策。漢武帝時加重徭役、租稅，還徵收算賦和口賦，都要通過嗇夫完成任務。嗇夫還要管理民事訴訟。遊徼負責治安。鄉以下則設里，一百家爲一里，設里正。五家爲一伍，十家爲一什。里正、什長、伍老在各地方人員中遴選。十里設一亭，負責地方治安和官府文書呈轉傳遞工作。亭長一般由退伍軍人中遴選，由縣廷任命。少數民族地區只派出官員監護，基層政權還是由當地頭人管理。

魏晉南北朝的基層行政組織基本因循了漢代的鄉、里、亭體系。大體是人口少者五百戶設一鄉，多者兩千五百戶設一鄉。每百戶設一里，地廣人稀之處也不少於五十戶。里設里史一人，稱爲「史」，有輔佐官員的意思，屬於吏。到了魏晉南北朝時期，士族勢力膨脹，國家控制的能直接納稅的編戶越來越少，地主豪強直接掌握大量的農奴。所以農村行政機構的鄉里制度作用減弱，反不如士族名門的莊園主。晉在「永嘉南渡」後，北方少數民族入主中原，帶來了氏族社會組織的殘餘。北方的漢族人，爲了自保，紛紛建立了塢壁組織。北魏初，爲了穩定局勢，承認既成事實，任命塢主、壁帥爲宗主督護。農村組織成爲了宗主督護制。農民蔭庇在塢壁組織下成爲蔭客，由塢主、壁帥管理，不直接給政府納稅、服役，成爲「百室闔戶，千丁共籍。」

〔註1〕蔭庇在寺廟中的僧祇戶、佛圖戶同樣是如此。

（三）均田制下的三長制

宗主督護制蔭庇了大量的農戶，使直接向政府納稅的編戶大大減少，影響國家的稅收。在南燕時，曾清理出五萬八千蔭庇的農戶。當北魏國勢稍有平穩時，即採取措施來削弱塢主、壁帥的勢力。魏孝文帝太和九年（公元485年）推行均田制，實行計口授田。隨即相應的廢除農村基層管理的宗主督護制，代之爲三長制。

三長制的地方基層行政組織，規定五家立一鄰長，五鄰立一里長，五里立一黨長。三長負責核查戶口。因爲均田制是按照人口數量、年齡、性別、身份等條件分配土地，所以管理戶籍、人口是一項重要而繁重的工作。在授田後還要按照田畝徵收賦稅，按照丁口分派徭役。同時還負責民間的訴訟，維護治安。三長制不過是秦漢的什伍制的延續。但是在均田制下，三長還要負責還、授田，任務繁重。經過東、西魏、北齊、北周到隋唐，在田制方面都是執行均田制。農村的行政組織名稱時有變化，但是實質並未改變。唐代由於經濟的發展，行政工作的任務也加大了，縣一級政府功能加強。縣令下除設丞、尉、主簿外，還設立了功、兵、倉、法、戶、士六曹。縣以下的基層行政組織依距離縣城遠近而有不同的設置。在縣城住戶以工、商人爲主，以四家爲鄰，五鄰爲保，五保爲坊。近郊住戶以農民爲主，則五保爲村。均由縣府直接控制。遠鄉縣府控制不便，則設鄉以協助縣進行基層的行政管理。五保爲里，五里爲鄉。

（四）佃耕制時期的農村行政

宋代由於手工業、商業的發展，經濟的繁榮，出現了大量庶族地主，促進了農業的佃耕制。農民的依附關係逐漸鬆弛。縣官稱爲知縣，由京官出任，是親民之官，政府官員的最基層。宋初，已出現稱縣官爲父母官。王禹偁《謫居感事》詩有「萬家呼父母」，其自注爲：「民間多呼縣令爲父母官。」京官出任知縣，無形中提高了知縣的地位，對上一級的州官亦起牽製作用。因爲經濟的發展，在縣鄉之間還有鎮、寨的設置，商業發達地方設鎮，地形險要之處設寨防盜。《水滸傳》裏的花榮就曾經在寨上供職。宋初基層行政基本是沿用唐代的鄉里制度。王安石變法，保甲法是重要內容之一。王安石的《上

〔註1〕見《晉書·慕容德載記》。

五事書》稱：「保甲法起於三代丘甲。管仲用於齊，子產用於鄭，商君用於秦，仲長統言於漢，而非今日之立異也。然而天下之人，梟居雁聚，散而之四方而無禁也者，數千百年矣。今一旦變之，使行什伍相維，鄰里相屬，察奸而顯諸仁，宿兵而藏諸用。苟不得其人而行之，則擾之以追呼，駭而調發，而民心搖矣」。保甲法的核心功能是強化地方治安。保甲法組成為：十戶為一保，設保長一人；五保為一大保，設大保長一人；十大保為一都保，設正、副都保長各一人。一家有兩男以上者，抽一人充當保丁。每大保每夜抽五人防盜，立功有賞。同保內有犯搶盜、殺人、強姦等罪行的人，其它人知道而不報，五保連坐。經濟的發展也使縣以下的行政任務加重。宋代用「庶民」執行、辦理公務，稱之為「職役」，符合周代的「庶民在官」，實為徭役的另一種形式。《宋史》稱：「役出於民，州縣皆有常數。宋因前代之制，以衙前主官物；以里正、戶長、鄉書手課督賦稅；以耆長、弓長、壯丁逐捕盜賊，以承符、人力、手力、散從官給使令；縣曹司至押、錄，州曹司至孔目官，下至雜職、虞侯、揀、招等人，各以鄉戶等第定差。京百司補吏，須不礙役乃聽」。〔註2〕這些職役也叫差役，由各農戶按照戶口輪流充當差事。

宋初農戶按其資產多寡分為九等。一等戶輪充衙前、里正，主管府庫，運送官物，迎接過往官員，責任重，風險很大；二等戶充戶長，課督賦稅；三、四等戶輪流充當其它。下餘五等免役。官宦、僧、道、女戶、不成丁戶免役。後王安石變法中的募役法是：讓「庶人在官」，有農村基層行政變革歷程行政經驗的人擔任差役為好，各戶輪差，難以完成任務。再是「釋天下之農，歸於畎畝」，安心務農。而讓各富裕農戶交納「免役錢」，困難戶按半額交「助役錢」。各差役採用招募的辦法。在《水滸傳》上常常可以看到這些差役的活動情況。像滄州草料場的看守人，就是充衙前役。林沖曾去頂替看守，晁蓋是保正，宋江是押司，裴宣是孔目等。這些工作是「好漢不幹，賴漢幹不了」的差事。他們催討賦稅、分派官差是為統治者服務；但是宋代所執行的「庶民在官」任務過於繁重，易引起不滿，造成小規模動亂。

（五）民族歧視下的元代農村行政

元代在行政設置上，從上到下均貫徹民族歧視的政策。人被分為蒙古人、色目人、漢人、南人各等。中央機構均由蒙古人擔任，在科舉選士方面，

〔註2〕見《宋史》十三卷。

蒙古人高於色目人，色目人高於漢人，漢人高於南人。地方機構的主官達魯花赤，都由蒙古人擔任。農村統治也是表現歧視壓迫漢人、南人。元世祖忽必烈規定在農村建立村社。五十家為一社，選紳耆而有農事經驗，有二個以上兒子的為社長。社長不是正式公職人員，但享有免役特權。社內設義倉學校，一家有病、喪大事，他家合力助耕。一社遇災，他社合力助耕。遊手好閒，不聽父兄管教的，由社長報官罰勞役。這種農村管理辦法比保甲制多些互助內容。可是社內都有蒙古的探馬赤軍人加入，以監視漢人。黃河以南的漢人稱為南人，更為淒慘。編為二十家為一甲，以北人〔註3〕為甲主。甲主的衣服、飲食都由該甲的居民供應，童男少女任甲主凌辱。農民的賦稅負擔也很沉重，每到課徵之際，「枷繫滿屋，鞭笞盈道」，是歷代農村最殘暴的基層行政組織，農民不堪壓迫，加速了元朝的敗亡。

（六）明、清時期農村行政

明清之際是中國資本主義的萌芽時期，農村中的商品化生產逐漸發展，佃耕制依然是田制的主要制度。明代在農村的行政管理採用鄉老人制和里甲制並行的制度。洪武二十七年（公元1395年）頒佈命令，讓各州、縣官吏在每一個鄉選一名德高望重的老年人為「老人」。在鄉里中擔任「老人」之職者，並非正式官吏，只是協助官方管理農村行政，負責農民的教化，調解鄉民的糾紛，協助處理訴訟。各鄉設立申明、旌善兩亭，由「老人」講清是非，表述道義。景泰四年皇帝又下詔規定：鄉民懶惰不務正業的，「老人」有權按政府法令進行制裁。鄉村另有里甲制與老人制並行，互不隸屬，里長與「老人」在鄉間處於同等地位。里甲制度規定一百一十戶為一里，其中十戶為里長戶，輪流作莊，十年一輪，出一人為里長。餘下一百戶分為十甲，每甲十戶，各設甲首一人。這種制度有很大的自治性質，與前代不同，除納稅、應役外，與官方幾乎沒有任何聯繫。

清代雖然是滿族統治，在農村行政管理上並沒有採取元代的歧視政策，實行里社和保甲並存的制度，里正和保正均不是公職人員。里社作用在於調查人丁戶口，為徵收賦役服務；保甲作用在於強化治安。里社制是承襲了明代的里甲制，以一百一十戶為一里，選丁多者十戶為里長，輪換擔任。其餘一百戶編為十甲。雍正年間，推行了康熙倡導的「攤丁人畝」，戶、丁有較

〔註3〕北人：包括契丹人、女真人、北方漢人。

大的遷徙活動自由，有的改爲從事工商業。爲了搞好治安，加強了保甲組織強化社會的治安管理。保甲制採用了保、甲、牌三級組織。十戶爲一牌，十牌爲一甲，十甲爲一保。牌設牌頭，甲設甲長，保設保正，定居人口均設門牌和保甲冊。保甲制是以清查戶口爲手段，對人口進行管理，保障社會秩序的組織。

明清兩代，在西南各省的少數民族地區還保留著土司制。農民受土司的直接統治。兩朝不斷的推行「改土歸流」，以廢除世襲土司，任命流動的官員。「改土歸流」後，基層才能實行與漢族地區相同的行政制度。徵收賦稅，編查戶口，訓練鄉勇。里正、保長都十分明確的由本鄉里的人丁興旺，資產殷實的人家擔任，既能出入，也能出力。里長都是攤丁糧多者，一旦有事，掌管供應受損，里甲有包賠之累。選殷實戶爲頭，有其目的。官宦人家，名門大姓，常有免役之權，無納稅之責，從不會擔此任。所以說鄉約地保在社會上地位並不高。

太平天國在農村實行的是「守土鄉官制」的軍政合一，寓兵於農政策。仍然以家爲基礎，每家選一伍卒，五家設一伍長，二十五家爲一「兩」，每「兩」選一「兩司馬」。「兩」是最基層組織。以上設有卒長、旅帥、師帥、軍帥，均屬於鄉官。以上又有監軍、總制，爲守土宮。再以上才是朝內官。

二、傳統時代鄉村行政的回顧

（一）以戶為基礎而組成

中國自有了社稷、宗廟和百官制度以來，一直到新中國成立，鄉村行政管理設立的組織形式和任務不斷變化。不論是鄉遂制、什伍制、三長制、鄉里制、保甲制基本是大同小異，都是以家庭爲基礎單位，按戶編組而成的。因爲北宋鄉村的行政管理推行保甲法，主事者稱爲保正。當時又有《呂氏鄉約》成書流傳於世，把奉官命在鄉管事的人稱爲鄉約。鄉約地保，成了後世人對基層組織領導的泛稱。

（二）鄉村行政自古以教化、治安、睦鄰為主要任務

歷史上的鄉，泛指城以外地域，是縣以下劃分的行政區域。歷代的農村行政都重視道德教育。從歷代設立的父老、三老、老人等「鄉官」看，都重視通過老年人，傳播、貫徹東方傳統的儒家文化，以穩定社會。中國農村有友善睦鄰的傳統。俗話說：「遠親不如近鄰」。儒家所倡導的「出入相友，守

望相助，疾病相扶持，」始終是農村基層管理的核心信條。在今後農村管理中仍然要發揚。農村盛行的是有血緣關係家族、親戚聚居，互相幫助是普遍現象。建立的鄉約村規起到穩定社會的作用。但是經歷了長期君主社會的影響，宗族勢力常常左右著農村行政。

（三）適應當時社會條件

鄉約、地保的設立方式和管理方法與當時的土地制度密切相關。中國歷代農村的土地制度曾經歷過井田制、莊園制、均田制、佃耕制、公有集體制等階段。歷代政府為了管理農村，都按照土地制度的不同，建立了相應的農村行政組織，配置農村行政管理人員，管理農村。

中國歷代農村基層組織對穩定社會起到重要作用。凡是農村基層設置合理，管理得當的時期，生產就會有較大的發展，人民生活安定。有些朝代重視農村基層行政管理建設，其中有不少值得借鑒之處。但是，有的朝代，特別是元朝推行民族壓迫的基層行政管理，以殘酷壓榨、搜刮農民為己任，必須予以批判。

（四）非正式官員開支低微

鄉村管事人員，歷代名稱、舉薦方法和任務雖然不同，但大都是「庶人在官」，不享受俸祿，連九品官都沾不上邊。這是歷代官員和鄉約地保界定的主要特點。歷代的農村行政機構都很簡單，不論是漢代的什伍制、北魏的三長制、宋代的保甲制、明代的里甲制，一般都是一長負責，機構簡單，人員不脫離生產。鄉及鄉以下都不是正式的國家機構，「皇權不下縣」，只是帶有自治性質的民間組織，人員並不吃國家「財政」。像井田制和均田制時期，只是給基層的鄉約地保免一分差役而矣。而且他們負有經濟責任。明代的里甲，損失了看管公物，還要賠償。古代縣一級的「七品芝麻官」是最基層官府衙門，才能「量地計丁」統籌財政。鄉、村沒有這種權力，只能按照縣府的指派，照章辦事，有責無權。

（五）鄉土氣息，官氣小

世人對鄉約、地保傳統形象的認識，就像是土地爺。在「舊社會」，一般是一村一土地廟，供著土地爺、土地奶奶和左判、右鬼。沒有土地廟就不成村，這樣的村落戶口必須附在附近的有廟村莊。有喪事人家要率先到土地廟去一趟，叫做「報廟」。土地爺一手托百家，什麼事都管。權力不大，地

位不高，需要送往迎來、上下應酬。對各路神仙都要招待應對。連孫猴子、豬八戒都要小心伺候。

三、現代農村行政變化

（一）解放前的現代農村行政

民國時期農村的行政組織基本方式、性質沒有太多變化，只是名稱有所不同。在農村五戶為鄰，五鄰為閭，百戶以上的村為鄉，不足百戶的村聯合建鄉。十至五十個鄉為區。這時的鄉只是相當於村。鄰設鄰長，閭設閭長，鄉設鄉長，區設區長。抗戰期間為了加強對基層的控制，以縣為自治單位建立保甲制。十戶為一甲，十甲為一保，三保為一聯保，十保為一鄉。聯保和鄉的設置，要照顧自然村落的狀況，避免分隔。解放區以村為行政的基層組織。徹底批判了以往千百年推行的保甲制。行政村規模視人口多少，由數個自然村或單獨組成。直接領導村的一般是區政府（區公所），或者是叫管理區，有的地區在不同的時期也設過鄉政府（鄉公所），很不統一，變動較大。

（二）解放初期的農村基層組織

解放初期農村在土地改革中，以階級鬥爭為綱，村領導權絕對排斥地主富農。中心任務是防止封建勢力復辟，防止農村兩極分化，徵兵、徵糧、徵購，發展互助合作。1956年在農村重點發展高級農業合作社，每個農業社的規模通常在一百戶以上，基本是一村一社。合作社內有管理委員會、生產隊、生產小組等多層組織。建立有社長、隊長、組長、組員這樣一種寶塔形的管理體制。在達到一村一社或數村一社的地方，社長即村長，政社合一，黨支部書記依然是絕對的領導。這種權利集中的管理體制很容易產生強迫命令和官僚主義。為此，中共中央下達《高級農業生產合作社示範章程》總則規定：農業生產合作社要實行民主管理。合作社領導人員由社員選舉產生，合作社的重點事務由社員大會決定。對解決一些領導工作中的獨斷專行，限制社員人身自由，任意剋扣社員工分，甚至捆綁弔打社員的問題有所幫助。實際上在解決處理國家、集體、個人三者關係也經歷了一段艱難的歷程。有些農業社出現鋪張浪費，濫用民力，年終決算出現「攤子大而底子空，家產富而債務重，產量高而分紅少」的現象。當年11月，中共中央和國務院又發出秋收分配和勤儉辦社的指示。特別指示：有些社幹部過多，非生產性的補貼過寬過高的問題。要求妥善處理農業社的分配問題。而且在統購統銷中管的過

死，影響了流通領域的活躍。因此對農業社發展產生了消極的影響。

在高級農業生產合作社還沒有穩定，經驗不足的情況下，在反右派、反右傾的形式下開展了總路線、大躍進運動，並推動了全國的人民公社大發展。如果說在合作化運動時，農民入股的土地還保留著私人股份的名義，在人民公社的制度下徹底收為公有。如果說合作社時期是一個村的政社合一，人民公社則是一個鄉的政社合一。在 1958 年 8 月中共中央在北戴河通過的《關於在農村建立人民公社問題的決議》中，要求在全國農村普遍建立人民公社。人民公社實行政社合一公社是集「黨政軍民學，工農商學兵」於一身，史無前例，也不同於蘇聯的集體農莊。權力高度集中到公社書記，社員的上學、招工、參軍，穿衣吃飯等諸事莫不取決於黨委，一手托千家萬戶，農村幹部地位之重，可想而知。

公社的規模，一般以一鄉為一社，兩幹戶左右。當時還明確規定的是集體所有制。又說是經過三年到五年，或更長時間將變成全民所有制。但是，不足兩年，就是所謂三年困難時期。生產倒退，供應緊張，口糧減少，人民大量非正常死亡，輝煌的前景幻滅。經過一段調整，1962 年 2 月中共中央決定以生產隊（相當於生產小隊）為基本核算單位，即所謂「三級所有，隊為基礎」。相當於村的大隊，相當於鄉的公社，仍然有實際的決策、指揮者。

（三）文革後鄉鎮基層政權

文化大革命經過了十年，最後以「四人幫」倒臺而結束。改革開放，公社亦隨著解體。相當公社規模的建制鄉（鎮），成為了一級政府。黨委、政府、政協、人大四大班子俱全。各職能部門齊全，上下對口。這一級的領導，算科、局級幹部，官位十分明確。一般 50 萬人口的縣就設立二、三十個鄉（鎮）。村民則組成了村民委員會，村委主任是在黨支部領導下韻負責人。村下設組，這就是當前農村的行政概況，仍然是計劃經濟體制下的遺存。經過近幾年改革開放政策的實踐，現在的農村管理極為不能適應社會主義商品經濟的發展形勢，「三農」問題已經引起國內的廣泛重視，不容樂觀，處境堪慮。鄉鎮基層政權臃腫，冗員過多，人浮於事。而且是政繁役重，騷擾百姓，更使農民遷怨於基層幹部。給本來已經很困苦的農村，又增加了負擔。例如陝西省黃龍縣是個累積財政赤字 2300 萬元的困難縣，全縣平均 9 個農民就養一個財政供給人員。據說：這一比例比全國高出三倍多，如此推測，全國平均 27 個農民養一個「吃」財政的人員，也是十分驚人的。黃龍縣使

用多種辦法進行改革但都無實效而終。全國基層幹部 1000 多萬人，歷代的農業稅都是國家的主要稅種，現今農業稅屬於地方稅，主要用於基層工資開支，吃「財政飯」，端「財政飯碗」。《左傳》有「稅以足食，賦以足兵」的說法。西漢百姓賦斂供應全國上至丞相，下至佐史十二萬人小官吏的俸祿，還餘剩一半藏於都內爲禁錢。現今農稅尚不能滿足基層幹部的「食」（即工資收入）源。每 68 個農民，基本是直接供養一個幹部。（全國政協委員任玉嶺統計官民比爲 26：1）農民的負擔過重，必然歸咎於基層幹部。經常說要精簡基層機構、人員，但是爲了安排轉業幹部，大專院校畢業生，充實教師、醫務人員等等，總是越減越多。鄉改鎮，大鄉分小不停頓的進行著。在 2003 年河南省平頂山市還採取錄用大專院校畢業生到村當村幹部。已經落實了 967 名，計劃還要招 1000 名。黨員任村支部副書記，非黨員任村委會助理。按照國家大專畢業生的工資級別標準打折發放，每人月收入五、六百元，由市、縣、鄉財政開支，參加者踴躍，但有違《村民委員會組織法》。

在現有體制下農村基層幹部工作中確有許多難處，首要是經濟問題。沿海地帶富足地區情況還好，一般地區甚至連工資都不能按時發放。可是，爲了應對現實社會形勢，順應潮流，不得不「東施效顰」。諺語說：「要想富，就修路」，就得搞基本建設；幹部要穩住位子，就得搞「形象工程」、「政績工程」；日常工作送往迎來是缺少不了的。即便是要得到上級扶持，得到銀行貸款（包括世界銀行款）的所上項目，也都要籌劃一定的配套資金。公益事業教育、衛生兩大項必須保證。就是使上了「吃奶」之力，媒體依然不斷的報導哪裏出現了危房教室，哪裏拖欠教師工資。使基層幹部疲於奔命。出現許多的「負債政府」、「要飯政府」。更有甚者，爲了招待上級的吃吃喝喝，基層幹部陪吃陪喝，欠了一屁股債，出了許多問題，難以處理。能拖一時，難拖一世。河南省鹿邑縣高集鄉政府欠吃喝帳 2.4 萬元。債主季劉氏要不來賬，就在書記辦公室自殺而亡。2004 年 10 月 26 日河南省西華縣大王莊鄉政府欠飯店吃喝錢四萬餘元，長期不還，被債主鎖上了鄉政府大門。

（四）村級政權的改革問題

在現有體制下，「村官」還是有不小的權力，光是「村支書，兩臺戲，計劃生育宅基地」就夠折騰一陣子。經常有剋扣扶貧款、貪污土地出讓金，違法亂紀，打罵百姓，亂收罰金等的報導。2004 年鄭州市大里村，小小的村主任金明池就貪污、挪用轉讓土地款 200 多萬元。地下有礦產的鄉村，爲爭礦

權爭奪的更嚴重。中央高度關注我國農村基層組織現狀，早在 1988 年中央就制定了《村委會組織法（試行）》概括為：「民主選舉。民主決策，民主管理，民主監督」四民主。為了進一步推動民選，2004 年中央又發佈 17 號文件，側重解決農民的民主權利問題。但是，因為長期所形成的固有領導方式，不願放棄土地、人、財、物權，所以難以執行下去。有的雖然推行了一陣子，最後也是「半拉子」民主。不但半途而廢，而且引發事端，某些人為了爭奪小得不能再小的政權，而大打出手，甚至出人命案件。民選「村官」中，時常有惡性事件發生的報導。2001 年湖北省枝江寶月村村民張加貴被村民推選為村主任，上任後要查以往的村財務賬目，幫村民減負。一天深夜被人暴打致死，兇手至今未歸案。農村的黨支部與農村行政關係錯綜複雜，往往成為農村權力鬥爭的重要手段。福建省漳州白礁村在選舉中因權力之爭，村黨委副書記林立志於 2003 年末買通殺手，將新選的村長王藝傑槍殺。使人們感歎：「農村草根民主領跑者的遭遇構成了發人深思的怪圈。」無怪乎廈門大學教授陳志鋒經過農村調查說：「鄉村的社會組織，動員的基本資源基本喪失，鄉村的民間自治一去不復返。由政府設置的基層權力機構，由於嚴重的腐敗，在村民中連起碼的信任都不存在」。這種結論不得不令人憂慮不堪。

（五）現今農村行政管理的問題

傳統行政管理縣政府首腦是親民官員，古稱「父母官」。現在中間多了一層機構，很容易造成縣一級政府的官僚主義作風。鄉一級政府本來政權、財權就有限，很難會有什麼作為，不過是貫徹執行上級的指示行為，難有大的決策。管的事情過多，又減少了民間的活動空間，限制群眾的創造。實際是上下都不落好深層的問題，像倫理、道德、傳統文化管理更難以顧及。在今天的農村，傳統文明與倫理道德受到衝擊，尊老愛幼傳統美德逐漸淡薄。經常見到有媒體報導，農村中不贍養老人的事情時有發生。如浙江電視臺報導，一位老人有三個兒子，其中還有一個是村支部書記，因為兒子中誰都不贍養而走向絕路。山東的微山湖旁某縣有個老漢村，這些老漢都是被兒媳趕出來的，聚成了一個新村。這會給社會帶來新的社會問題。農村人才的流失更是嚴重。家在農村的大專生畢業後都流向城市，很少有高學歷的人才願留在農村。這又是一種城市對農村的人才的（也是財富）掠奪。據報導有個富裕村，百分之八十農戶都培養出大學生。錢花光了，人也走了，變成了貧困村，鳳去樓空。當年梁漱溟先生曾提倡的鄉村建設運動，不切時宜的要起用蟄居在

農村「年高德劭，眾望所歸」的「知識分子」人物，還容易找尋，到現在農村已難以覓得了。

　　農村人才走向城市，引起農村文化流失，使得有些民族文化從根子衰落的潛在危險。中國的戲劇、歌曲、舞蹈、美術、雜技等等無不起源於農村，再逐步完善、發展。一向享譽世界的劇種京劇、評劇、二人轉等三十多個劇種，無不是發起於農村，再發展到城市，在發展中逐步提高到一個新的階段。過去是「徽班進京」，現今則「文藝下鄉」，出現所謂的文化倒灌現象，還有一些「洋」的東西，不健康的內容，由城市「鹹水倒灌」農村，像有傷風化的低級表演，經常在農村出現。

四、山重水複疑無路，柳暗花明又一村

　　當今社會環境與古代相比，已經有了很大的變化。農村土地制度是集體化，處理主要生產資料的權力有限。農業經濟的發展方向是農業的商品化、區域化和專業化。人口增長使管理方法也要與時俱進。用以往的保甲制等方式進行管理鄉村，已經是不適應現代化的農村管理。但是，諸如管理人員少，費用開支低微；鄉土氣息較大，熟悉地方情況等方面，也有借鑒之處。鄉、村的行政，必須以自治為主進行管理。促進民主仍然是農村的主要議題。現在的基層與古代相比，有權少責，因此常為個人權力爭奪不休。針對當前農村問題的癥結，解決鄉村行政的困境和幹部的難處，開個對症的處方的任務的確十分艱巨。諸如：基層黨政的關係、社會對民主的承受能力、數百萬基層幹部的安置、治安的管理以及土地管理和計劃生育「兩臺戲」的問題，都須要處理適當。目前推行「草根」民主的村級選舉就遇到阻力，鄉級問題會更多。為了百年大計，又不得不去認真的研究解決。農村改革的行政管理形式，不斷的有人進行探討。河北省定州市建立了晏陽初鄉村建設學院，目的是：「秉承晏陽初等先輩的平民教育與鄉村建設思想，通過直接和間接的農村社區發展行動，在教育與建設中謀求鄉村判斷力的提升與民生民權的改善。」〔註4〕這是上世紀三十年代，一些知識分子到農村進行改良的活動的一種嘗試。另外梁漱溟在山東等地进行的「鄉村建設實驗」也是屬於此類活動。希望有志於農村改革的知識分子，投身於此，做一些有益的嘗試。振興農村仍然是國家重要任務，改革行政管理是其重要內容。千頭萬緒其核心無非是簡

〔註4〕見《中國農村合作經濟與農村建設研討會參考資料》。

政放權，給農民更大的寬鬆環境，政簡則民勤。從 2005 年起國家將取消農業稅，鄉鎮和村的行政管理機構的財政，本來就捉襟見肘，現在更是雪上加霜。但是這又是改革良機，「山重水複疑無路，柳暗花明又一村」。鄉和村的管理人員還是重要的，不是「拆廟」而是「整修」，縣以下可以設區為派出機構，精簡下來的人員無法安置的就養起來「改廟養和尚」。政府（官府）應該有所為，有所不為。從歷代的做法，政府主要是關懷治安，剷除「害群之馬」，使人們安居樂業，保障人們「日出而作，日落而息」。至於人們怎麼樣生產、生活都會料理得好。中國經過一個世紀的努力推翻帝制後，就是要改變封建的農村行政管理制度，在農村真正地實現自治，建立農村自治組織，這是大方向。農村的各種民間組織、專業協會、非政府組織發展起來，會改變農村氣氛沉悶的精神狀態，大量的農村人才也有用武之地。千頭萬緒，改革的中心和起點則是：簡政放權，推進自治。相信通過農村政治改革，會促進中國農村健康、可持續穩定發展。人們都有留戀故鄉之情，鄉情中是親情、友情和旖旎的小鎮田園風光。「威加海內」還要「歸故鄉」。我的基本判斷是：「經過改革後，農村前景是美好的。」

見《古今農業》2006 年 03 期

簡論使用農奴史

提　要

　　本文僅就中國歷史上農業奴婢的使用及社會性質進行探討。夏商周三代使用的是來源於俘虜和罪人的官奴。以從事工業、雜役和管理爲主。井田制下的勞動者不是奴隸，只是貢獻「什一而稅」的農民。使用農奴是由田地私人佔有開始。秦「除井田，開阡陌」大量使用農奴。當時奴婢有來源、產地、市場和去向。漢至唐農奴的形式繁多。宋代土地買賣頻繁，庶族地主增加，農奴大量減少。奴婢身份是以家奴爲主了，不再使用農奴，農業以佃耕爲主要形式。身份主要是由人的佔有資源（古代主要是土地資源）狀況決定的。沒有資源支配權就是奴婢，不論在哪種社會農民的權利表現在對資源支配的程度。今後仍是在追求「平均地權」的基礎上，逐步達到高效益的「耕者有其田」，是農民的唯一出路。

　　人類進行物質生產的要素，即勞動者和生產資料。在不同的社會由於兩者的結合方式不同，勞動力的使用狀況也就不同。如果大量使用失掉人身自由的奴婢，成爲社會主要生產勞動者，這種社會就是奴隸社會。社會實際存在狀況，是判斷社會性質最基本的根據，絕對不能脫離開實際而談問題。本文僅就中國農業奴婢使用情況及各朝代的社會性質進行一些必要的探討，以澄清一些歷史上的是非觀念

　　奴隸和奴婢有不同的含義。「奴」和「隸」在先秦時代分別存在，《說文》：「奴婢皆古之罪人也」。《說文》解釋：「隸」字是「附著也」。《後漢・馮異

傳》的注：「隸，屬也」。「奴隸」是在漢代之後的著作裏才普遍出現。漢代對沒有人身自由的統稱「奴婢」，男爲「奴」，女爲「婢」，比「奴隸」詞語使用更爲普遍。

　　中國歷代奴隸可分爲官奴、家奴和農奴。官奴出現最早，多爲戰爭俘虜或罪人，以苦役、雜役勞動爲主；家奴多稱奴婢，大量出現秦代以後，而且使役歷史最長，直到清末，還只是在官方的文件上廢除。奴婢主要被主人在家庭的生活方面役使；農奴則從事農耕爲主。這幾種類型的奴婢，既有相關，又有區別。官奴與家奴的問題，並非本文研討的重點，只是與農奴有連帶的關係，有時也會混淆和相互轉變。爲了澄清問題，首先要研究什麼是奴隸，奴婢的性質。奴隸是沒有獨立人格，沒有任何自由和權利，是奴隸主的私有財產和可以驅使的「活工具」。按著這個對奴隸的定義，來確定什麼人是奴隸身份，以研究奴隸問題。

　　有史以來，首先奴隸的產生是部族間的戰爭結果。戰爭的勝利一方，俘虜了戰敗一方的人，用來驅使奴役，成爲奴隸。像夏代啓戰勝有扈氏，罰有扈族爲牧奴。部族之間的戰爭也產生另一種成份的奴隸，即本部族的有罪之人。夏代對本部族作戰不力者處罰就很嚴屬，嚴重的處死，有的罪人淪爲奴隸。《尚書·甘誓篇》提到：夏啓在戰爭前宣佈，唯不用命者，要加以大罪。隨著社會的發展，法律、法令的逐漸制定和實施，犯有罪的一些人，尚構不成爲死罪者，會罰爲奴隸，也可包括其妻、子家人，並在法律上予以認定。

　　俘虜成爲奴隸的前提，是必爲其所用，其人身所需的消耗，必然小於其勞動所得。不然的話，寧可殺掉，也不會白養。奴隸的產生，在某方面是表現社會生產力的進步。夏、商時代出土的遺存中，特別是夏代，爲了祭祀在戰爭中的戰死的亡靈，或慶祝戰爭勝利等原因，而宰殺戰俘爲「殉葬品」和「犧牲」，這只是一種戰爭行爲，而不能屬於奴隸。只有把俘虜或罪人，爲主人用來使役，才能算爲奴隸。大量宰殺戰俘，說明當時社會還沒有重視使用奴隸，也就不能稱爲奴隸社會。到周代使用奴隸較普遍，而且使用方式也多種多樣了，殉葬只是說明奴隸的主人對奴隸有生殺予奪的權力，殉葬只是使用奴隸用途之一。奴隸制度的存在，殺戮俘虜不是證據，使役俘虜才是證據。

一、先秦時期使役官奴爲主

　　先秦時期人身完全爲有貴族身份的主人（包括官府）所佔有的服役者，

有多種名稱：如：「虜」、「僕」、「奴」、「隸」、「婢」、「臧獲」、「僮」、「豎」、「奚」等，通稱「臣妾」。男爲臣，女爲妾奴隸的勞動，除供主人雜務役使外，以做工匠爲主。奴隸從事石、玉、骨、陶、銅、皮革、建築、縫紉等業。這種勞作，最便於士人集中監管，防止奴隸逃亡。農業生產則有分散性、季節性、技術性等特點，不便使用奴隸。因此判斷「井田制」下勞作的農民，並非奴隸身份。《左傳·襄公九年》有：「其庶人力於農穡，商工皂隸不知遷業。」皂、隸即爲雜役奴隸身份，與商、工並列，區別於力於農穡的庶人。當是時，地廣人稀。在生產要素中，土地並非是難以獲得的生產資料，隨處都能墾殖農田，種植作物。《詩經·北山》所提到的：「溥天之下，莫非王土，」的「土」是指國土而言，相當現今的國家疆域，並非專指具體的農田地塊的權屬。當時農民對土地權屬並不在意，土地隨時隨地都能開發種植，還構不成對農民的束縛之力。甚至國也會遷移，商遷都八次，周代的杞國搬遷三次。這時期的農業與工業分工，又有不同身份人的分工內容。

從《周禮》、《孟子》等古代文獻看，不論是所述井田制內容如何不同，表明當時村社組織的存在。統治者實行「什一而稅」，即農民交納收穫物的十分之一爲租稅。這是屬於正常的稅收範圍，構不成沉重的剝削。另由《詩經·大田篇》描述的：「曾孫來止，以其婦子。饁彼南畝，田畯〔註1〕至喜。」管理者和農民在觀望豐收時，是很融洽的，種田者顯然不是奴隸的身份。至於《詩經·大田篇》「率土之賓，莫非王臣」所提到的「臣」的身份就較爲複雜。臣僕身份本來是奴隸，統治者往往利用他們中的一部分人，作管理工作，小至管家，大至管國。伊尹本來是陪嫁的媵臣，曾爲湯的右相；傅說是罪徒，武丁用爲相，而且都有成就。戰勝者往往還利用俘虜來的原貴族爲臣，繼續爲新統治者辦事，如果是順利投降，甘願俯首稱臣，還可優待。湯滅夏後，就將夏貴族分散各地管理地方事情。有的奴隸，爲主人辦事得力，還可成爲宰、皂、隸、僚、僕，用奴隸來管理奴隸和管理平民。一般普通奴隸則從事繁重的勞動。奴隸與牛馬、物品一樣，可以買賣、贈送。在這個歷史階段，雖然奴隸在工業方面貢獻較明顯，但是，主導的力量還是村社組織的農民。不但是農業生產是主要的，農民在政治、軍事諸方面仍是主要力量。所以，這個歷史階段，是村社社會。這種社會，既然脫胎於原始公社社會，必然是保留著一些原始公社的殘餘，是以農民爲主導，奴隸與貴族並存的社會。

〔註1〕畯（音JUN）：周代管理耕作的官員。

二、秦漢魏晉南朝大量使用農奴

戰國以來，由於商業的發展，土地也成為商品，買賣逐漸頻繁。隨著土地產權的流動，生產要素的另一方面——勞動力也「流動」起來。戰國時已經有了奴婢買賣事實。魏相李悝所制定的《雜法》中，就有一條針對市場買賣奴婢、牛、馬的規定。秦相百里奚，就是用五張羊皮換來的，說明當時已有奴婢市場。

秦代是使用奴婢興盛時期。一是秦在戰爭中是勝利方，俘獲了六國大量的臣民，來源充足；二是秦實行苛政，罪人多，常被淪為奴婢；三是人民生活在暴政下生活困苦，窮苦人賣兒鬻女，成為奴婢；四是實行「除井田、開阡陌」政策後，土地大量流動，勞動力也隨之流動，奴婢市場興旺，富人以買賣人口贏利。秦始皇使用官奴之多，數量十分驚人，而且都是苦役。據《史記》載：「徒刑者七十餘萬人乃分作阿房宮或作驪山。」，「多殺宮人，生埋工匠，計以萬數」，殘暴無比。從秦王朝殉葬制度聯繫其執行奴婢制度的關係，當東方六國久以廢止了用人殉葬，而且孔子還反對用俑賠葬的時候，而秦武公、穆公到始皇均有保留著殉葬陋俗的充分史實，而且殉人越來越多，殉者身份越來越高，還有大量的兵馬俑。說明秦王朝保留奴婢制度和焚書坑儒都一樣，是必然的。也等於向社會表明了秦王朝使用奴婢的官方政策。除了官府大量使用官奴以外，設立郡縣後，豪強四起，霸佔田土，富商大賈大量置買田產，都需要廉價的勞動力，畜養奴婢已成必需。《漢書》稱：秦時「富者田連阡陌，貧者無立錐之地。又專川澤之地，管山林之饒。」如呂不韋家僮萬人，蜀卓氏富至僮千人。豪富之家，以使用奴婢多少來衡量財富。全國大城市都設立奴婢市場，《漢書‧王莽傳》稱：秦「又置奴婢之市與牛馬同欄」。不但有奴婢市場，而且有奴婢的產地。秦代時滇、僰（音 BO）出奴婢，與戎狄產牛馬齊名。統稱笮馬、僰童、犛牛。僰為今四川宜賓一帶，為落後族聚集地，常被擄當為奴婢販賣。漢承秦制，繼續保留奴婢市場。通都大邑，販賣奴婢，一次交易量很大，達到「僮手千指」，〔註2〕即奴婢一百人。牛以頭計算，馬以蹄計算，則奴婢以手指計算，人等同於牲畜。這個時期奴婢大量的投入農業生產領域，為興起的莊園主勞動。自秦漢以來，各地地主中，形成了大姓豪族，在政治、經濟各方面享有特權。到魏晉南北朝，士、庶之間等級區分嚴格。豪族高門多為莊園主，大量畜養奴婢，不只用於

〔註2〕見《史記‧貨殖列傳》。

役使，而且在地主莊園中，很多農奴從事農業生產。晉巨商刁逵，「有田萬頃，奴婢數千人。」〔註3〕南朝據《宋書·沈慶之傳》說：「耕當問奴，織當問婢。」地主莊園農業生產勞動力，是奴婢的身份，顯然一般不同於佃耕。《北史·蕭大圜傳》載：「侍兒五二，可充工織；家僮數四，足代耕耘」。南朝、北朝都大量使用農奴耕織。北朝在宗主督護制下，塢主、壁帥還蔭蔽大量的蔭戶。

秦、漢到南北朝，在農業生產上，使用農奴的形式，又有多種：

一是徒附：戰國時，破產的農民，有的只得「租豪民之田」。有的農民則「託附有威之門」，依附性較強，屬於徒附之類。西漢時，農民多租種公田。東漢後期，由於土地兼併日盛，依附世家豪強屬下的徒附多了起來。《後漢書·仲長統傳》稱：「豪人之室，連棟數百，膏田滿野，奴婢千群，徒附萬計」。說明奴婢與徒附是有區別的。徒附從事農業生產，還有一定的人身自由。

二是部曲：部與曲原是漢代軍隊的編制名稱。部下設曲，曲下設屯。東漢末，刀兵四起，部曲成了豪強地主的私家軍隊的名稱。在長期的戰亂中，流離失所的農民，被迫依附豪強地主，是部曲的主要來源。直到隋唐時，被放免的奴婢，又成為部曲來源之一。部曲對其主人有較強的依附關係，為主人負擔作戰與耕田任務，世代為主人服役。戰時為兵，平時務農。因有軍人性質，在特殊情況下，主人可以處死部曲。唐代的部曲，僅比奴婢高一等。

三是私屬：春秋時代破產的平民、逃亡奴婢依附於豪強，成為主人的私屬。私屬對主人有嚴格依附關係，平時為主人種田，戰時又成為主人的親兵。種田多採取分配土地的辦法，主人向其收取租稅。王莽改「奴婢為私屬，」與田地一樣「皆不得買賣」。但豪強的反對變革，反而釀成新動亂。私屬比奴婢身份高一些。

四為奴婢：先秦時期稱為奴或孥。秦漢時，男稱奴，女稱婢，合稱奴婢。奴婢的來源於戰爭俘虜和掠奪的人口，因犯罪沒官的男女，以及通過買賣關係，購來的人口。破產的農民往往「以飢餓自賣為人奴婢」。奴婢身份最低，視為與牛馬、資財同類。奴婢不入戶籍，只入財物籍。從事農業生產，即所謂「奴任耕，婢任織」者，並非主要的。奴婢承擔的主要任務是為官府、貴族、官僚、地主服各種雜役，為這些人使役。

〔註3〕見《晉書·刁逵傳》。

　　五為佃客：即佃種地主土地的農民。戰國時期出現這種性質的農民。西晉時才有這種稱呼，並大量的使用。佃客蔭庇在世家高門，官員豪紳之下，主要是受地租剝削，也存在著人身依附關係。另有衣食客、典計等名稱。佃客以戶計，衣食客以人計，皆注在地主的家籍。但不斷鬆弛，北宋時，已屬於國家的「編戶」，並不「隨田產轉讓」。

　　六為蔭客：亦屬佃客一類。北朝時，少數族入主中原。當地的豪強，建立壁塢組織以自保。農民蔭庇其下，納入地主家籍，向地主交納賦稅，稱為蔭客。許多的是「帶地投充」，蔭庇於地方豪強或寺院，有門生、義附、義故、門附等名稱。這樣直接影響朝庭的稅收。南燕、北魏都下大力清理蔭庇戶，許多蔭客义成為政府的編戶，直接納稅於政府。最後導致均田制的推行。

　　七為僧祇戶：南北朝時期，大興佛寺。寺院掌握大量的田產，南燕曾將奉高、山莊二縣（今山東泰安一帶）賜給寺院為封地。北魏將掠取來的勞力，賜給寺院為僧祇戶，把罪犯、官奴給寺院為佛圖戶，「供諸寺灑掃，歲兼營田輸粟」。〔註 4〕以上七種農奴，如按依附性強弱劃分，最強的是奴婢，依次為私屬、部曲、徒附。佃客、蔭客、僧祇戶屬於半農奴性質。自秦至唐，奴婢的身份在統治政權的法律予以確定。如《唐律》規定：奴婢「身繫於主」，奴婢賤人，律比畜產。」《唐律》還規定，奴婢算資財，部曲則不算，還有「人」的資格。奴婢一免算部曲，再免為雜戶，三免才為良人，方可納入編戶。

　　由以上看來，奴婢身份很複雜。各朝代雖然在法律上肯定了對奴婢的役使制度。但對奴婢的身份、使用等都有很多的變化。先秦時代的一些奴隸從事的工作，皂、隸一類，秦漢後成為了官府的差役工作，從事侍奉官員，替官府辦差。沒官為奴者，大都賞賜給官員、軍人的家庭、府第使用，從事雜役。一般的官府並不直接使用官奴。但是歷代皇室則大量使用太監、宮女，是由古代受宮刑為奴，演變而來的。私人佔有奴婢多少，也表明主人的財產多少和身份高低。有成群的奴婢，前呼後擁，以顯示主人的威風和財力。家奴從事的工作比一般農奴特殊，如管家、護院、充當侍從、做工、經商盈利等。像漢代齊地刀間（音 XIAN），專門使用「桀黠奴」駕車乘馬，結交官府，為他經商服務。刀間終為巨富。有些豪奴、悍僕也會「狗仗人勢」，為虎作倀，欺壓平民百姓，成為統治者的另一種工具。「奴顏婢膝」是貶義詞，表示一般人並非同情這種行為。這時期奴婢世代為奴，包括「家生子」。奴隸能通過軍

〔註 4〕見《魏書・釋老傳》。

功、屯邊、赦免、贖身，來改變奴婢身份，但難度很大。秦至唐，自耕農仍佔有一定的比例。自耕農是中央政權的正式編戶，直接向國家納稅交賦。漢代以來，通過軍墾開發屬於國有公田很多，約計占全國田畝數的百分之三十以上。朝庭嘗以「假田」的形式，租給貧民和回歸的流民種植。其間有「租契」約定租期、租金。「假田」的貧民、流民直接納租於國，雖是佃耕，但屬編戶。地方豪強，對公田的利益也會插手其間。《梁書・武帝記》載：「豪家富室，多占取公田，貴價僦稅，」「以與貧民」，顯然豪家成了轉租公田的「二地主」。租田的貧民但非佃客、部曲一類的農奴。自耕農經濟是非常脆弱的，時常受相對立的莊園經濟的擠壓，在掙扎中生存。有的自耕農，受到天災人禍而破產，賣兒鬻女，淪為農奴；有的農奴得遇機緣，又會成為自耕農。

北魏、北齊、北周、隋、唐均實行均田制。均田制政策照顧了豪強地主利益，奴婢和牛都在受田範圍，保持對奴婢的奴役。既然受以奴婢田畝，當是要從事農耕勞作，無疑是屬於農奴。均田制也使大量的蔭戶轉為正式編戶。南燕政權只是佔有今河南滑縣至山東益都一帶很小疆域。慕容德聽從尚書韓諱的意見，一次即清理蔭戶達五萬八千戶，轉為編戶。

三、宋代以後主要使用家奴

唐代後期農奴已大量的減少。至宋代農業已確立佃耕制，庶族地主增加，農民與地主只是租佃經濟關係，依附關係削弱。南宋紹興年間規定：民戶典賣土地不得將佃客名字寫在契約上，隨田轉讓，新田主不許強迫繼續佃耕。部曲一類的農奴已不存在。金、元之際，曾出現逆轉，中國北方部分農民下降為「驅奴」。但佃耕制繼續存在與發展。明代處於資本主義萌芽時期，已出現大量的農業雇工。雇工出賣勞動力，叫做「赴市覓顧主」。農工分長工、短工、忙工等。其與顧主的關係基本上已擺脫了封建束縛，而是自由雇傭關係。他們的身份已是「凡人」（即平民），成為自由的雇傭的勞動者。永佃制的發展，更使佃耕者在土地上有一定的權力。大清律對欺壓佃農的地主也加以懲處。如乾隆年間，地主金勝章因逼租致死人命，被判為「擬絞監候，秋後處決」。〔註5〕

從宋到清的千餘年來，農業勞動力的逐漸自由化，也非一帆風順，並有反覆。在元初和清初還出現掠奪、奴役漢族人為奴的高潮。但奴役被擄農民

〔註 5〕見清檔・乾隆 33 年 3 月 21 日劉統勳題。

從事農業生產，都不成功，壓迫必然引起逃亡和反抗。據《清太宗實錄》載：「各堡逃亡漢人，有二百者，有一百者，有七、八十名者。」使生產陷入難以維持的局面。說明佃耕制的歷史發展是不可逆轉的。部曲、佃客一類農奴性質的勞動者，轉化為依附關係鬆弛的佃、雇農，是由於許多因素造成的。

首先，莊園主使用大量的部曲、佃客、蔭客，給中央統治政權構成嚴重威脅。豪強們造成「僮僕成軍，閉門為市」〔註6〕的局勢，危及中央政權鞏固。秦漢、三國、南北朝至唐，全是由豪強興起作亂為主體，動用私兵、家將。農民起義的成份則很小，從未提出農民切身利益的土地均平問題。北朝宗主督護制，則使塢主壁帥們，「百室閭戶，千丁共籍」〔註7〕，影響當權者的稅收。自漢以來，中央政權不斷三令五申限制使用奴婢。西漢哀帝時下令限制使用奴婢數量，諸王限二百人，列侯、公主限百人，吏、民限三十人。東漢光武帝曾三次下令，禁止殺害奴婢，免奴為庶人。晉代一品官限佃客四十戶，按官品減少，至九品限五戶。北魏至唐實行均田制，歷朝對奴婢數量也有限制，以控制分田量。如北齊河清三年的新令，「奴婢限外不受田」。〔註8〕

再是，奴婢們的反抗鬥爭，至少給莊園主們造成麻煩。奴婢的鬥爭是多方面的，包括暴動、抗爭、逃亡、自殺等等。選擇最消極的自殺，奴隸主也會造成經濟損失，總不能賣死人。地主既要保持剝削，又要便於管理，而選擇了佃耕制，較為省心省力。無怪乎《補農書》說：「起早晏晚，費心勞力。……地盡出租，宴然享安逸之利，豈不甚美。」

三為，西歐中世紀的莊園主土地，是國王封賞的，不准許買賣，能夠繼承，但不能析產，土地不能變動。中國自秦以來，豪強的土地屬於個人，可以買賣轉讓，可以子孫多人繼承而析產。即便是賞賜的土地，亦屬各人所有。土地產權容易零細化和流動。隨著土地產權流動，農奴也會流動。

四為，戰爭會促農奴逃亡。自秦至唐，中國不斷發生大規模的戰亂。由秦末的楚漢戰爭到唐安史之亂，接二連三，戰亂不斷，有的持續時間很長。三國戰亂和十六國戰亂都造成大規模的逃亡。地主自身難保，奴婢會叛主起義或逃散，無法控制。宋人王之道所寫的《相山集》提到：「兵火之後，契券

〔註6〕見晉・葛洪《抱朴子》。
〔註7〕見《晉書・慕容德載記》。
〔註8〕見《北齊書》卷七。

不明……至轉入他處者，雖有契券，州縣不得受理」。

　　自宋代以來的佃耕制的發展，意味著農奴使用制度的鬆弛。但使役家奴的奴婢制度一直持續到清末。私家奴婢使役很廣泛，用於侍奉、歌舞、扈從、以及家庭雜務。士人為貪圖生活上享受，均不用來務農。奴婢既被主人當成財產、物品，而本身又是人，又同主人生活在一起，構成了複雜的人間社會關係。《紅樓夢》對奴主之間的複雜關係曾作了精闢的描述。隨著社會變化，奴婢狀況也在變化。這時地主常會家道中落，以至養不起奴婢。奴婢賣身也就有了期限之分。有的是典當性質，定期可贖回。還有雇傭性質的奴婢。奴婢生活雖依然悲慘，但人身依附關係逐漸鬆弛。奴婢本身及社會上的反抗、鬥爭逐漸加強。經過長期複雜的鬥爭，直到清末宣統元年（1909年）頒布新律，禁止置買奴婢。並且規定：「凡從前旗下家奴，不論其賞給、投充及紅契、白契所買，是否數輩出力，概聽贖身，放出為民。……其未經放出及無力贖身者，概以雇工人論。」現今社會依然需要家務勞動，和以往的家奴已經有了本質的不同。家有老人、病人、嬰幼兒都需要家務勞動。經營性質的家政業、托兒所、老年公寓等是首選。現今陋習，家庭私人雇傭不分工作種類一律稱為「保姆」，成為「泛詞」，和歷史上的稱呼大有不同。古代男主人使用是男僕，稱為書童、蒼頭；女主人使用女僕，稱丫鬟、使女；公用的有管家、聽差、護院，很有規則。

四、留下來的一些思考

　　如果我們撇開西歐的階級社會劃分理論指導和國內權威的歷史劃分結果，縱觀歷史，會知道秦至唐是使用奴婢最多，奴婢種類繁雜，有完整管理奴婢制度的最完備的農奴社會。制度起始於秦朝，漢承秦制，魏、晉又都是禪位，所建政權有連續性。後魏推行了均田制，雖然有了一些變化，但仍在使用農奴。至宋代，由於佃耕制的發展，在農業方面使用農奴才消失，代以雇農。奴婢制度的形成、發展和衰亡，是社會綜合發展的結果，而不是單獨的某一方面因素所構成的。歷史證明一個雖然不能稱為真理，但是道理的事實，農業勞動者的身份決定於其對土地的佔有權限。農民沒有經濟資源，也就沒有政治資源。人民公社化時期，土地完全公有，農民只能是打鐘上班，打鐘下班。他們即便達到了累死、餓死的程度，對自己也毫無支配之權，其身份也就不言自明了。

　　現今在農村執行的是集體所有制，而各地的執行方式也有差別。有些

鄉、村還保留公社化形成的大集體的體制，雖然數量較少，但具有代表了這種制度的尖端。這樣的農業組織，憑藉著集體積聚的財富和領導者社會地位與能量，一般都經濟狀況良好，農民生活水平較高。這種農業組織的一切，完全取決於領導者。常常會權力高度集中，就有可能出現象山西大寨陳永貴、天津大邱莊禹作敏「莊主」式的人物。甚至會權力高度集中到了按家族繼承的程度。正如著名作家李佩甫在《羊的門》所描繪的那樣：在呼家堡「羊圈」內，呼天成有至高無上的權力，包括靈魂。人們吃飽了肚子，就得忙著磕頭頌聖。《難怪美國經濟學家米爾頓・弗來德曼在《自由選擇》一書中指出：「經濟的和政治的權力，在同一批人手中結合，肯定是實行專制的訣竅。」所以，集體所有制經濟組織，必須加強成員行使民主監督作用，讓集體成員，有實際支配經濟的權力。發揮土地規模效益，這只是問題的一個方面；還要重視勞動力的積極性的發揮，否則無補於事。古今中外都有許多的歷史實例可以說明。如南北朝時期大型的莊園，農業生產無大起色，農民卻異常困苦，「行號巷哭，叫訴無所，至乃白羽貫耳，列訟宮闕」〔註9〕。到唐代中葉以後，直接奴役農奴的生產方式，不得不爲租佃生產方式所代替。又如在 18世紀英國推行圈地運動，形成大的雇工農場，但卻使農業生產出現持續下降。1935 年蘇聯實現農業集體化。因爲缺少對農民的積極性的激勵，低效率的生產特徵非常明顯，各種農產品產量下降。

見《古今農業》，2002 年第 1 期

〔註 9〕見《魏書・釋老傳》。

西漢名田制執行中的賣爵與賜爵

提　要

有關名田制的文物、文獻的出現，引起學術界的重視，並作了一些研究。因為是近年的新課題，許多是別於其它時代土地制度的問題，需要澄清。前面已經提到：土地與爵位掛鈎；爵位可以買賣；窮人可賣爵、子；漢代的贅婿、後父的身份；奴婢在社會中的地位，各種階層高爵位、低爵位、庶民的土地來源；賜爵的累計計算；芻稿稅的徵收等一系列問題，學者們有著不同看法。本文都作了闡述。

一、西漢時期爵位在名田制中的作用

名田制是田宅和爵位拉上直接經濟利益關係，就是授爵伴隨著「田」「宅」「子」「官」等諸多利益，包括官府利益和個人自身的利益，所以，官、民各方都在關心、揣摩這種政策利益的取得和分配。所以出現爵位買賣的問題。賜爵制度內涵不斷擴展，逐步多樣化：戰國時，建立的只是軍功爵制，以立軍功為條件設爵，從而消弱、淡化了原來的世襲五等爵制。後來有人貢獻糧食也賜爵。《史記・秦始皇紀》載：「（始皇四年，公元前 243 年）十月庚寅，蝗蟲從東方來，蔽天，天下疫，百姓納粟千石，拜爵一級。」拜爵雖然不是在戰場上立了軍功，還是屬於有所貢獻而賜爵獎勵，不能算賣爵。

西漢爵位比秦代有更大的彰顯，占著重要地位。劉邦起義過程中以賜軍功爵為主。到惠帝、呂后執政時，在相對和平，軍事減少的環境下，賜爵對象有不同，漢高祖十二年（公元前 195 年）駕崩，惠帝繼位，就賜「民爵」，

賜「吏爵」並赦刑徒。文、景時期「賜民爵」獲得發展,並實行了輸拜買爵制和徙邊賜爵制。平民可以用錢財買得爵位或用買得某種爵位的錢財贖罪。爵位已經發展到在官府的允許下,可以獎賞、繼承、還授、買賣、贖罪、進爵等多種功能。《史記‧平準書》:「日者,大攻匈奴,斬首虜萬九千級,留蹛無所食。議令民得買爵及贖禁錮免減罪。」根據《二年律令‧錢律》可知,漢初軍功爵也可贖罪免刑。武帝時對外用兵較頻繁,賜民爵雖仍是重點,賜吏爵偶而實行,且出現武功爵,以鼓勵前線戰士。昭、宣、元、成、哀平時,賜吏爵顯著發展,賜爵對象增加。

（一）爵位是在名田制確定田宅佔有數量的依據

漢代承繼秦代的土地制度,實行名田制,爵位高低是佔用田宅多少的依據。所以,關係各階層多大的利益。據《張家山漢墓竹簡》記載:除最高一級徹侯以外,以下十九級的軍功爵記為:「關內侯九十五頃(每頃為 100 畝,以上為侯級);大庶長九十頃,駟車庶長八十八頃,大上造八十六頃,少上造八十四頃,右更八十二頃,中更八十頃,左更七十八頃,右庶長七十六頃,左庶長七十四頃(以上為卿級);五大夫二十五頃,公乘二十頃,公大夫九頃,官大夫七頃,大夫五頃(以上為大夫級);不更四頃,簪褭三頃,上造二頃,公士一頃半,(以上為士級)。公卒、士五(伍)、庶人各一頃,(以上為平民、士卒)。司寇、隱官各五十畝(以上為獲罪者)。不幸死者,令其後先爵位並不完全世襲,當得爵戶主死亡,將導致部分田宅退還官府。田宅數量是與爵位高低相對應的。二十等爵中擇田,乃行其餘。他子男欲為戶,以為其□田予之。其已前為戶而毋田宅、田宅不盈,得以盈。宅不比,不得。」漢代名田制是以二十等爵制為基礎的。名田制還注意了宅地的分配問題,這也是古代田制的延續。如《穀梁傳》稱:「古者公田為居,井竈蔥韭盡取焉」。而且可以明顯看出每一等級田、宅數量的對應關係:受田 95 頃的關內侯,其宅地面積為 95 宅(約五畝一宅);受田 90 頃的大庶長,其宅地面積也是 90 宅,依此類推,直到最低等級的司寇、隱官,受田 0.5 頃,宅地 0.5 宅。臧獲、城旦、鬼薪、白粲屬於罪人、奴婢。只有徹侯、關內侯這兩個最高的爵位,其後子可以原封不動地繼承,而卿以下的各級爵位,其後子只能降等繼承。爵位的降等繼承,將導致所繼承的田宅數量的減少。其中受影響最大的,莫過於卿。卿的後子只能以公乘的身份繼承 20 頃田和 20 宅,降低的幅度非常大,其它大部分田宅只能由卿的其它兒子繼承。經過三代以後,其嫡

系子孫的地位也將逐漸向普通平民靠攏。這就意味著，高爵者的後代如果想繼續享有其祖、父輩的富貴與榮耀，就必須再立新功。

皇帝對於特權人士加以恩賜，或賜以短期免稅役，或賜以終身免稅役，此稱爲「賜復」。此外，凡受爵至第九級以上者皆「復」。一般民爵不得過公乘，因爲「五大夫」以上就可以享受免稅免役待遇了。不更以下還要服勞役。名田制下土地分配並不均，地位、待遇也不同。「名田制」規定占田標準，高等的關內侯九十五頃，最低的公士一頃半頃。一般兵卒和庶人田爲一頃，宅爲五畝。所以在漢初有爵位的官員和普通庶人占田不是在一個起跑線上，人們嚮往提高自身的的爵位。

（二）爵位的贖罪作用

贖罪本來是是屬於法律的範疇，在漢代的爵位可以贖罪，爵位又與名田制有關，因此，也要在論文中涉及到爵位與贖罪問題。漢承秦制，從秦代開始，爵重於官和「官、爵合一」。爵位擁有許多權益，包括益田宅、給庶子、賜邑賜稅、免除徭役、豢養家客、減刑抵罪、贖取奴婢等等，更重要的是「爵」依然被視爲地位之根本。從而使爵位多功能化、功利化。

秦律中，犯有同樣罪行者，因有無爵位或爵位高低之別，所受到的處罰是不同的。有爵者犯罪，可減輕處罰，既可「降爵贖罪」，也可「以爵抵罪」。正是由於爵位在民間利益的驅使，根據《二年律令・錢律》可知，漢初軍功爵也可贖罪免刑，而且「一級爵位竟可以免除死罪一人，或免除城旦舂（四至五年刑）、鬼薪、白粲（三歲刑）二人，隸臣妾、收入、司空（一歲刑及刑徒之類）三人爲庶人，如果被判爲肉刑而未上報者，就不再行刑。一級爵位竟有這麼大的作用，顯示出軍功爵在當時確有非凡的價值」。擁有爵位者不僅生前，在其死後也因有無爵位和爵位高低之別而有不同對待。如在政府賜予的喪葬費中，給卿級爵和五大夫以下爵者的棺槨錢就有明顯差別，無爵者則只有少量棺錢。漢惠帝時爵位開始在民間買賣，《漢書・惠帝紀》：「民有罪，得買爵三十級以免死罪。」應劭注：「一級值錢二千，凡爲六萬，若今贖罪入三十匹縑矣。」司寇是刑徒名，在漢文帝改革刑制以前，除非司寇本人立功獲得爵位，或其親屬以爵位或其它財物爲其贖罪，否則司寇的身份是終身的。《二年律令・戶律》規定，五大夫以下的居民，相鄰各戶都要按伍的編制組織起來（「自五大夫以下，比地爲伍」）；又規定「隸臣妾、城旦舂、鬼薪白粲家室居民里中者，以亡論之」，也就是說，隸臣妾以上的刑徒，都要由官府集

中監管，他們如果居住在「民里」中，就要按逃亡罪論處。值得注意的是，這裏所列舉的刑徒並不包括司寇以下，說明司寇是可以居住在民里中的。從上面所引《二年律令‧傅律》的條文來看，司寇之子與公士、公卒、士伍、隱官之子，同樣具有士伍的身份。但是，司寇畢竟是低於無爵的士伍和庶人的特殊人群，因此，其所受田宅的標準相對要低。

關於隱官，《二年律令‧具律》規定，庶人以上，司寇、隸臣妾無城旦舂、鬼薪白粲罪以上，而吏故為不直及失刑之，皆以為隱官；女子庶人，毋等（算）事其身，令自尚。隱官是由於有關官員故意重判或過失，使司寇、隸臣妾和庶人以上的人被處以肉刑，作為補救措施，把這些人安排到隱蔽的場所勞動，並免除其算賦和徭役。這些人作為體膚殘損的特殊人群，其所受田宅標準與司寇相同。

「輸粟除罪」、「納金贖罪」是「以爵抵罪」的發展。孝文時，晁錯上書曰：「欲人務農，在於貴粟；貴粟之道，在於使人以粟為賞罰。今募天下入粟縣官，得以拜爵，得以除罪」。孝景時，「上郡以西旱，復修賣爵令，而裁其價以招人，裁謂減省。及徒復作，得輸粟於縣官以除罪」。武帝時桑弘羊請「令民得入粟補官及罪人贖。令民能入粟甘泉各有差，以復終身」。贖罪政策是一貫的。

贖罪的範圍、程度會有差別，決定權掌握在皇帝、官府的手中。《漢書》的按語稱：「文帝但從其拜爵一事。迨後孝景時，始行輸粟除罪之制，但及徒復作而不及他罪，亦偶行之一時，不為常法也」。徒復作，大意是指：犯徒刑的罪人遇赦令得免罪，若再犯罪，不自徒刑以上加等，而是與平民百姓一樣從初犯論罪等，罪輕者只為官服役，稱為徒復作。直譯為：「徒罪赦免後重為官作的人」。徒是被判處徒刑、從事勞役的罪犯，刑期長短不等。復作亦稱罰作，乃指輕罪罰作苦工一年者。或謂復作是在官府服役的女徒。也有人釋復作為弛刑徒，即犯人免帶刑具、不著囚服而服勞役者。說明文帝時為執行贖罪政策，到了景帝也只是贖輕罪。

漢武帝時，對外戰爭頻繁。為籌措戰費，令賣二十等爵（關內侯以下），致使二十等爵為人所輕。為獎勵軍功創立的制度，於是為將士立功者另設武功爵十一等。《漢書‧食貨志》載，分十一級，即：一、造士，二、閒輿衛，三，良士，四、元戎士，五、官首，六、秉鐸，七、千夫，八、樂卿，九、執戎，十、政戾庶長，十一、軍衛。標價出售，以緩解財政困難。顏師古注

引臣瓚說。《食貨志》謂樂卿以下可買，藉以籌集軍費。以上只用以獎軍功。
志文未言級數，師古引臣瓚說後謂級數應不止十一。武功爵創立於元朔六年
（前 123），與原有的二十等爵並行，旋廢。當時的價格是，第一級十七萬金，
每級加二萬金，那麼買允許出售的最高爵位第八級「樂卿」，價格便是三十一
萬金。這裏的「金」不是黃金，而是銅錢，「萬金」便一萬五銖錢。「天漢四
年九月，令死罪入贖錢五十萬減死一等」和「泰始二年九月，募死罪入贖錢
五十萬減死一等」的命令，就知道死刑犯也不是輕易能贖命的了。張騫就贖
過死罪。「以校尉從大將軍擊匈奴，知水草處，軍得以不乏，乃封騫爲博望侯。
是歲，元朔六年也。後二年，騫爲衛尉，與李廣俱出右北平擊匈奴。匈奴圍
李將軍，軍失亡多，而騫後期，當斬，贖爲庶人」。到後來天子多次問張騫關
於大夏等國的情況。張騫已被免去侯爵，皇帝認爲張騫的建議很好，就重新
啓用它，任命爲中郎將，率領三百人，各配兩匹馬，趕著數以萬計的牛羊，
攜帶著價值數千萬的黃金和繒帛，還配置了多名持節的副使，漢家名聲又遠
揚西域。贖死罪的還有右將軍蘇建、將軍公孫敖、後將軍食其等多人。死罪
並非都能夠贖。武帝的姐姐隆慮公主病危時，以金千斤、錢千萬爲他的兒子
昭平君豫贖死罪，上許之。後來昭平君醉殺主傅，由於東方朔的勸阻，最後
還是爲正法紀將昭平君處死。

二、名田制與買賣爵位問題

（一）漢初民可賣爵、子

爵位頒發權力在於官方，當人通過不同原因得到爵位後，是否通過買賣
有能轉移到他人，值得探討。有關西漢「賣爵」以及與其相關「鬻子」的資
料，摘錄於下。

《漢書。食貨志》載：「漢興，接秦之敝，諸侯並起，民失作業，而大饑
饉。凡米石五千，人相食，死者過半。高祖乃令民得賣子，就食蜀、漢。天
下既定，民亡蓋藏，自天子不能具醇駟，而將相或乘牛車。

漢高祖在漢剛立時，遺留下很多問題，百姓沒有生計衣食。米一石五千
錢，有人吃人的事發生，人口減少了一半，民失作業，而出現大饑饉時，首
提的是「令民得賣子」，逃荒到蜀、漢（應該是指的是四川、漢中）去就食。
漢高祖以皇帝之尊，下令人民可以「賣子」後，逃荒到蜀、漢去就食，有的
學者認爲有失道義和尊嚴。從另一方面考量，在漢初極度困難時期，秦代就

有「賣子」的習俗。賈誼在《治安策》上就有：「故秦人家富子壯則出分，家貧子壯則出贅」。「贅子」也稱「賣子」。如淳在《漢書》作注稱：「淮南俗賣子與人作奴婢，名爲贅子，三年不能贖，遂爲奴」。人被作爲抵押品，就叫贅子，相當於人質。比如，《漢書・嚴助傳》中記載：「間者，數年歲比不登，民待賣爵贅子，以接衣食」。入贅的意思就是爲了借貸而做贅子、做人質。從某種意義上說，贅子類似於質子。只不過贅子存在於民間，是經濟活動的產物；而質子則存在於國家之間，是政治和外交活動的產物。

「贅子」與「贅婿」是有所區別的。就婚於主家之女，稱「贅婿」。當贅子由起初的抵押品變成主家（收押方）的奴婢時，就改變了它最初的意義。這是贅子變化的第一階段。當贅子被主家看中，被主家以女匹配，成爲主家的女婿時，其意義就進入了變化的第二階段，從經濟領域進入了婚姻領域。此時，贅子就搖身一變，變成了贅婿，入贅的內涵也逐漸與經濟脫鉤，而開始與婚姻產生聯繫。不過，贅婿其社會地位低下，近於奴婢，在社會上受歧視，列入「七科讁」之一。所謂七科讁，即罪犯、商人、商人的子孫和贅婿等七種人，經常被政府征派到邊疆去服役。所以清代學者錢大昕在《潛研堂文集》讀史問答中說：「（秦時）贅子猶今之典身，立有年限取贖者，去奴婢僅一間耳。秦人子壯出贅，謂其父子不相顧，惟利是嗜，捐棄骨肉，降爲奴婢而不恥也。其贅而不贖，主家以女匹之，則謂之贅婿，故當時賤之」。

《雲夢秦簡釋文一・爲吏之道》載：「自今以來，遐（假）門逆呂（旅），贅婿後父，勿令爲戶。勿予田宇。三世之後，欲士士之，乃署某籍曰故某慮贅婿某，更之乃孫。」《史記・滑稽列傳》：「淳于髡者，齊之贅婿也。」司馬貞索引：「女之夫也，比於子，如人疣贅，是餘剩之物也。」《漢書・晁錯傳》：「先發吏有讁及贅婿、賈人，後以嘗有市籍者，又後以大父母、父母嘗有市籍者，後入閭取其左。」看來在漢高祖的賣子贅婿是習以爲常的事。「令民得賣子」的「得」字，有「允許」、「可以」的意思，不帶有強制性。

《漢書・惠帝本紀》載：惠帝六年（前189年）「令民得賣爵。女子年十五以上至三十不嫁，五算」。惠帝六年「令民得賣爵」一事，首先民是否有爵出賣問題。在惠帝即皇帝位當年，就「賜民爵一級」，並大量賜吏爵。元年冬十二月「賜民爵，戶一級」。其頭一年（惠帝五年）九月，因長安城建成，「賜民爵，戶一級」，說明民是有爵可賣的，而且得到皇帝的允許。再一問題賣爵後的用途，「六年，令民得賣爵」，的其後有一句「女子年十五以上至三十不

嫁，五算。」應劭注解說一算是一百二十錢，五算即六百錢。是否用賣爵錢抵「算錢」。還有賣給誰的問題，換句話說就是什麼人拿錢買爵。爵位的賣價，在《二年律令》中的《爵律》規定：「諸當賜受爵，而不當爵者，級予萬錢。」。又《二年律令》中的《捕律》規定：「捕以諸侯來爲間者一人，爵一級，有購二萬錢。不當爵者，級賜萬錢，月行其購。」從這條律文可明白，每級爵價值一萬錢。什麼是「當賜受爵而不當拜爵者」，《爵律》第 392 號簡規定：「當爵及賜，未而有耐罪者，勿賜。」意即按照條件應當賜爵者，而有耐罪的人（注：古代剃去鬢鬚的刑罰。耐，同「耏」）不能拜爵。在這種情況下，可以給應拜爵者以錢財以代之，每級給錢一萬。由此可見，當有爵者出賣自己的爵級時，至少也應是每級一萬錢。據文獻記載，小農之獲爵者，當饑荒時可以出賣其爵級，則賣爵之獲利者多爲小農，至於高爵獲得者是否可以出賣其爵位，則未見記載」

　　《史記‧孝文本紀》：後元六年（公元前 157 年）「天下旱，蝗。帝加惠；令諸侯毋入貢，弛山澤，減諸服御狗馬，損郎吏員，發倉庚以振貧民，民得賣爵」。「民得賣爵」是以皇帝的口氣下達的，和惠帝的「令」是一致。漢文帝時期的謀士賈誼曾在其《新書‧無蓄篇》寫到：「故失時不雨，民且狼顧矣；歲惡不入，請賣爵子」。其《憂民篇》也提到：「未獲年，富人不貸，貧民且饑，天時不收，請賣爵鬻子，既或聞耳。曩頃不雨，令人寒心，壹雨爾，慮若更生。天下無蓄，若此甚極也。其在王法謂之何？必須困至乃慮，窮至乃圖，不亦晚乎」！顏師古注引如淳曰：「賣爵級又賣子也。」王先謙補注：《賈子》作請賣爵鬻子。一說爲請爵和賣子。《資治通鑒‧漢文帝前二年》引此文，胡三省注：「余謂請賣爵子，猶言請爵、賣子也。入粟得以拜爵，故曰請爵。富者有粟以僥上之急，至於請爵；貧者無以自活，至於賣子」。賈誼與文帝行文不同處，在於多了一個「請」字。這是賈誼的口氣，請求皇帝允許民賣爵以解困。

　　《漢書‧嚴助傳》提到：「間者，數年歲比不登，民待賣爵贅子以接衣食，賴陛下德澤賑救之，得毋轉死溝壑。」嚴助是漢武帝時大臣，他說的「民待賣爵贅子」並未成事實。由於皇帝的賑濟，得以緩解。

　　從以上各條看，在西漢時期，「民」賣爵、子的內容，均有所反映。得賣爵、子時期多是收到災荒以後，以解決民間生活困難和減輕政府負擔。賣爵和賣子又是解決困難的兩種不同的政策措施，這兩種政策措施還都須要得到

官府的下令認可。而兩者性質有有所不同，「爵」是官府給予的，「子」則是家庭對的一員。至此以後，不再見「民」賣爵的記述了。其原因：一是官府賣爵價值的下降，二是賜爵的泛濫。

（二）文景時期官府大量賣爵

漢代初始爵位的政策，還是在官府的允許條件下，民爵可以私人買賣。賣家可以得錢解困；買家可以贖罪或爲擴展土地創造條件。文景時期，實行了輸粟買爵制和徙邊賜爵制，是大量向民間賣爵。向皇帝推薦倡導賣爵政策的首推是晁錯。他是西漢文帝時的智囊人物，因文才出眾任太常掌故，後歷任太子舍人、博士、太子家令（太子老師）、賢文學。在教導太子中受理深刻，辯才非凡，被太子劉啓（即後來的景帝）尊爲「智囊」。曾受兩代皇帝的器重。流傳有《論貴粟疏》，是文帝十一年（公元前 169 年）向皇帝的諫言，倡導官府賣爵。

《論貴粟疏》首先指出：民眾衣食乃是立國根本大計：「夫寒之於衣，不待輕暖；饑之於食，不待甘旨；飢寒至身，不顧廉恥。人情一日不再食則饑，終歲不製衣則寒。夫腹饑不得食，膚寒不得衣，雖慈母不能保其子，君安能以有其民哉？」國家不能保有民眾，敗亡則會接踵而來。

該文反映了農民的疾苦，「今農夫五口之家，其服役者不下二人，其能耕者不過百畝，百畝之收不過百石。春耕，夏耘，秋獲，冬藏，伐薪樵，治官府，給徭役；春不得避風塵，夏不得避署熱，秋不得避陰雨，冬不得避寒凍，四時之間，無日休息。又私自送往迎來，弔死問疾，養孤長幼在其中」。還要承受「水旱之災，和官府的「急政暴虐，賦斂不時，朝令而暮改。」漢代實行糧、錢、草並收的賦稅政策，需要與市場商人打交道，賣糧換錢繳「算賦」，而那些囤積居奇，掠奪百姓的大小商人，勾結權貴，「當具有者半賈而賣，無者取倍稱之息；於是有賣田宅、鬻子孫以償債者矣。而商賈大者積貯倍息，小者坐列販賣，操其奇贏，日遊都市，乘上之急，所賣必倍。故其男不耕耘，女不蠶織，衣必文采，食必粱肉；無農夫之苦，有阡陌之得。因其富厚，交通王侯，力過吏勢，以利相傾；千里遊遨，冠蓋相望，乘堅策肥，履絲曳縞。此商人所以兼併農人，農人所以流亡者也。今法律賤商人，商人已富貴矣；尊農夫，農夫已貧賤矣。故俗之所貴，主之所賤也；吏之所卑，法之所尊也。上下相反，好惡乖迕，而欲國富法立，不可得也」。由此可見，「貴粟」，是個深刻的政治問題。闡明了由此給國家政治帶來的危害。指出：

「粟者，王者大用，政之本務」，「方今之務，莫若使民務農」。主張「明君貴五穀而賤金玉」，「務民於農桑，薄賦斂，廣畜積，以實倉廩，備水旱」。

重農貴粟的具體辦法，就是建議官府「賣爵」：「以粟爲賞罰」和「入粟於邊」。「方今之務，莫若使民務農而已矣」，民「入粟」可以「拜爵」、「除罪」。這一措施的好處是：

1、在「民利」方面可以「損有餘而補不足」，達到貧、富、官三方全贏。「富人有爵，農民有錢，粟有所渫」的目的。可以收到「主用足、民賦少、勸農功」的實效。

2、以漢初實行的「車騎法」與「入粟拜爵」法相比較，前者「民有車騎馬一匹者，復卒三人」；而後者「入粟受爵，至五大夫以上，乃復一人。也就是老百姓有出一匹拉戰車的馬的，可以免除三人服兵役。而交納糧食者，授予他五大夫以上的爵位，只不過免除一個人的兵役、勞役罷了。非常合算。

3、賣爵是無本生意，官府就是「批發商」。「爵者，上之所擅，出於口而亡窮粟者，民之所種，生於地而不乏。夫得高爵也免罪，人之所甚欲也。使天下人入粟於邊，以受爵免罪，不過三歲，塞下之粟必多矣。」。因此入粟拜爵在政治上、經濟上都有很高的實效。

4、保證邊塞軍事用糧，使國家安寧。「陛下幸使天下入粟塞下以拜爵，甚大惠也。竊竊恐塞卒之食不足用大渫天下粟。邊食足以支五歲，可令入粟郡縣矣；足支一歲以上，可時赦，勿收農民租。如此，德澤加於萬民，民俞勤農。時有軍役，若遭水旱，民不困乏，天下安寧；歲孰且美，則民大富樂矣」。

文帝接受了晁錯的建議，開賣爵先例。「於是文帝從錯之言，令民入粟邊，六百石爵上造，稍增至四千石爲五大夫，萬二千石爲大庶長，各以多少級數爲差」。這回初次賣爵，買賣雙方都是「高檔次」的，一個爵位按照檔次高低，需要繳納粟六百石到一萬二千石，而且要輸送到邊塞；官府道德回報也可觀。輸粟六百石可拜民爵二級，四千石爲五大夫接近高爵，萬二千石拜爵大庶長，已經是高爵位了。此後拜爵的價位不斷降低。據《史記·平準書》記載：「孝景時，上郡以西旱，亦復修賣爵令，而賤其價以招民；及徙復作，得輸粟縣官以除罪。益造苑馬以廣用，而宮室列觀與馬益增修矣」。

武帝時，爲籌措征伐匈奴、西域的軍費，是賣爵高發時期。武帝連年發

動多次對邊境各族的戰爭，消耗大量財富，文景所遺府庫積蓄用盡。因此他募民入奴婢、入羊、入錢、入粟以拜官或贖罪，又設武功爵出賣，力圖籌措軍資。另設武功爵，高價出賣。《漢書·食貨志下》載：「又興十餘萬築衛朔方，轉漕甚遠，自山東咸被其勞，費數十百鉅萬，府庫並虛。乃募民能入奴婢得以終身復，爲郎增秩，及入羊爲郎，始於此。」：「此後四年，衛青比歲十餘萬眾擊胡，斬捕首虜之士受賜黃金二十餘萬斤，而漢軍士馬死者十餘萬，兵甲轉漕之費不與焉。於是大司農陳臧錢經用，賦稅既竭，不足以奉戰士。有司請令民得買爵及贖禁錮免臧罪；請置賞官，名曰武功爵。級十七萬，凡直三十餘萬金。諸買武功爵官首者試補吏，先除；千夫如五大夫；其有罪又減二等；爵得至樂卿，以顯軍功。軍功多用超等，大者封侯卿大夫，小者郎。吏道雜而多端，則官職耗廢。」劉瓚注引《茂陵中書》說：「武功爵：一級曰造士，二級曰閒輿衛，三級曰良造，四級曰元戎士，五級曰官首，六級曰秉鋒，七級曰千夫，八級曰樂卿，九級曰執戎，十級曰政戾庶長，十一級曰軍衛。」「級十七萬，凡直三十餘萬金。」同時也開創了除以往入粟、入錢，還可以入奴婢、入羊的先河，什麼都收。

《成帝紀》載：「鴻嘉三年，令民得買爵，賈級千錢。」過了三年後的永始二年又賣官爵，稱：「關東比歲不登，吏民以義收食貧民、入穀物助縣官振贍者，已賜直，其百萬以上，加賜爵右更，欲爲吏補三百石，其吏也遷二等。三十萬以上，賜爵五大夫，吏亦遷二等，民補郎。十萬以上，家無出租賦三歲。萬錢以上，一年。」這次賜爵的捐贈應該是錢。如捐三十萬錢（如按一緡錢可換一石糧計）約合三百石糧，賜爵五大夫。屬於第九級，接近高爵。其百萬以上，約合一千石糧，加賜爵第十四級的右更。文帝時輸粟四千石爲五大夫，萬二千石爲屬於第十八級的大庶長，較之，成帝時爵位價值比文帝時明顯降低很多。

（三）賣爵政策所起的作用

賣爵政策所起的作用，有以下幾方面：

1、漢初的賣爵謀食。「漢興，接秦之敝，諸侯並起，民失作業，而大饑饉。凡米石五千，人相食，死者過半。高祖乃令民得賣子，就食蜀、漢」。漢初在戰後全國大範圍出現災荒，國家也沒有太多的救災能力，就准許賣爵，這時候，爵位就成爲「民」生活的最後一道保障。《索隱》崔浩云：「富人欲爵，貧人欲錢，故聽買賣也。」

2、賣爵獲粟。如漢文帝時，「匈奴數侵盜北邊……於是募民能輸及轉粟於邊者，拜爵。」這是為了實邊。這些「賣爵」舉措，可利國利民。

3、賣爵徠民。《史記·卷三十·平準書第八》載：「孝景時，上郡以西旱，亦復修賣爵令，而賤其價以招民……」。爵位的價格賣的很低，這樣很多流民就可以花很低的價格獲得爵位，進而獲得「民」的身份，使得他們不至於淪落流浪。這也是善意的舉措。

三、賜民爵對名田制的影響

從朝廷來說「賜民爵」多是在皇家有喜慶的日子，表示普天同慶，澤被蒼生，同時也給農民實惠，如：（1）爵級可賣錢。《史記·孝文本紀》云：後元六年，「天下旱蝗，帝加惠，……民得賣爵」；《漢書·食貨志》也說：「歲惡不入，請賣爵子」。說明在災荒時可以賣爵。至於爵價，應劭認為：「一級值錢二千」。賣爵一級能得錢二千。（2）可有罪得以減輕，並縮短服役年限。「男子賜爵一級以上，有罪以減，五十六免；無爵為士伍，年六十乃免老，有罪各盡其刑。」說明有爵男子有罪得以減輕，一生中還可縮短四年服役期。（3）犯罪後不作奴僕。「凡有爵者」，「皆不為奴」。（4）低爵獲得者在服役期間，待遇與社會地位較無爵者為高。在邊境屯田、戍守的兵卒，其等級高低與職務大小，都由爵位高低來決定。（5）可優先租種封建國有土地。《漢書·食貨志》云：武帝時，「令命家田三輔公田」。顏師古注引韋召曰：「命，謂爵命者；命家，謂受爵命一爵為公士以上；令得田公田，憂之也」。這就是說，獲得低爵的農戶，當喪失土地後，有租種國有土地的優先權。因為有上述小利可獲，對於引誘小農定居農村從事農業生產具有一定的作用。但是，真正的農民通過「賜民爵」獲得的利益是極為有限的。

（一）獲得民爵的條件

西漢時期，「漢承秦制」獲得爵位的方式除了軍功授爵之外，還包括國家對官賜爵；國家對吏賜爵；納粟得爵，賣爵；國家對移民的賜爵；國家對「民」的賜爵。六種方式。民爵在二十等爵位中是屬於低爵位，在士爵的基礎上，最高到「公乘」。而獲得民爵者，同樣必須有一定條件。

能獲得民爵者，首先是屬於「民」的範疇，一般指有人身自由的自耕農「良家子」。《史記·李將軍列傳》說：「孝文帝十四年，匈奴大入蕭關，而廣以良家子從軍擊胡。」司馬貞索隱：「如淳云『非醫、巫、商賈、百工也』。」

《漢書‧食貨志下》:「工匠醫巫卜祝及它方技商販賈人坐肆列里區謁舍……除其本,計其利,十一分之,而以其一爲貢。」這一類人,以排除賜爵範圍之內。《漢書‧食貨志》記載:「賈人有市籍,及家屬,皆無得名田,以便農。敢犯令,沒人田貨」。秦簡引《魏戶律》的規定:「自今以來,假門、逆旅,贅婿、後父,勿令爲戶、勿予田宇。三世之後,欲仕仕之,仍署其籍曰:故某閭贅婿某,更之乃孫。」漢代依然對假門、逆旅,贅婿、後父四種人鄙視,不會賜爵。「假門」是依附別人門下者,「逆旅」是無戶籍的流浪戶,入贅女家的爲贅婿,入贅有孩子女家的爲後父。都不執掌門戶,無納稅任務,地位低下。

民爵最低的四級是「士爵」,「士」必然有授爵資格。漢代社會職業分工爲四民。即士、農、工、商,士爲四民之首,但還是屬於民。士在民間以教書爲生。漢代民間基礎教育的普及,可以通過《四民月令》等文獻提供的關於鄉村「小學」的記錄得以反映。《四民月令》說「正月」事:「研凍釋,命幼童入小學,學書《篇章》。」爲了鼓勵戰功,民立功同樣授爵。

1、主體授爵給家(戶)長:《漢書‧文帝紀》:「賜民爵一級。師古曰:賜爵者,謂一家之長得之也」。這是賜爵的主體。

2、授爵授男不授女:《史記‧封禪書》說:天下稱慶,恩當普洽,所以男戶賜爵,女子賜牛酒。令天下大酺五日。

3、有時授爵給戶主的繼承人:《文帝紀》又云:「賜天下民當爲父後者,爵一級」。師古曰:「雖非己生正嫡,但爲後者,即得賜爵」。何焯曰:「當爲父後,正謂嫡長耳」。《後漢書‧光武紀》「其擇吉日祠高廟,賜天下長子當爲父後者爵,人一級」。關於父後條文:據《二年律令》置後律:「疾死置後者……其無嫡子,以下妻子,偏妻子」。又載:「死毋子男代戶,令父若母,毋父母令寡,毋寡令女,毋女令孫,毋孫令耳孫,毋耳孫令大父母,毋大父母令同產子代戶。同產子代戶,必同居數。棄妻子不得與後妻子爭後」。「父」其實是泛指每戶之主,承擔著租、賦、役等義務。授爵給「父後」,促進農戶發展新的「編戶」,擴大稅收。

4、鄉村的骨幹可多授爵:《後漢書‧明帝紀》:賜天下男子爵,人二級;三老、孝悌、力田人三級。章懷注:《前書音義》曰:男子者,謂戶內之長也。三老、孝悌、力田,三者皆鄉官之名。三老,高帝置,孝悌、力田,高后置,所以勸導鄉里,助成風化也。」,三老主管「教化,「孝悌」爲尊老愛

幼的模範者，「力田」則是耕田能手，國家都特加優待、重點獎勵，比普通的「民」多一級，有時候甚至會在單獨給他們賜爵，比如西漢成帝建始二年（公元前 30 年）「赦天下徒，賜孝悌、力田二級」；錢大昭曰：自公士至公乘，民之爵也。生以為祿位，死以為號諡。凡言賜民爵者，即此。自五人夫至徹侯，則官之爵也。

5、戶中其它成員也有得民爵機會：漢代有「民爵不得過公乘」的政策規定。累計相加超過「公乘」的，可以「爵過公乘，得移與子，若同產、同產子」，戶主的兒子、兄弟或侄兒，就有可能得到民爵。高爵位道德人死後，其繼承人的承繼爵位下降，也會的到民爵。

6、授民爵擴大到無戶籍者：。至於「民無名數及流民欲占著者」，指的是沒有戶籍的自耕農、以及流徙他方欲定居的人。

（二）遇慶典賜女子牛酒

軍功爵原本是對立有軍功者的賞賜一般僅限於授男子，故史書中屢見有諸如「賜民爵一級，女子百戶牛酒」之類的記載。但在張家山漢簡《二年律令·置後律》中，卻明確規定「女子比其夫爵」。此外，另有四條關於對逃亡和犯罪的「上造、上造妻以上」和「公士、公士妻以上」如何減立輕處罰的律文，足證漢初擁有軍功爵者之妻，也可享有與其夫同等的待遇。丈夫死後，以寡妻戶者，可繼承其夫的爵位，即所謂「寡為戶後，予田宅，比子為後者爵」。「女子比其夫爵」是軍功爵政治價值的又一體現。說明在漢代女子也有一定權力。

《史記·封禪書》：「百戶牛一頭，酒十石。」臣賢案：此女子百戶，若是戶頭之妻，不得更稱為戶；此謂女戶頭，即今之女戶也。天下稱慶，恩當普洽，所以男戶賜爵，女子賜牛酒。令天下大酺五日。惠帝時只賜民爵，未賜牛酒。文帝即位之初，「其赦天下，賜民爵一級，女子百戶牛酒，酺五日。」是賜女子牛酒的開始。漢時期大規模賜牛酒共二十二次之多。索引上引樂產云：「婦人無夫或無子不沾爵，故賜之也。以上資料都說明，賜男子爵的戶，不再賜牛酒。《封禪書》所說的「百戶牛一頭，酒十石」，《漢書》顏師古注則認為：「賜爵者謂一家之長得也，女子謂賜爵者之妻也。率百戶共得牛若干頭，酒若干石，無定數也。」顯然三者對賜牛酒的女子有著不同的解釋。一說是戶主之妻；一說是男戶長的女戶主。可是《史記》、《漢書》上均說：「賜女子百戶牛酒」只是「泛指」女子，並未指明什麼人，也可以說是，讓百戶全體

女子共同享受慶典的恩賜。

皇帝所賜的，並不是酒的一種——「牛酒」，而是牛和酒。是無疑義的。漢代農村組織百戶爲里，是里社中舉行慶典。漢制禁民私所自立社，禁民無故群聚飲酒，禁止無故屠宰耕牛。「酺」是皇帝特許的大聚飲。秦漢時，三人以上無故相聚飲酒，要罰金四兩。這裏爲慶祝皇帝登基，特許百姓聚飲五天。都是國家慶典特許的恩典活動。「酒食之會，所以行禮樂也。」

至於所授牛酒從哪裏來的，沒見有文獻說明。全國開支也是可觀的。一種可能是地方開支；另一可能只是允許鄉民自籌，官府給政策，允許宰牛、釀酒，聚眾歡樂。

（三）西漢時期的賜民爵次數

二十級爵制分四等。貴族的爵位已經削弱，只留下二個侯級。原來的高官史各卿，演變爲卿爵，成爲高爵。大夫爵介於高爵和民爵中間，常有變動。大夫屬於官吏，低於卿。相當於大夫的是：五級大夫，六級官大夫，七級公大夫，八級公乘，九級五大夫共五級。秦與漢初，從第七級的公大夫（七大夫）起，即爲高爵，漢高祖規定：七大夫以上均有食邑，文帝後，第九級五大夫以上始爲高爵，五大夫的待遇不過免役，公乘以下仍須服役，東漢明帝規定：賜民爵不得超過公乘。《爵制》中謂「吏民爵不得過公乘者」，後漢初年的王充在《謝短》篇中也說「賜民八級爵」的說法。把八級公乘列入到民爵，明示提高了民爵，實際降低了大夫級的爵位。

士爵則是民爵的主體。據居延漢簡簡文，漢代民爵八級，從一級公士到八級公乘，在居延屯戌區內既可擔任各種官職（實爲百石小吏），也可以當兵。當官憑本人才能，與爵位無關，當兵說明爵位八級已失去免役等特權，成爲有名無實的榮譽頭銜。漢簡中反映的公乘當官者多、當兵者少，公士當兵者多、當官者少的情況，說明爵位高低還有一定影響，但這影響是建立在實力基礎上的，並無法律保證。

西漢自高帝登基到王莽代漢共計十三朝（包括呂后當權）213 年。從惠帝開始共賜民爵四十三次，平均大約五年一次。賜爵大都是遇到皇家有喜慶事，如皇帝初立，立皇子等，以表示澤被蒼生、施恩百姓。賜民爵一般爲天下「戶一級」，也有說明賜爵一級給「後父者」或「長子」，即戶主的繼承人，這樣更有利發展「新編戶」，擴大賦稅源頭。個別是賜給某地區的。如元帝初元二年只賜雲陽民爵一級；宣帝甘露三年：鳳凰集新蔡，賜當地民爵二級

等，有五次之多。同時還賜「女子百戶牛酒」；加賜三老、孝悌力田、鰥寡孤獨高年帛，與民同慶。

到景帝後元元年在賜民爵的同時，還給賜吏爵。「中二千石、諸侯相」（相當郡守級別低的官員）爵右庶長，達到第十一級高爵位。漢宣帝賜民爵最多，達到九次之多。而且大多是出現鳳凰、神爵等祥瑞時賜爵，有些像「打忽悠」一般。宣帝統治期間，「吏稱其職，民安其業」，號稱「中興」，應該說，宣帝統治時期是漢朝武力最強盛、經濟最繁榮的時候，因此史書對宣帝大為讚賞，曰：「孝宣之治，信賞必罰，文治武功，可謂中興」。漢昭帝被並稱為「昭宣中興」。看來是有意用「出祥瑞」來誇耀「欣逢盛世」。

〔惠帝〕

孝惠元年：趙隱王如意薨，……賜民爵，戶一級。

孝惠五年：長安城成，賜民爵，戶一級。

〔高后〕

高后元年：賜民爵，戶一級。

〔文帝〕

孝文元年：朕初即位，其赦天下，賜民爵一級，女子百戶牛酒，酺五日。

〔景帝〕

初元元年：赦天下。賜民爵一級。

初元三年：立皇子端為膠西王，勝為中山王。賜民爵一級。

初元四年：夏四月己巳，立皇子榮為皇太子，徹為膠東王。六月，赦天下，賜民爵一級。

初元七年：立膠東王徹為皇太子，賜民為父後者爵一級。

中元元年：赦天下，賜民爵一級。

中元五年：立皇子舜為常山王。六月，赦天下，賜民爵一級。

後元元年：赦天下，賜民爵一級，中二千石諸侯相爵右庶長。

後元三年：皇太子冠，賜民為後父者爵一級。

〔武帝〕

建元元年：赦天下，賜民爵一級。

元光元年：赦天下，賜民長子爵一級。

元狩元年：賜中二千石爵右庶長。賜民為後父者一級。

元鼎四年：行幸雍，祠五畤，賜民爵一級，女子百戶牛酒。

元封元年：登封泰山，降坐明堂。……賜天下民爵一級，女子百戶牛酒。

〔昭帝〕

始元五年：賜中二千石以下至吏民爵各有差。

元鳳四年：帝加元服，見於高廟。賜諸侯王、丞相、大將軍、列侯、宗室下至吏民金帛牛酒各有差。賜中二千石以下及天下民爵。毋收四年、五年口賦。

〔宣帝〕

本始二年：武帝巡狩所幸之郡國皆立廟，賜民爵一級，女子百戶牛酒。

地節三年：立皇太子，大赦天下。賜御史大夫爵關內侯，中二千石右庶長。天下當爲後父者爵一級。

元康元年：鳳凰來儀，庶尹允諧。其赦天下徒，賜勤事吏中二千石以下至六百石爵，自中郎吏至五大夫，左史以上二級，民一級，女子百戶牛酒，加賜鰥寡孤獨、三老、孝悌力田帛。

元康二年：鳳凰甘露降集，賜天下吏爵二級，民一級，女子百戶牛酒，加賜鰥寡孤獨高年帛。

元康三年：神爵數集泰山……賜天下吏爵二級，民一級，女子百戶牛酒，鰥寡孤獨高年帛。

神爵四年：其赦天下，賜民爵一級，女子百戶牛酒，鰥寡孤獨高年帛。

五鳳三年：減天下口錢，赦殊死以下，賜民爵一級，女子百戶牛酒，大酺五日。

甘露二年：賜民爵一級，女子百戶牛酒，鰥寡孤獨高年帛。

甘露三年：鳳凰集新蔡，其賜汝南太守帛百匹……賜民爵二級。毋出今年租。

〔元帝〕

初元二年：春正月，行幸甘泉，郊泰畤。賜雲陽民爵一級，女子百戶牛酒。

夏四月丁巳，立皇太子。賜御史大夫爵關內侯，中二千石右庶長，天下當爲父後者爵一級。

初元四年：行幸河東，祠后土，赦汾陰徒，賜民爵一級，女子百戶牛酒，

鰥寡高年帛。

永光元年：行幸甘泉，郊泰畤，赦雲陽徒，賜民爵一級，女子百戶牛酒，
　　　　　高年帛。

永光二年：其大赦天下，賜民爵一級，女子百戶牛酒，鰥寡孤獨高年、
　　　　　三老、孝悌力田帛。

建昭五年：其赦天下，賜民爵一級，女子百戶牛酒，三老、孝悌力田帛。

竟寧元年：皇太子冠。賜列侯嗣子爵五大夫，天下當為父後者爵一級。

〔成帝〕

河平元年：賜天下吏民爵，各有差。

鴻嘉元年：其賜天下民爵一級，女子百戶牛酒，加賜鰥寡孤獨高年帛。
　　　　　逋貸未入者勿收。

永始四年：大赦天下，賜雲陽吏民爵，女子百戶牛酒，鰥寡孤獨高年帛。
　　　　　三月行幸河東。祠后土。賜吏民如雲陽。

〔哀帝〕

綏和二年：太子即皇帝位。大赦天下，賜宗室王子有屬者馬各一駟，吏
　　　　　民爵，百戶牛酒，三老、孝悌力田、鰥寡孤獨帛。

建平四年：賜中二千石至六百石及天下男子爵。

〔平帝〕

元始元年：賜天下民爵一級，吏在位二百石以上，一切滿秩如真。

元始四年：立皇后王氏，大赦天下。賜天下民爵一級，鰥寡孤獨高年

（四）西漢各代賜民爵的變化過程

公元前 195 年 5 月，呂后用惠帝名義發佈了一個關於大規模賜爵的規
定，其文如下：「賜民爵一級；中郎、郎中滿六歲三級，四歲二級；外郎滿
六歲二級；中郎不滿一歲一級；外郎不滿二歲賜錢萬；宦官、尚食比郎中；
謁者、執楯、執戟、武士、騶比外郎；太子御驂乘賜爵五大夫；舍人滿五歲
二級。……爵五大夫、吏六百石以上及宦皇帝而知名者，有罪當盜械者皆頌
繫；上造以上上及內外公孫、耳孫，有罪當刑及當為城旦舂者，皆耐為鬼薪
白粲；民年七十以上若不滿十歲，有罪當刑者皆完之」。這個規定同以前對
比，有所差別：賜爵全國性的無條件普遍「賜民爵」和給在職官吏「賜吏爵」
相結合，不只軍功賜爵這一各條件。按賜爵級數給予土地、住宅地及庶子的
規定也被取消了。不過爵至列侯，仍可獲得「賜甲第」、「僮千人」及車馬器

物等賞賜。漢惠帝時開始「賜民爵」二次。

　　文景二帝時期，戰爭較少，賜爵制度又一重大變化：「賜吏爵」的暫時中止。文帝時期史書已無普遍「賜吏爵」的記載。景帝時期，雖然有一次給「中二千石、諸侯相」賜爵右庶長，但其賜爵面遠不及呂后時寬。「賜民爵」獲得了發展。文景二帝無條件地「賜民爵一級」及「賜民爲父後者爵一級」，給戶主賜爵發展到同時給戶主長子賜爵。實行了輸粟買爵制和徙邊賜爵制。爲防備匈奴，「屯戍者多，邊粟不足給食當食者，於是募民能輸及轉粟於邊者拜爵，爵得至大庶長。孝景時，上郡以西旱，亦復修賣爵令，而賤其價以招民及徒復作，得輸粟縣官以除罪」。「令民入粟邊，六百石爵上造，稍增至四千石爲五大夫，萬二千石爲大庶長，各以多少級數爲差。」賜爵位很高。高低爵界限的上移至五大夫，其區分標誌也由「食邑」變成了「免役」。晁錯在文帝時曾說：凡自願徙邊者，「皆賜高爵，復其身」；又說：「令民入粟受爵，至五大夫以上，乃復一人耳」。唐人顏師古、宋人錢子文及清人錢大昕等，都已看出漢代以五大夫爲高爵起點，認爲第八級公乘以下「與庶民無異」。出土的居延漢簡，也證明以上看法是正確的。因爲在漢簡中，屢見更卒、戍卒有爵至公乘而無爵至五大夫者，顯然爵至五大夫已不服役，而公乘以下仍得服役。漢簡上起武帝太初三年（公元前 102 年），可見這種變化確在武帝之前即已形成。文景二帝爲了發展農業經濟就以擴大給小農戶戶主賜爵爲誘餌，把農民固著於土地，多生產糧食布帛。可是隨著擴大「賜民爵」而來的，小農戶也有因累計爵級而獲得免役權的可能。但是國家則有役源枯竭的危險。爲防止農民獲得免役權利，文帝就提高了高低爵的界限，使一般民戶終身無法獲得免役權。

　　昭、宣二帝時期，除「賜民爵」仍在實行外，「賜吏爵」有了顯著發展，尤以宣帝時期爲最。據不完全統計，宣帝曾大規模賜爵十三次，其中給在職官吏普遍賜爵者凡九次，正式提出「賜天下吏爵」者凡五次。這表明「賜吏爵」成了重點，而且一次可賜爵至左更及關內侯不等，大大超過以前。「賜民爵」每次只限一級，二者的分離更明顯了。這標誌著宣帝時的地主、官吏、貴族，更需要用「賜吏爵」作爲維護既得利益與特權地位的工具。元、成、哀、平時期，也同宣帝時一樣。值得注意的是，賜爵對象又增加了兩種人。一是「列侯嗣子」，往往賜爵至五大夫，使官吏、貴族子弟獲得免役特權。二是「孝悌力田」，往往每次賜爵二級，大量的賜民爵，使普通庶民都能夠突破

一頃田一宅的名田制指標的機會，如果有的農戶有了田宅擴大可能以後，而無力完成耕作量，必然要雇傭勞力，或出租土地，成爲地主。賜民爵實際爲發展地主經濟鋪路，就改變了發展「編戶齊民」的初衷，而失策。

參考文獻

〔1〕司馬遷，《史記》，北京：中華書局，1982。

〔2〕班固，《漢書》，北京：中華書局，1962。

〔3〕范曄，《後漢書》，北京：中華書局，1965。

〔4〕張家山二四七號漢墓竹簡整理小組，張家山漢墓竹簡（二四七號墓），北京：文物出版社，2001。

〔5〕朱紹侯，〈呂后二年賜田宅制度試探——《二年律令》與軍功爵制研究之二〉，《史學月刊》，2002，（12）。

〔6〕高敏，〈《張家山漢墓竹簡·二年律令》中諸律的製作年代試探〉，《史學月刊》，2003，（9）。

見 2015 年《中國農史研究的新視野》

民國時期的南陽鄉村自治

提　要

　　二十世紀三十年代，位處河南西南的宛西地區興起了一場影響深遠的鄉村建設運動。這場運動持續了十幾年，以「地方自治」爲口號，在政治、經濟、教育、軍事等方面進行了有濃重地方特色的體制改良。宛西自治領導人彭禹廷、別廷芳、寧洗古等在孫中山地方自治思想基礎之上，結合當時影響深遠的鄉村建設思想，從宛西社會實際出發，創辦出自治的指導理論──三自政策。宛西自治，是由鎮平人彭禹廷率先發起的。彭禹廷倡辦自治之先，在輝縣百泉參與創辦河南村治學院。1930 年，家鄉匪患嚴重，在鄉親的強烈要求下，他回到家鄉，力圖剿匪。剿滅匪患以後，悲慘的現實使他更加認識到，改良政治、發展生產爲當務之急。早在 1927 年，彭出任鎮平縣南區區長時就曾組織民團與土匪周旋，這次回到家鄉，受到了地方民團舊部屬的歡迎。他遂決定在家鄉鎮平推行鄉村自治，使鎮平的自治運動走上軌道。彭禹廷被害後，由內鄉別廷芳主持。1940 年別廷芳病故，內鄉縣鄉村建設已取得的成績無人維護，再加上日軍到宛西，鄉村建設的成績基本上喪失殆盡。

　　中國的「鄉村建設實驗」活動，可以追溯到 1904 年在河北省定縣翟城村的「村治」和辛亥革命後山西省的「村治」。五四運動後又有新村運動與平民教育運動等。到抗日戰爭前，從事這種實驗活動的單位不下一百多處，人員二千多人，多是從事社會、經濟工作的知識分子。各處的「鄉村實驗活動」的出發點和目的各有不同。有的是用近代知識普及農民教育以改善農村

狀況；有的以自衛爲目的改善鄉村的治安；有的專門從事農村合作事業；有的爲推廣農業科學技術。形式有學校、民團、合作社、推廣技術等。但其非出偶然的共同性是：農村秩序的維持和重新建立，提高農村的購買力，推廣新的農業技術，以某種精神的涵養緩和、化解農村的內部矛盾。其中有較大影響的是：梁漱溟在 1929 年在河南輝縣百泉辦的村治學院和山東鄒平的鄉村建設研究院。晏陽初 1926 至 1929 年在河北定縣籌建的中華平民教育促進會（簡稱：平教會）。南陽鄉村自治則是屬於梁漱溟思想體系的。

一、舊派的鄉村建設運動

　　梁漱溟的鄉村建設運動被稱爲農村改良派的舊派，也稱村治派，日本學者稱之爲農業社會主義，以區別於晏陽初平教會的新派。新與舊並非是時間的概念，而是活動的指導思想。梁漱溟的鄉村建設依託於中國的傳統的文化，故稱爲舊派。其動機有二：一是我們多數是鄉村出身的人，身受一切痛苦，非自救沒辦法。而要農民有自覺，有組織，必須知識分子下鄉；二是現當過渡時代，我們必須創造新的社會，這社會必須從農村做起。(1) 其理論建立在特殊的中國文化，即高度的鄉村文化。其特徵就是「倫理本位和職業分立的社會」。曾闡明「中國問題的內涵包有政治問題，經濟問題，而實則是一個文化問題」。又說到「外國侵略雖爲患，而所患不在外國侵略；使有秩序則社會生活順利進行。自身力量可以禦外也。民窮財盡雖可憂，而可憂不在民窮財盡，使有秩序則社會生活順利進行，生息長養不難日起有功也」。發展教育，改造客觀境地以解決問題；取消問題爲問題的解決；調和於我和對方的問題。其理念除了儒家中庸之道外，還揉進了佛家、道家學說。

　　梁漱溟先生逝世後，1988 年 6 月 25 日紐約《世界日報》發表特稿評論稱：「在民國初年，西學輸入不足，中學出現斷層的時代，梁漱溟憑其個人才慧，能獨樹一幟，爲維護傳統文化，從而思有所作爲，轉而向內求取文化的提振，一時之間，儼然成爲對抗西方文化思潮的砥柱，爲文化的民族主義成一家之說，自有其時代的意義。」

　　鄉村建設的措施主要是辦「鄉學」、「村學」。在發展教育的基礎上使鄉村「政、教、富、衛合一。政、教合一的實施辦法就是「行政機關教育化」和「社會教育化」，用村學代替鄉公所，用鄉學代替區公所。從而使村學、鄉學、縣政府、鄉村建設研究院等組織成爲「小家庭對大家庭之倫理的關係」。擴充到全國，全國成爲一個大家庭，「民族自救的最後一著」也就完成了。「富」

的方面實施是組織各類合作社，主要辦運銷合作社」，從事農業優良品種推廣。「衛」則是訓練「聯莊會」，辦地方自衛，防匪防盜。

　　鄉村建設梁漱溟雖說是依靠「鄉村自己的力量」，但是主要是依賴於「擁擠都市」的知識分子回鄉推動鄉村建設。村學、鄉學的鄉董會、教員、輔導員由縣政府禮聘、任命。鄉村的「領袖」應該是「有信用有威望」的。學長要「齒德並茂，群情所歸」。

二、南陽鄉村自治概況

　　南陽地處豫、鄂、陝三省交界處，情況複雜。具體說來，南陽鄉村自治是在宛西鎮平、鄧縣、內鄉、淅川各縣。史學家常稱爲「宛西鄉村自治。」民國初年宛西群雄並起，拉杆建團，各霸一方，亦兵亦匪。一些就是純粹打家劫舍，綁票殺人的土匪，巨匪老王太、李長有等能糾集上萬人。各路「諸侯」像吳佩孚、李宗仁、劉峙、劉鎮華、憨玉昆、樊鍾秀等都曾插手其間，利用地方的各種勢力，相互攻伐。因此，各類人物的面貌難以琢磨。如在豫鄂陝邊區人們所熟知人物鄧縣的戴煥章，是學生出身，1933 年曾在家鄉領導過民團，又與土匪火併。後因受另一民團頭領別庭芳的擠壓，到宜城縣垃杆闖蕩。抗日戰爭期間，又參加抗日戰爭，隨抗日名將張白忠進行襄東戰役，打死打傷日寇數百名。其並同情共產黨，其部屬隨後被解放軍改編。1947 年戴煥章被鄧縣反動民團司令丁叔恒（丁大牙）唆使兇手殺害在樊城。

　　宛西鄉村自治的主要創始者是彭禹廷。他是鎮平縣人。北京匯文大學肄業。曾從梁漱溟在河南百泉村治學院教書，對梁漱溟的鄉村建設思路有較深刻的認知。並曾在馮玉祥部當過軍官，懂得軍事。他是中国共產黨著名的抗日將領彭雪峰的族叔，彭雪峰「出山」初到北京，就是投奔這位叔叔的，並予以關照。

　　1927 年彭禹廷由塞北軍中回鄉奔母喪，爲母搭庵守墓。連續看到土匪殺人越貨，爲非作歹，人民苦不堪言，他僅以秋稼掩護得免。自守墓以後，父老鄉親們紛紛前來弔唁。安慰之餘，訴說土匪的肆虐殘忍。鄉親們都希望彭禹廷出來剿匪清鄉，保境安民。他既熟悉軍事，又通教育，是「天降大任於斯人」的「應運而生」最佳人選，符合天時、地利、人和條件。他看到人心所向，眾情難卻，就決定接下此任，在鎮平剿匪，爲民除害。同時推行梁漱溟的主張，實行鄉村自治，幹出一番事業。名義是鎮平縣侯集區區長。

　　在剿匪戰鬥中，屢建奇功。1931 年臘月打死打傷悍匪老王太部下七百多

人，俘虜二百多人，名聲大振。次年春，匪徒不甘失敗，捲土重來。糾集兩三萬人，近千馬匹。結果在各方的配合下擊潰了匪徒，只剩五千多人逃竄。從此彭禹廷名聲大振，連驃悍的內鄉地方梟雄別庭芳也折服在門下。

在辦民團剿匪的同時，舉辦教育事業，開辦學校。以期培養出有才幹的辦理地方自治的骨幹力量。並使廣大民眾都有一定的文化知識，以達共同自治，促進自富的目的。試圖以鎮平爲地方自治爲重點，擴展到全區、全省、全國，最後實行「鄉村建設救國」的目的，爲國爲民的心胸抱負很大。在全縣發展小學教育，1927 年全縣只有小學 43 所，在校學生 1,200 人。自辦鄉村自治後，小學教育大發展。到。1933 年彭禹廷遇害時，小學發展到 497 所，在校學生 23,901 人。學生由原來的只占全縣人口的千分之三，上升爲百分之六。普及小學教育的同時，成人們上「夜班學」掃除文盲。

高一層的辦了宛西中學和在天明寺辦了宛西聯立鄉村師範。鄉村師範成爲培養鄉村自治骨乾和學校教師的基地。爲了社會的需要，成績好的學生可提前畢業。師範學校成爲宛西自治的主要力量和支柱，充分體現了政教合一的精神。師範學校是由鎮平、內鄉、淅川三縣聯合成立的，從而使彭禹廷的自治事業，通過學生由鎮平擴展到宛西。所有鄉村自治的辦事人員必須要通過鄉村師範學習培訓。教育的宗旨基本是按照梁漱溟辦鄉村建設的政、教、富、衛合一的思路，具體到教育方面貫徹教、養、衛合一，即筆桿、鋤杆、槍桿合一。使學生在自治、自衛、自富諸方面獲得知識和技能。

校舍主要用寺廟、詞堂和鄉公所。爲了使教師安心教學，給以適當的工資保障，鄉村初小教師，月薪十元（銀洋），完小教師月薪十四到二十元，校長三十元。當時每月伙食費約三元，教師可養三到六口之家。辦教育的經費由以下幾方面籌措；一是原寺廟、家祠的公產收入；二是集市的專項稅收，如牙行稅等；三是富戶、商號的捐款；四是有關罰款歸學校；五是縣政府的補助；六是收繳學生學雜費，但數量很少，鄉村小學大部分免交。最多是上初中，每期交三元學費。

農業生產方面實行治河擴地，種「雁翅柳」擴大耕地。點種橡樹，發展柞蠶。振興手工業，成立絲綢改良委員會。辦婦女草帽傳習所，傳授編織技術。成立農民借貸所，發行地方紙幣。自治經費用累進制，二畝以下的窮戶免交。中等戶每畝收二升小麥，大戶每頃再加二斗到六斗。閭里之間通電話，鄉村道路暢通。商業上提倡國貨，禁止洋貨，不吸洋煙，不用洋靛。

社會改革方面剷除陋俗，戒鴉片，婦女放足，剪辮子，禁止溺嬰。成立息訟會，調解鄰里糾紛，這是中國漢代的「三老制」和明代的申明亭「的延續，達到村村無訟，家家有餘。發放村民證件，連乞丐也發乞丐證，無證不准在自治區內行乞。

三、鄉村自治的結局

彭禹廷的宛西自治由 1927 年籌辦，到 1933 年遇害共計七個年頭，是非成敗，只能由歷史來評說。

鄉村自治的行動受到國民黨政權的猜忌和不滿。主要是影響國民黨政權的權力實施，減少稅收。息訟會活動使縣司法不起作用。發行地方紙幣影響地方金融，但不違反金融政策，到1935 年國民黨政府才實行法幣制度。1933年初，當地劣紳楊瑞峰受河南省國民黨政權的指使，買通彭禹廷的馬弁楊天順，將彭禹廷暗殺。

後來雖然兇手和指使人被地方處以極刑，人們建立了祠堂以為紀念，但是鄉村自治運動落在了地方勢力土梟雄內鄉縣的別庭芳手中。由別庭芳控制的民團和原來彭禹廷辦的鄉村自治顯然不同，他對民眾實行高壓政策，所說的「路不拾遺，夜不畢戶」是血腥的鎮壓。很像《老殘遊記》中所述說的清末山曹州知府裕賢，用「站籠」酷刑，來達到路不拾遺的。人們只能「道路以目」。

在當時的國際、國內政治環境是使鄉村自治難以繼續進行下去。生前彭禹廷就已經有了覺察，曾對人說過，他是鄉村自治的失敗者，還寫過一份對聯，表明心跡。

上聯：

社會事業，原無了期，即使再幹三五十載，依然富者富，窮者窮，

仍所難免。何如就此撒手，落得一身乾淨。

下聯：

菩薩心腸，寧有止境，雖然多救千百萬家，還是哭者哭，笑者笑，

哪能普遍。不如屠刀早放，猶可立地成佛。

彭禹廷所遵循的梁漱溟改良主義思想在那個時代注定要失敗，為社會所不容。正如紐約《世界日報》評論說：「就作為一位儒者而言，梁漱溟有其功夫及實踐，但完全掌握不住今天中國問題的癥結。在相當程度上新儒家固然

不欣賞他，接受西方思想洗禮的知識分子更不能接受他。……畢竟，梁漱溟是時代悲劇中一位令人尊敬的文化人，代表傳統儒家，卻陷於思想困境的知識分子」。

彭禹廷的鄉村建設實踐與梁漱溟的理論是同一命運，當時改良主義是行不通的。農村改良運動中國共產黨也不認同，毛澤東曾說過：「他（指梁漱溟）搞所謂鄉村建設，有什麼鄉村建設呀？是地主建設，是鄉村破壞，是國家滅亡！」

四、對南陽鄉村自治的思考

不管成敗如何，彭禹廷的獻身事業精神是可貴的。他廉潔奉公，工作了七年，沒有買過一畝地。全家二十三口，只有祖上留下的八間茅草房，六畝半薄田，兩問藥店鋪。他的力量是很單薄的，僅僅憑著個人的努力，即無黨派又無團體的支持，苦撐了七年的社會改良實驗是失敗了，解放後全國性的人民公社不是也失敗了嗎，應該是無可厚非的。事經七十餘年，社會環境發生很大的變化，原來影響中國政治經濟，影響鄉村改良的國際社會環境已經大不相同了。例如日本已經戰敗，蘇聯解體，國民黨政權退出大陸，中國實行改革開放政策。以上諸多變化，南陽宛西鄉村自治是否還有可以借鑒的東西後人思考呢。

利用農村自治的力量搞好社會治安是可取的經驗之一。社會穩定經濟條件雖然很重要，但是社會道德風尚改善也很重要。我國古代農村就有「出人相友，守望相助，疾病相扶持」的良好風尚。村民之間難免產生矛盾，利用息訟會排解糾紛是個好辦法。

許多事情不一定要訴諸法律，法律並不完整無缺，法網恢恢是疏而有漏的，還有「網漏吞舟之魚」。

利用農村自己力量辦學也是要提倡的。南陽鄉村自治辦學的目的首先是為農村當時的社會需要設置教學方案，學以致用。學習內容為農村實踐服務，培養農村的有用人才。在那個時期許多知識分子下鄉也是可貴的，像陳翰笙、孫曉村、薛暮橋等在鄉間調查中，對農村問題寫出了不少有價值的論文。當今許多幹部、知識界大多來自農村，離開農村以後往往就脫離農村，忘了農村，厭煩農村，農村的前途怎麼辦呢。中國農村始終是國家的需要處理的中心大事，而且歷代總沒有一介很好的模式使農村安定下來。

　　鄉村自治仍然是當前農村的重要問題，對自治顧慮重重，有各種擔心。有的人擔心宗族會把持，有的人擔心封建主義復辟，華中師範大學農村問題研究中心賀雪峰教授曾纂文，擔心出現富人治村的局面，基層權錢結合。這種思潮在社會上確實出現，基層領導打擊富人治村。《經濟參考報》2002 年 1 月 6 日報導，河南省溫縣北平皋村主任朱高峰先後為村裏辦了十二件大事，為辦學、種樹墊付了十一萬元，竟遭牢獄之災二十個月。說明有許多人對村民民主自治並不感興趣。

　　梁漱溟所提到的政教（育）合一，選「齒德並茂，群情所歸」的人主持鄉村事務，不是沒有一點道理。年長一些的人，經過時間考驗其行為、道德可靠性比較大。自治的領導人首先必須有善行。

　　農村真正達到民主自治，首要的必須擴大農民的資源權限，沒有資源支配權的人，難有人權。再是發展教育事業，提高農民的民權、民主意識，才能實現民主自治。還要精簡、改革現有的鄉村機構和冗員，減少行政開支。吸取南陽鄉村自治的教訓，鄉村自治的權限不宜過大、過濫，鄉規村約不能超出國家法律的範圍。自治權力過大，就會出現權力鬥爭，你爭我奪，村無寧日。鄉村自治主要任務是樹立良好的道德風尚，搞好鄰里關係，協助政府管好農村治安。經濟工作則是一些類似合作社、公司等經濟組織的任務，自治機構基本不插手。鄉規模不宜過大，一般不超過千戶，而且鄉是自治單位不應是一級政府，鄉、村自治機構的人員不屬於國家公務員。縣是政府的最低基層，縣下可以設區作為縣政府的派出單位。按照中國古代市、坊區別管理的經驗，工商業為主的區域要建鎮，按照鎮的管理辦法管理。這是今後農村改革的簡單構劃。

大躍進豫北農村記事

提　要

　　1959 年～1961 年期間出現了全國規模的大饑荒，人民大量非正常死亡，是由於「反右」後，1958 年搞大躍進運動造成的。大躍進內容包括：人民公式化、吃大鍋食堂，浮誇糧食產量，高指標高徵購；大辦鋼鐵等諸多內容。時至今日，依然有人爲了某種目的，掩蓋事實。甚至有人說：所謂數千萬人非正常死亡是重大謠言」。久在豫北從事農村工作，情況熟知，把所見所聞說明之。

　　建國前我即在解放區設立農業科學研究部門工作，研究所設在河南輝縣百泉附近，依山傍水，自然條件優越。原址本是袁世凱的莊園。我們研究所在互助合作時期，由於培育優良品種，推廣新技術，防治病蟲害等方面取得很好的成績。曾在研究所周圍各農戶實現過一百餘戶水稻畝產千斤的實錄，被稱爲：「百戶千斤」，並非虛誇。

　　研究所因爲行政的變動，隸屬過太行區、平原省、河南省。豫北係指河南省黃河以北的 24 個縣（市），那時按行政區劃都屬於新鄉專區。地委第一書記就是創建七里營人民公社的耿起昌。

一、大躍進農業科研人員下鄉

　　1957 年，年景不錯。1958 年春依然是風調雨順。可是這一年政治風雲多變，農村大事迭起。5 月，中共八大二次會議，正式通過了總路線。總路線提

出後，發動了「大躍進」運動。

當年河南在夏收季節的確是一番豐收景象，小麥長勢喜人。據我所科研人員在新鄉七里營實測，每畝收成也就是五、六百斤。而在新聞報導中，與我們實測的產量，大相徑庭，引起當地領導的不滿，認為農業技術員保守。後來受到譏諷說：「研究所來的洋專家，手裏拿個洋框框，（即測量每畝穗數的器具），左一框，右一框，框的小麥不過江。（全國農業發展綱要規定：糧食畝產八百斤為過「長」江，黃河以北為四百斤）。1958 年麥收季節，農業戰線上的高產「衛星」不斷昇天，豐收的喜訊不斷傳來。6 月 12 日，《人民日報》在頭版頭條位置報導了遂平「嵖岈山率先放出中國北方糧食低產田高產衛星」的特大新聞。衛星公社韓樓大隊 2.9 畝小麥試驗田，畝產小麥 3,821 斤。沒過幾天，就在我們研究所五里之遙的輝縣南田莊，又傳來了 1.592 畝的麥田，共打了 7,220 斤，平均畝產 4,535.25 斤。隨後，西平縣和平社畝產小麥 7,320 斤。不斷傳來的玄玄乎乎的高產數字，一浪更比一浪高。

這給我們這些農業專家壓力很大，與以往創出的「百戶畝產水稻千斤」相形見拙。又不敢有異議。反右派、反右傾運動剛剛過去，如果說錯了話，不知道又要扣上一頂什麼名稱的「帽子」。河南省委第一書記吳芝圃發表了《躍進的哲學與哲學的躍進》，隨之「科研人員保守落後，小腳女人，脫離實際」之聲，不絕於耳。

7 月初，屬於信陽專區的遂平縣建立了「嵖岈山衛星人民公社」。全國第一個人民公社在河南誕生了。8 月 6 日，毛主席視察了新鄉縣七里營人民公社，毛主席詳細端詳門口的牌子，新鄉地委第一書記耿起昌問主席：「這個名字好嗎？」毛主席說：「人民公社這個名字好。」

當時，領導提出科研人員要下人民公社向農民學習。於是大部分人就卷起鋪蓋卷下到農村搞科研，同時要接受貧下中農再教育。我們的基點設在濮陽縣新習公社西×砦大隊。這個隊在新的政治運動形勢下，並非事事都走在前面的先進單位，但也不拉後腿，能夠隨大流走。1958 年麥季收成不錯，是個豐收年，但沒有「放衛星」。在我們駐隊農業科技人員指導下，秋季糧棉也長勢良好，抑制了病蟲害。

1958 年六、七月墳，河南省又開展反潘（復生）、楊（珏）、王（庭棟）右傾反黨集團。後來運動又「燒到」新鄉地委第一書記耿起昌。批判他推行「包工包產到戶」。那是 1937 年的事，屬於翻舊帳。運動明顯是黨內的派性，

被批判者都是原平原省幹部。批判者則是原河南省本地幹部。吳芝圃一派得勢。新鄉地委書記換上了張建民，耿起昌下放到安陽市機床廠。那時大躍進正如火如荼的進行著，上層的鬥爭，而我們在基層沒有察覺有何變化

麥場才打完，大躍進、共產飆風就刮到了西×砦。勞力按照軍事編制，建立民兵營。婦女組成穆桂英連，壯年組成趙雲連，少年爲羅成連，老年爲老黃忠連，還化妝臉譜。上級又說名字太老，改爲現代化英雄命名，如邱少雲連等名稱。軍事化集體住宿。孩子放在托兒所。爲了打破小農經濟家庭觀念，實行拆牆破壁，全村不再有院牆門樓。砸鍋拆竈，辦大食堂，不允許個人家中點火。有民兵夜間檢查。這個村的所謂食堂，從來也沒有設置桌椅板凳，支起大鍋，社員排隊打飯，一人一份。飯食不過是農民常吃農家胡塗飯，好點的是一份饃一份菜，沒有見過葷腥。豬羊雞鴨，都集中到公社的所謂「萬頭豬場」、「萬頭羊場」去了。只有一次，上級要來檢查食堂。幹部決定炸「油饃」（類似北方油條的食品）。隨後檢查團又不來了，油膜也沒有吃成。

掀起的另一場飆風就是「大辦鋼鐵運動」。收集的農民的鍋都送進煉鐵爐。但是「砸鍋賣鐵」遠遠完不成煉鋼任務。濮陽是黃河邊的平原，沒有鐵礦資源。當地領導還比較「聰明」，「保糧保鋼」的任務基地，放在客地山區的林縣、安陽。在三秋大忙季節，把大批勞動力，快牲口（係指騾、馬、驢），膠輪大車，用在百里開外的大辦鋼鐵「陣地」上。煉鋼消耗量最大的是木材，村裏的木頭連棺材板都拉上山了。

這年村裏的秋糧長勢蠻好的，棉花桃綻放喜人。因爲大批勞力上山，天氣轉涼，勞力少，莊稼收不上來。幹部讓社員「連軸轉」（就是晝夜不休息），還是收穫不完，困得社員睡在地裏醒不了。即便到了春節時，提出「破舊俗」大幹，餃子也不吃了（實際沒有包餃子的物質條件）。結果，莊稼爛在地裏，棉花被秋風吹得滿地滾。落得個「豐年不豐收」。社員的勞動成果，包含著我們的技術指導努力，都泡湯了。

西×砦大隊除上山煉鋼的剩下社員還要深翻土地，爭高產。毛澤東提出「水、肥、土、種、密、保、工、管農業八字憲法」，小面積試驗田在深翻土地，大量施肥基礎上，折合每畝實實在在的用小麥種子一千斤。」按千粒重一兩計算，等於每畝種了一千萬粒，按出苗率百分之七十計算，每畝出苗七百萬苗。幼芽拱土能力驚人，把表土全抬起來了。在小麥生長過程中，自然競爭消長，最後還畝產 312 斤，只相當播種量三分之一。

秋季各地報導的高產「衛星」產量遠遠超過麥季南方早秋收穫季節。水稻畝產超過萬斤，五個小孩可以站在稻田稻穗上。湖北麻城早稻畝產 36,900 斤；福建南安畝產花生 10,000 多斤；廣西環江中稻畝產 15 萬斤；廣東番禺畝產番薯 100 萬斤；水稻 5 萬斤；甘蔗 60 萬斤；各種蔬菜、果品都出現驚人的高產，母雞一天下十個蛋，而且是越下越大。全國陷入了瘋狂的吹噓的海洋中。著名的科學家錢學森論證：如果植物吸收 30% 的光能，水稻、小麥畝產可達 4 萬斤。可是植物並非如物理學一樣，而據我們用同位素磷 32 示蹤觀察作物生長，超過一定量的光，在中午強光照條件下，就會停止光合作用。處於休眠狀態，作物也要「午睡」。

二、大躍進反瞞產私分

當年河南、安徽都宣佈為畝產千斤省，糧食多的很。該大隊在山上大辦起煉鋼鐵，糧食浪費最多，村裏辦起食堂吃的都是農家飯，基本沒有浪費糧食。主要是秋季地裏的糧食沒人收，棉花被風吹的滿天飛。到春節以前，假象就敗露出來了。食堂逐漸無米下鍋，過年吃不上餃子。春季青黃不接時節，已經開始，有人得了浮腫病。國庫糧食也顯現不足，露了餡。在山東、江蘇、河南、河北、安徽等十五個省已經出現春荒的情況下，1959 年 5 月下旬，中央仍飭令各省區：糧食調出計劃，各地必須堅決完成，不能推遲。可是領導認為大豐收了，糧食徵不上來，這是階級鬥爭的反映，往往又和蘇聯共產黨與富農鬥爭聯繫起來。而來了個反「瞞產私分」運動。

運動起始，從上到下開展了大辯論。中國在戰國時候的百家爭鳴，就是辯論。本來辯論就是一種創造。然而時間到了 1958 年，從反右派起，辯論成了可怕的名詞，一直發展到文化大革命達到頂峰。「革命」的人們把辯論從內容到實質發揮的淋漓盡致，創造了種種花樣翻新的辯論方法。至今凡是經過辯論的人都會不寒而慄。辯論會是一邊倒的，不准受辯論者有任何反面的表白。從嚎叫的謾罵，蠻橫的挖苦，到拳打腳踢，使用各種刑法，無所不用其極。

在這個時候，辯論的中心是糧食產量，說低了就是誣衊人民公社，對創造社會主義社會不滿，想讓社會倒退到舊社會。河南省在麥收時正在批判潘復生、楊玨和王庭棟幾位省領導的右傾機會主義。各級幹部層層辯論，拔白旗，反右傾。

　　當時確有一些基層幹部和農民，爲了保命，使一家老小不致餓死，想法設法藏的糧食，能過一天算一天。有的將糧食和草、麥糠混在一起，有的放在罈子中封好，藏在尿池裏。

　　濮陽縣的西別寨，此時大鍋食堂已經經常斷炊，村幹部們見到誰家煙筒冒了煙，就到誰家去搜查糧食。千方百計藏點糧食，搜出來的一率拉到公社糧站入庫，頂村裏的上交糧。明的搜完，就要批鬥那些有勞力，比較富裕的農戶，讓其交出隱藏的糧食。那時候家家的牆都推倒了，鍋也砸了，幾乎無處藏糧。領導動員搜糧的積極分子要繼承土地改革時的經驗，想了許多辦法。如組織貧下中農骨幹力量；憶苦思甜進行階級教育；比先進批落後。說來道去，還是即得利益的誘惑，搜到糧食有獎勵。積極分子可以在工作期間吃上炸油饃。

　　在一天晚上，縣裏來了個叫王×龍同志，組織村裏的積極分子，抓了六個富裕戶當典型，以便打開缺口，挖出餘糧，吳×田就是典型之一。吳家在土改時劃爲中農。因爲他家勞力整壯又勤勞，土改後家境較富裕。辯論會設在原來地主的兩層樓上，現在已經爲村裏的辦公場所。那種所謂的樓可都是磚木結構，已經是破落不堪了。院牆都拆了，樓後就是個大水坑。村幹部比較「滑」，或奈於鄉親情面，沒有積極參加，前以說明這個村領導，並非老「左」。

　　對中農與對貧下中農方式方法有所不同，不用憶苦思甜，著重講在兩條道路上走那一條。擁護人民公社就把藏的糧食拿出來。吳×田剛說：「糧食都讓隊裏搜走，實在沒有糧食了。」那邊說聲辯論開始，人就一下子圍了上來。你一拳，我一腳就把他打翻在地。馬上過來人上前揪著頭髮拉了起來，站在板凳上，讓繼續交待。剛說了個實在沒有，又有人一腳踢翻了板凳，摔了個頭破血流。他被辯論的實在受不了，招認在床底下埋著一個瓦甕，裏邊藏有二十斤玉米糝。

　　在挖糧隊中，馬上去了五、六個人，帶著鐵鍬、鋤頭去起藏糧了。等了約莫半個小時，人回來了。氣憤的說，什麼都沒有挖到，白忙活一陣子，這個人不老實。尤其那位縣裏來的王同志，聽後更是勃然大怒。要繼續修理修理他，不給點厲害不行。在那個時候，文化大革命的鬥爭場合常用的那句語錄「革命不是請客吃飯⋯⋯」還沒有學習到，尚未派上用場。常用的詞是：，辯論」、「修理」。

時間已經到了半夜，打人的人肚子也餓了。表示今夜再不說出藏糧食的地方，就「熬鷹」。就是輪繁換班批鬥，挨「辯論」的人一點不能睡。讓吳×田站在凳子上，脖子掛個石碴子，用鐵絲栓著。鐵絲殺在脖子肉裏，血絲滲了出來，刺心的痛。打人的人一撥兒去吃油饃了，留下一撥兒看著吳×田，一邊還學習「五十四號文件」（即撲克牌，共五十四張）。

吳×田是個硬漢子，也架不住這種酷刑，痛的滿臉豆大的汗珠子往下流。趁人正在出黑桃尖、壓方塊鉤玩的正熱鬧的時候，突然摘下石碴子，跑到樓的後窗戶，跳了下去。窗外就是個大水坑，水深足以埋著人。這幫打撲克的人，看到這種情況，向水坑一望，人沒影了。這才下樓到水坑中打撈人。積極分子的本村負責人叫吳×新，和吳×田是同宗兄弟。在那個時候講的是「親不親，階級分」。是他負責把人撈了上來，但無人來搶救而死亡。

處理吳×田的後事倒也簡單，那個年代人命並不關天。一方面報告給公社領導，我隊有個瞞產藏糧的頑固分子，對抗運動，畏罪自殺；一方面告訴家人來領屍。他家無端的死了個主要家庭支柱，卻是非常冷靜，什麼話也沒有說。這要留給後人思考了。或許想到左左右右村，辯論死了多少人，都是沒法子，還惹了麻煩。一方是肆無忌憚；一方是強忍悲恨。強忍助長了肆無，肆無又助長了強忍。「忍」字是向自己心上紮了把刀呀。這算是惡性循環，還是良性循環，各有各的說法。有幸的是還給了桐木棺材，是成立公社時由各戶「共產」過來煉鋼鐵的，沒有拉上山，派上了用場。誰先死誰先用，再晚了連棺材都沒有。

至於社員們在食堂連稀飯都吃不飽，為什麼搜糧隊在晚上加班能吃上油饃呢。這疑問只用社員們的順口溜就說明了問題，「一天一兩，餓不死司務長；一天一錢，餓不死炊事員。」幹部多吃多占很普遍，幹部家屬也安排個好差事，只要沾上糧食邊的都會餓不死。那時鄉郵電所最好的工作是管漿糊，能沾糧食的邊。

三、學信陽攔截災民

在去年年根底下，下了一場好大雪，小麥有了底墒，1959 年麥收還不錯，這時我們又派到濮陽一縣之隔南樂縣谷金樓大隊。這個大隊的形勢並不比濮陽西×寨好。經過飢寒交迫的一冬，1959 年的春天沒有給谷金樓的人帶來希望，才出芽的野菜連根都不留的進了餓腸。麥苗、油菜地裏還是有的，偷者如被發現，立即拉出來辯論一場。已經有一個小隊走私逃亡殆盡。6 月 29 日，

中國共產黨政治局擴大會議在廬山召開。彭德懷將軍千思萬慮寫了個《萬言書》爲民請命。結果事與願違。一場聲勢浩大的反右傾運動席卷中國大地。小麥是收割了，但都拉到公社糧倉。留給食堂的只是定量的玉米，每頓只能吃玉米胡塗粥，因爲太稀在裏面加菠菜。菠菜本來是春菜，爲什麼到了六月還吃呢？當時政治口號是：「以鋼爲綱和以糧爲綱」，難以批准種菜，留下來的保命菠菜田捨不得去掉，而讓長起來的梗子有一人多高，加到大鍋裏衝量。經大鍋一燜，很難吃。菠菜本是細菜，頓頓吃眞是「傷食」。多少年後，至今我仍然不願聞到菠菜味道。同時說明菠菜能長一人多高，並非自然條件不好，駁斥當年的「三年自然災害」的說項。

1959 年 7 月 2 日～8 月 1 日，黨中央在江西廬山召開了政治局擴大會議，廬山會議原本是爲了「糾左」，但會後卻在全國展開了反對以彭德懷爲首的「右傾機會主義」錯誤。具體到農村更是雪上加霜，災難越來越重，南樂縣西的元村鎮是衛河上的水旱碼頭，走到那裏已經有民兵把守禁止行人。各地正在學習信陽的經驗，組織民兵把著路口，南不過（武勝）關，北不過（明）港。把成群結隊地逃荒饑民擋了回去，以免影響「三面紅旗」的形象，讓人們就地搞「大躍進」。信陽處於南北氣候過渡地帶，算得上是魚米之鄉。大躍進鬧的這裏哀鴻遍野，餓殍載道，被打被鬥而死的難以查清。信陽是重災區，共攔截收容 46 萬人，其中不少人被打死，餓死在收容所內。有的人餓急了，偷殺了牲畜被發現了一律按破壞生產定罪，全區逮捕了 2000 多人，其中有被判死刑的，有被打死的，有餓死在獄中的。說明當時河南省委領導吳芝圃一夥人是支持信陽地委做法，以致能夠影響到外區。

四、親遇野有餓殍

開展大躍進以前，毛澤東批評當時主管農業的鄧子恢是「小腳女人」，換上了譚震林領導農村工作。他聽某水利專家說：有一毫米降水就能收一斤糧。河南省年降水量 600～100 毫米就能產 600～1000 斤糧食。錯誤的提出：「以蓄爲主」。「一片天，一片地」，大搞平原水庫，築堤防，破壞了排水系統，出現了大面積的土地鹽鹼化。

1960 年春，我奉命騎了輛自行車由新鄉到封丘調查農業生產。路過延津縣，地面全是白花花的鹽鹼，好像是一層雪。走出二、三里路，在前面有一幫民兵，約十人佔據路口，檢查行人。凡是無路條者，一律擋回或收容，不准向西走。延津縣的西方幾十里路，就是京廣鐵路，看來民兵檢查是防止百

姓向外逃荒。這時正是春荒季節，村裏公社的大鍋食堂，每頓飯只是大鍋清水湯，餓死人的事情時有傳聞。在一旁聽到民兵與一位五十多歲的農民的對話。

沒有證明，你到哪裏去？民兵問，

到西鄉去找點飯吃。

公社食堂那麼好向外瞎跑啥。

好是好，就是吃不飽。

你是不是五類分子，敢污蔑公社。

俺是貧農。

貧農也不中，帶到公社去。

兩個民兵就把人帶走了。

我有縣裏的介紹信，而且是逆走向，就順利過去了。

又走了十里之遙，只見一個小女孩躺在道溝之中，約摸著有六、七歲的光景，面目清秀，穿著倒也整齊。這一帶平原上公路的格局，在道路兩旁都有尺八深的道溝，以便排水。這個女孩一動不動，兩眼還睜著，兩臂攤開，已經是奄奄一息。馬上意識到這是餓倒在道旁的，想起來古時候「老弱轉乎溝壑」這句話來。問她是怎麼回事，跟誰來的。她只吐出很微弱的一個字：「娘」。再往下問時，已無精力回答。當再問你娘去那裏了，眼神略向西動了動。已經明白了，她娘帶她出來向西逃荒，這位女孩餓得倒在路旁，才捨她走了。這是我第一次見到餓倒的人，那種眼神終生難忘。她已經是沒有悲哀、沒有眼淚，沒有感情，也不會哭泣，思想也將會漸漸的泯滅。因爲當時在路途上沒有飯店，可巧我還帶了準備充饑的一個小饅頭，當把饅頭放到她手中時候，手並沒有合上拿東西，更無力來吃東西。

我沒法學習江蘇那位教授，還有興趣研究餓死人是不是謠言，「營養性死亡」和「完全性飢餓死亡」的區別。人總是有惻隱之心的，想救她又無能爲力，給東西吃不下，帶又帶不走。這時候民兵們又截斷路口，路斷人稀，找個人幫忙也困難，又不能捨她而去。好在路前面，見到一個維修馬路的道監獄，裏邊到是有三個工人。我說明情況後，有兩個工人同我回到了女孩的身邊，她依然是紋絲不動的躺著，手上的饅頭沒有攥著。人們說：這孩子已經餓到勁了。大家齊手把孩子抬到了道監獄中，說是給喂點稀飯試一試能否救過來。道班早不起火了，也要到大食堂吃飯。無奈有個老工人到臨近食堂去

了，想找點粥。

路工說，看你是外鄉人，實話告訴你，各食堂情況都不好。糧食都讓公社弄走了，村裏的食堂沒有糧食吃，家家的小鍋都砸了去大辦鋼鐵。這孩子的娘，也不是不顧孩子的人。看孩子穿的衣服，雖然舊，但是整整齊齊的。俗話說「要知賢母看兒衣。」實在沒有辦法，才撇下了她。西鄉在大年下，一個三歲女孩被她娘在半夜推出門外凍死了，那才慘哪！母親餓的沒有奶，孩子也餓的要吃奶；纏的母親很難以忍受，一狠心把女孩推出門外。天寒地凍，孩子肚子又無食，在門外喊著：「娘，讓我進去吧，我不吃你的奶了」。不久就沒有聲息了，早起人們見到了凍僵了的孩子，還面帶著笑容。據說凍死的人是笑著的。聽到這人間慘事，看到眼前的女孩，明白了人餓到極限，已經喪失人的感情，什麼兒女情長，連自己都不能顧了。無怪乎古書上說「易子而食，折骨而炊」。

過了一個小時，那位找飯的人回來了，帶回來一碗玉米粥。喂給她吃，並不好好下咽。人是交給了道班工人們，辭別了他們騎上車子走了。但思想一直不平靜。那位捨棄女兒的母親到哪裏去了，來時我遇到的有民兵把守的路口，正是那位母親要經過的卡子。她是不是過了卡，過了這卡，前面還有卡的。說明延津縣同樣學習信陽的經驗，用民兵阻止饑民逃荒，使得整家整村的餓死。如果沒有這些警力、民兵、」的「努力」，這些饑民也不會坐以待斃。我曾問過道班工人，那些民兵在哪裏吃飯，他們為什麼有精力看路。回答是：他們是在公社機關吃飯，誰給飯就聽誰指揮。

時間已經過了四十多年了，已經是時過境遷，景物全非。沒有機會再到現場，道班的小屋子恐怕也不存在了。那女孩的消瘦但不是病態的清秀面孔總是繞在心懷，留下懸念。不知當年那位小女孩活下來了沒有。也許她喝下了養路工人的粥，活了下來，經過人間的苦難，又和她娘團聚在一起，長大成人。也許她離開了苦難的人間，給人們留下難以磨滅的遺憾。

五、保人保畜瓜菜代

到 1960 年當年六、七月間，由光山縣委第一書記馬龍山帶頭打死人開始，河南的「信陽事件」逐步浮出水面。當時信陽地區所屬的 18 個縣市，出現了大批農民非正常死亡。河南省乃至全國大躍進問題都十分嚴重。僅河南全省農民非正常死亡在二百萬以上，死亡牲畜七十四萬多頭，荒蕪土地四

百四十餘萬畝，扒毀農民房屋一百六十多萬間。「信陽事件」案發，省委第一書記吳芝圃下臺。新領導上任開始收拾殘局。十月我又回到濮陽縣南部黃河灘，身份不再是科研人員，而是以黨校學員去徐鎮公社中陵大隊。中心任務是：「四保」：即「保人、保畜、保生產、保社會治安。」

中陵大隊靠黃河邊約十多公里。我背著行李，在河風呼嘯吹起層層浮土中進了村。到村上竟然無人聲息，不聞雞鳴犬吠，死一般沉寂。面對是斷壁殘垣的淒慘局面，村上已經沒有一棵樹，真是有點「萬戶蕭疏，鬼也不唱歌，」使人毛骨悚然。大隊支部翟書記在大隊部接待了我，辦公的大隊部只有三間屋，靠黃河邊點對點的村莊為怕誰蓋房本來就簡陋，屋中已是一無所有。支部書記拿來些乾草，鋪在地上，就算是床。本隊社員一年多來在食堂就沒吃飽過，社員體力大降，造成農業歉收、物資緊缺、群眾口糧不足。浮腫、乾瘦病日趨增多，非正常死亡人口在增加。兩年來全村沒有一個嬰兒出生，也沒有一個青年結婚。

我們下鄉貫徹縣委、縣政府採取「低標準，瓜菜代」、「勞逸結合」、「百日整休」等措施保人保畜。社員人均日口糧降低到 4 兩至 7.5 兩，餘糧隊 7.5 兩，自足隊 6.5 兩，缺糧隊 5.5 兩以下。中陵算缺糧隊，每人每天半斤。當時天還不太冷，社員去黃河邊野地挖一種叫「甜甜根」草根度日。領導不再限制社員外出自由活動，也算「網開一面」之舉。這種草根對人無害，我也吃過，以補充糧食不足。大食堂早已辦不下去了，而名存實亡，好在我每月帶有 28.5 斤的糧食標準，和社員搭夥度日。

中心工作之一，就是向村裏運救濟糧和煤炭。糧食多來自四川和黑龍江，煤炭來自焦作。黑龍江運來的的都是當年「打凍場」的新玉米，還帶有冰凌碴，足見該省糧食條件也十分困難，還來支持外省。因為這裏交通不便，糧、煤都是通過黃河在壩頭碼頭上貨，再運到村。碼頭雖然只有不到 20 公里，但是畜力缺乏，只得用勞力。糧食雖然標準低，但是餓不死人了。還給有浮腫病的每人發了 2 斤黑豆，補充營養。

「保畜」工作問題最大，快牲口（指馬、騾、驢）都沒有了，一個小隊（也叫生產隊）只有一兩犋黃牛，大都「上抬」。「上抬」就是牛羸弱的站不起來，每天需要人用兩個槓子穿在牛腹下抬起來，才能站住。

農業生產的冬耕、小麥管理需要進行，這關係菏年的社員死活。牲畜不足，好在上山「大辦鋼鐵」的勞力都下來了，用人力拉犁拉耙。實行勞力、

土地、耕畜、農具「四固定」的經驗，穩定了生產秩序。秋收下來的紅薯、胡蘿蔔除分給群眾度荒外，大隊還留下一窖紅薯，準備開春當薯種。

至於第四項「保社會治安」問題，小偷小摸比較多些，只是偷吃的。壯勞力也多無氣少力，不會「少壯鋌而走險」。一位飯量較大年輕人，按標準吃不飽，到紅薯窖偷拿紅薯，因為空氣稀薄，被悶死窖中，實在可惜。在村裏道德高尚，寧死不偷的人也不少。過春節時，縣裏還發了每人一斤白麵，讓吃上餃子。包餃子的肉來源是村上病死的牛，分給大家。豬肉不會有的；羊肉也不會有的。住在磨坊中的下放工人家屬，帶三個孩子度日，餃子被人偷走。一位李姓中年婦女把她丈夫偷來的的餃子又送回去了。這種舉動，我是終生難忘，祝好人一生平安。這家在當時沒有孩子，祝他們早生貴子。

我只是記載了當年的一些真實瑣事，沒有一句虛言。但是，可以推斷全國形勢。常言說的好：「一滴水能折射出大海」。近來一些人，對談論過去大躍進的真實情況，卻大光其火，不斷攻擊、責難他們是給共產黨抹黑。可能這些人不瞭解實情，或是別有用心，至於耿起昌到 1961 年 7 月得以平反，11 月官復原職。文化大革命中，他堅定地站在毛主席革命路線一邊，1968 年 2 月擔任河南省革委會副主任。1971 年 3 月至 1978 年 10 月任河南省省委書記。在歷次運動中，河南是以「左」著稱。「清理階級隊伍」運動也製造了許多冤假錯案，波及多省的「教育救國會冤案」就是其副手侯松林宣佈的。後，耿起昌在「揭批查」運動中，受到處理。大躍進的那時節，社會動蕩不安，幹部政海沉浮，百姓被忽悠，這是何苦啊。

推行鄉村民主自治評估

提　要

　　文化大革命造成農村凋敝，稅收加大，農民生活困苦。關心「三農」問題的專家、學者，提出解決困境的一些農村管理意見。以減少農民負擔。提出「皇權不下縣」，避免鄉村政權臃腫。並闡述了民國時期「鄉村自治」的實驗的情況，以爲借鑒。對推行鄉村民主自治問題進行了評估。

　　文化大革命結束以後，世紀之交，農村經濟凋敝，農業負擔過重，農民生活困苦。一些關心「三農問題的專家，書寫文章，進行呼籲，解救農村問題。比較著名的是湖北省監利縣棋盤鄉黨委書記李昌平向朱鎔基總理寫了一封信，爲當地農民說了眞話，信中說「農民眞苦，農村眞窮，農業眞危險」。當時鄉鎮基層政權臃腫，冗員過多，人浮於事。而且是政繁役重，騷擾百姓，更使農民譴怨於基層幹部。多數縣鄉財政處於收不抵支的狀況，農業大縣的更是長期處於糧食大縣、經濟小縣、財政窮縣的境地。溫家寶爲總理時取消農業稅以後，雖然給予了相應的轉移支付，但基層的正常行政經費和人員經費存在較大缺口，使得基層政府難以有效地運轉。在現體制下「村官」還是有不小的權力，光是「村支書，兩臺戲，計劃生育、宅基地」就夠折騰一陣子。常有剋扣扶貧款、貪污土地出讓金，違法亂紀，打罵百姓，亂收罰金等的報導。農民負擔大，除了正常稅務，額外有「村提留」、「鄉統籌」。「七站八所」的設立及「條塊結合」的管理體制，是造成鄉村「食之者眾」的重要根源。最終也使農民群眾不堪重負。這是對農村管理採取拋棄社會功能，政

府一竿子插到底。政府又是黨領導的，中共黨委起決定作用。

一、從皇權不下縣談古代的鄉村行政管理

此時有一些專家回望歷史，企圖尋找些經驗教訓，解決當時問題。於是「皇權不下縣」概念的出現許多學者的印象中。1993 年，研究「三農問題」的學者溫鐵軍首次針對古代歷史時期國家基層治理策略提出「皇權不下縣」的主張。秦暉先生進一步的引申為「國權不下縣，縣下惟宗族，宗族皆自治、自治靠倫理，倫理造鄉紳」。這也是老一輩社會學家費孝通先生的思路延伸。在《中國紳士》中曾講過：「皇帝本人把持著權力，但是他不能憑一人之力管理這個國家。即使他可能不希望與別人分享他的權力，他還是需要在統治方面得到幫助，因此，必須使用官員。」從「縣衙門到家門口」還有一段路程。負責溝通兩者之間的關鍵階層就是紳士，由此提出中國政治結構的雙軌制：一方面是自上而下的皇權，另一方面是自下而上的紳權和族權，二者平行運作，互相作用，形成「皇帝無為而天下治」的局面。

古代的鄉村行政管理制度，首先和土地制度有直接關係。眾多歷史資料證明幾千年來，中國田制基本上可分為兩個階段，兩大類。早期的第一類為有制式：戰國後期經秦漢到唐代中期，實行過名田制、屯田制、限田制、均田制。在這一階段，共約一千年時間內，田畝基本是受國家控制的，除了官府授受田地外，私人買賣土地也在控制之中。只是在南北朝那段動亂時期，失去掌控，莊園制得以惡性發展。這類田制，官府必須能夠控制農田「授受」，田畝能滿足一家人（最低五口之家）的生活和「耕三餘一」的備荒糧。否則就執行不下去，社會就會發生動亂。

中唐以後經宋代一直到民國時期，都是實行佃耕制，土地真正地自由買賣，發展為第二類無制式「不設田制，不抑兼併」，土地權屬經常「自由流動」，又是經過了約一千年。盛行佃耕時期，農業分成地主經濟成分和自耕農經濟成分。這兩種經濟成分，並分生佃農經濟，而成為制度周轉、變換的中心。在彼此相互消長動態運行中，不斷取得平衡。保持這類田制，必須發展城市經濟，擴大工商業，墾闢新土地，給失掉土地的「流民」給以安置。

在有制式的土地制度中，井田制下的管理村社事物的人，有父老和里正，仍屬於農民。農業管理很簡單。一是讓農民能安心生產、休息，再就是管好治安兩件大事。官府設田畯，毛注：田畯，田大夫也。是政府管理農業的官員。秦漢實行名田制，縣以下的基層行政組織，設鄉、里、亭。基層行政組

織沿用戰國時期的形式，鄉設三老、嗇夫、遊徼。三老「民年五十以上，有修行，能帥眾為善」，在社會上地位很高，可上書皇帝，與地方官員分庭抗禮。嗇夫主管一鄉行政，在大鄉有印綬、俸祿，小鄉則無，

在管理上更重視鄉俗民規，將教化工作與行政手段結合起來，帶有很大的自治性。結合姓氏村落集聚形式，更加強了家族的統治勢力。他們負責催辦國家賦稅、徭役、兵役及治安，處理民事糾紛。均田制下的三長制也是地方基層行政組織，規定五家立一鄰長，五鄰立一里長，五里立一黨長。三長負責核查戶口。因為均田制是按照人口數量、年齡、性別、身份等條件分配土地，所以管理戶籍、人口是一項重要而繁重的工作。在授田後還要按照田畝徵收賦稅，按照丁口分派徭役。同時還負責民間的訴訟，維護治安。

中唐以後經宋代一直到解放前，土地制度是無制式。宋初基層行政通過王安石變法，保甲法是重要內容之一。保甲法的核心功能是強化地方治安。保甲法組成為：十戶為一保，設保長一人；五保為一大保，設大保長一人；十大保為一都保，設正、副都保長各一人。執行的「庶民在官」制度。農戶按其資產多寡分為九等。一等戶輪充衙前、里正，主管府庫，運送官物，迎接過往官員，責任重，風險很大；二等戶充戶長，課督賦稅；三、四等戶輪流充當其它。下餘五等免役。官宦、僧、道、女戶、不成丁戶免役。後王安石變法中的募役法是：讓「庶人在官」，有農村基層行政變革歷程行政經驗的人擔任差役，讓各富裕農戶交納「免役錢」，困難戶按半額交「助役錢」。各差役採用招募的辦法。

明代在農村的行政管理採用鄉老人制和里甲制並行的制度。洪武二十七年（公元 1395 年）頒佈命令，讓各州、縣官吏在每一個鄉選一名德高望重的老年人為「老人」。在鄉里中擔任「老人」之職者，並非正式官吏，只是協助官方管理農村行政，負責農民的教化，調解鄉民的糾紛，協助處理訴訟。各鄉設立申明、旌善兩亭，由「老人」講清是非，表述道義。

清雍正年間，推行了康熙倡導的「攤丁入畝」，戶、丁有較大的遷徙活動自由，有的改為從事工商業。為了搞好治安，加強了保甲組織強化社會的治安管理。保甲制採用了保、甲、牌三級組織。十戶為一牌，十牌為一甲，十甲為一保。牌設牌頭，甲設甲長，保設保正，定居人口均設門牌和保甲冊。保甲制是以清查戶口為手段，對人口進行管理，保障社會秩序的組織。

從古代實施的農村行政管理與「皇權不下縣」說法，有以下評議：

1、秦漢以來，實行郡縣制，中國進入君主社會。在皇權下，正式的國家官員都有級別。漢代稱為「秩」。魏晉南北朝以後至清都稱「品」。到清代「品」分「正」和「從」，成為九品十八級。即便是最低級的小官只是止於縣府，下不設官。如漢代秩百石以下的斗食、佐史。直至清代，俸祿三十三兩一錢正九品通判、知事、縣主薄和俸祿三十一兩五錢從九品巡檢、驛丞，都在縣一級官府任職。縣知事是七品官員，稱為父母官。就是接觸民眾親民官。宋初王禹偁《謫居感事》詩：萬家呼父母。其自注：「民間呼令為父母官」，看來「皇權不下縣」是有歷史根據。

2、歷朝歷代實行「皇權不下縣」的原因，就是便於行政管理。郡縣制郡和縣是實的。皇權通過兩級實的行政機構來實現的，儘管歷代行政區劃的層級有變化，但縣級政權相當穩固，這是學術界公認的事實。縣以上是郡變化就比較大，曾經有路、府等稱呼。機構層次過多，自上而下的政令不易貫徹。東漢曾設「州」，清代設「省」是屬於「虛」機構，一般是起「代天巡狩」的作用。減少行政層次，也是當前學者所注意的。

3、費孝通認為皇權的象徵是官僚制。中央所派遣的官員到知縣為止，縣以下的「自治體制」，成為中國政治結構的雙軌制。古代的鄉村管理，國家也非常重視，動亂常常「出於草莽」，稅收、治安、教化主要借助社會能量動力來完成。從漢代的鄉、里、亭制、到清代的保、甲、牌制，管理者都不是政府官員，而是出自民間的遴選。這些組織官府都要管理、控制、指揮，並不放任。說明皇權從另一方面依然插到基層民間。漢代的管理稅收的「嗇夫」是有「秩」的，屬於縣府派出的官員，類似現在的「區」。

4、鄉村的管理者都是在鄉的佼佼者，漢代的「三老」一般是退休的官員、軍官。即所謂「員外爺」，有一定身份。明代「老人」之職者，並非正式官吏，可是他管理申明、旌善兩亭，負責熄訟、表彰大事。縣以下的亭長、里正等都是有威望像鄉紳一類的人擔任的，不代表政府和朝廷，只接受政府的管理和協助政府完成賦稅、徭役等工作。符合「國權不下縣，縣下惟宗族，宗族皆自治、自治靠倫理，倫理造鄉紳」的說法。

二、民國時期的鄉村自治

滿清政府被推翻，革命興起。農村管理是混亂時期。以孫中山為代表的國民黨，在農村土地問題上號召實行「平均地權」、「耕者有其田」。在各地成立「農民講習所」，建立農會。當建立三民主義革命政權沒有著落時，得到蘇

聯支持，實行聯俄聯共輔助工農三大政策。國共分裂後，農會被共產黨掌握，土地革命口號也接過來了，並在一些地方實施。

但是中國大部分地區的農村，依然延續以往的農村管理辦法。為了救亡圖強，知識界一些人提出鄉村自治的意見，被稱為「改良派」。鄉村建設運動在上世紀 30 年代逐漸彙聚成為波瀾壯闊的時代潮流的話，那麼，它的源頭的涓涓細流卻發源於不同的時間，也曾流經不同的區域。據統計，20 世紀 30 年代全國從事鄉村建設工作的團體和機構有 600 多個，先後設立的各種實驗區有 1000 多處。這些團體和機構，性質不一，情況複雜，誠如梁漱溟所言，「南北各地鄉村運動者，各有各的來歷，各有各的背景。有的是社會團體，有的是政府機關，有的是教育機關；其思想有的左傾，有的右傾，其主張有的如此，有的如彼。」但關心鄉村，立志救濟鄉村，則是這些團體和機構的共同點。晏陽初曾在河北省定縣建立平民教育實驗區，這是上世紀三十年代，一些知識分子到農村進行改良的活動的一種嘗試。梁漱溟在山東等地進行的「鄉村建設實驗」也是屬於此類活動。希望有志於農村改革的知識分子，投身於此，做一些有益的嘗試。比較有成效的有南陽宛西鄉村自治，時間長，效果顯著。辦民團剿匪的同時，舉辦教育事業，開辦學校。農業生產方面實行治河擴地，社會改革方面剷除陋俗，戒鴉片，婦女放足，剪辮子，禁止溺嬰。成立息訟會，調解鄰里糾紛。

梁漱溟倡導的鄉村建設的實驗運動被人稱為舊派。基本是順應歷史上的鄉村管理軌道延續下來的。1937 年出版的《鄉村建設理論》一書是代表作，影響很大。認為中國社會倫理本位、職業分立。所謂倫理本位，即始於家庭親子血緣關係的倫理關係，涵化了整個社會人際關係，三綱五常成為國家政治和社會道德及社會秩序的根本原則，因此中國的社會缺乏西方式的團體組織和團體生活，而只有倫理關係網絡和情誼生活習俗。所謂職業分立，即：「一、土地自由買賣、人人得而有之；二、遺產均分，而非長子繼承之制；三、蒸氣機、電機未發明，乃至較大機械亦無之。」這就是說，一方面生產資料分散流動，經常處於再分配狀態中，不能形成對生產資料的壟斷和世襲性的剝削階級，故「無壟斷即無階級」；他注重弘揚儒家學說乃至重建新儒家學說，故海內外學者奉之為「現代新儒家」。鄉村辦鄉學是「政教合一」的機構。為了區別於傳統的鄉鎮行政組織，梁漱溟主張以鄉為單位，成立董事會，由全鄉中「齒德並茂，眾望所歸」的長者出任學長。也就是鄉紳人物，可與

漢代的「三老」，明代的「老人」相比擬。村學組織與鄉學差不多。鄉學、村學中的成員，涵括全鄉、全村。通過這種民間自發組織，體現倫理主義，在「這個團體裏面的組織構造，是採取個人尊重團體、團體尊重個人、少數人尊重多數人、多數人尊重少數人」。其要點「就是尊重對方，彷彿沒有自己」，以此培養大家的團體意識和集體精神。解決鄉村的困境，理想是政、教、富、衛，推行民主自治。

梁漱溟從思想上和行動上都與革命派矛盾。1953 年 9 月，在全國政協常委會議的小組討論會上，梁漱溟發言引起了毛澤東的不滿，毛澤東批評他，「大家都說你是好人，我看你是偽君子」。「用筆桿子殺人」。特別是在「衛」字發生武裝衝突最爲激烈。當袁世凱稱帝失敗以後，「眾諸侯，分疆土，各霸一方」。孫中山提出村「自衛、自治、自富」的主張，地方爲了防止匪患，建立了民團。「衛」也是歷代鄉村的重要任務。民團和革命派建立的農會經常發生武裝衝突，特別是孫中山活動的廣東最爲激烈，由此發展到其它地區。例如鄂豫皖一帶就很激烈。柴山保在紅軍進駐以前，民團形勢旺盛，稱爲紅槍會、黃槍會、大刀會學堂，這些學堂的堂主或學董絕大多數是地方鄉紳，是族權、神權集合體，十分牢固，不易攻破。民團既稱爲「學堂」說明也興辦教育。1928 年 6 月底，紅七軍進駐柴山保後，就得和民團爭奪地盤、槍、財、物才能生存，站住腳跟。有民團頭目陳應恒當場表示將其控制的槍會散堂，永遠不與共產黨爲敵。而另一民團頭目吳文璐會後則聯絡白沙關胡道紀、范成伯的民團與共產黨爲敵，相互屠殺。

三、現在的鄉村的管理問題

解放以後的鄉村行政管理完全拋棄「皇權不下縣」，國家權力一竿子插到底。國權實質是黨權一竿子插到底，村黨支部主導一切。黨支部又聽鄉黨委的。一直到中共中央。它是基於「階級鬥爭」，控制「黑五類」而建立的一杆到底管理體系。在現有體制下，農村基層存在不少難解的問題。

沿海地帶，城鎮邊緣富足地區貪腐嚴重。經過「土改」，黨支書替代了「鄉紳」勢力，有的成爲村霸、土豪。過去「皇權不下縣」基層無貪腐條件。現今全面貪腐，而且貪的出奇又齷齪。貪腐深入到基層，過去稱爲「鄉約地保」的村黨支書貪污普遍，數量巨大。搞了多年土地改革，貪污多是農民賴以生存爲之鬥爭的土地。官員的貪污款、開發商的行賄款都來自土地；農民

被打死、被燒死、被推土機軋死也是因為土地。安徽合肥市廬陽區藕塘村黨總支部書記劉懷寅貪污上千萬元，還不算大數，廣東有的村支書貪污過億，向國外逃。當年批鬥地主者的繼任者，分了舊地主的土地，自己成了新地主，新式山寨版的土豪、村霸。61 歲的土豪吳天喜，九屆全國人大代表、河南省鎮平縣政協原副主席，強姦女學生數字是 36 名，年齡 12 歲到 16 歲，比土豪還土豪。唐山市高新區李各莊村主任白豔春，擔任村主任多年「家有寶馬、路虎等多輛豪車」宅院佔地超 3 畝。這是一座門禁森嚴的大院，3 米高的院牆外立面貼滿了整塊大理石牆磚，門楣飾有精細石雕，可自動控制開閉的大門兩側佇立著兩隻石獅。東莞 90 後土豪高調結婚豪車巡街派發給過路人發 4 萬個紅包，共 99 萬元。更為可觀的是谷俊山弟弟河南濮陽東白倉村支書谷獻軍，建造的「將軍府」，佔用東白倉村十三四畝集體土地。里語說：「紙幣成噸，黃金成斤，亞賽當年的和珅」，編的合轍壓韻。過去說：「夫榮妻貴」現今變成「貪官榮拼婦貴」了。河南臨潁南街村，以學毛澤東思想著名。村主任王某因心臟病突發身亡，清理其遺物時，在其辦公室的保險櫃中卻發現了 2000 多萬元現金及多本戶主為王金忠的房產證。貪污的都是農民賴以生存為之鬥爭的土地。

偏僻落後地區人員外流，許多成了「空心村」。農村人才的流失更是嚴重。家在農村大專生畢業後都流向城市，很少有高學歷的人才願留在農村。這又是一種城市對農村的人才（也是財富）掠奪。培養出大學生。錢花光了，人也走了，變成了貧困村，鳳去樓空。即便是梁漱溟先生前曾提倡的鄉村建設運動，提出要起用蟄居在農村「年高德劭，眾望所歸」的「知識分子」人物，在那時還容易找尋，到現在農村難以覓得了。廣東省清遠市、佛山市的不少鄉村，近年陸續成立了「鄉賢理事會」，引導本村外出經商成功人士慷慨解囊興辦村內公益事業，借力打造多功能的村民公共活動空間。鄉賢就屬於鄉紳，士紳社會在國家政權擴張的打擊下逐步解體。

古代選官有「回避」制度，不得在本省為官。父母官只得與士紳結合管理地方。農村政權又與族權相結合，鄉情與族情濃厚。現今縣級政權各個系統內部在職地方家族化關係，北京大學社會學系博士馮軍旗，在新河南野縣調查，完整記錄了這個縣級政權系統內部各家族成員的任職關係，在中縣之內，竟然梳理出 21 家政治「大家族」；140 家政治「小家族」。農村更糟糕，土豪勢力猖獗，大部因父母外出打工留守兒童，因為缺少家族、家長教育，

沒有從事農業的知識和技能，成長爲鄉村小「混混」。有的爲土豪賭場看場子當打手。

　　農村村級政權現狀也使得高層深切不安，所以要急於改變基層政權，推行「草根民主」。對一些學者研究鄉村民土自治問題不再反感、「鎮壓」。早在1988 年中央就制定了《村委會組織法（試行）》，概括爲：「民主選舉。民主決策，民主管理，民主監督」四民主。爲了進一步推動民選，2004 年中央又發佈 17 號文件，側重解決農民的民主權利問題。但是，因爲長期所形成的固有領導方式，不願放棄地、人、財、物權，所以難以執行下去。有的雖然推行了一陣子，最後也是「半拉子」民主，賄選十分嚴重。有的爲了爭奪權力，而出了認命。使人們感歎：「農村草根民主領跑者的遭遇構成了發人深思的怪圈。」無怪乎廈門大學教授陳志鋒經過農村調查說：「鄉村的社會組織，動員的基本資源基本喪失，鄉村的民間自治一去不赴返。由政府設置的基層權力機構，由於嚴重的腐敗，在村民中連起碼的信任都不存在」。這種結論不得不令人憂慮不堪。

　　傳統行政管理縣政古稱「父母官」。現在中間多了鄉一層機構，很容易造成縣一級政府的官僚主義作風。鄉一級政府本來政權、財權就有限，很難會有什麼作爲，不過是貫徹執行上級的指示行爲，難有大的決策。管的事情過多，又減少了民間的活動空間，限制群眾的創造。實際是上下都不落好。深層的問題，像倫理、道德、傳統文化管理更難以顧及。農村傳統文明，倫理道德受到衝擊，尊老愛幼傳統美德逐漸淡薄。目前常見媒體報導，在農村中，不瞻養老人的事，時有發生。發揚農耕文明，保存傳統文化，已經擺在議事日程中。

　　鄉、村的行政，必須以民主、自治爲主進行管理。促進民主仍然是農村的主要議題。現在的基層與古代相比，有權少責，因此常爲個人權力爭奪不休。針對當前農村問題的癥結，解脫鄉村行政的困境和幹部的難處，開個對症的處方的確十分艱巨。諸如：基層黨政的關係、社會對民主的承受能力、數百萬基層幹部的安置、治安的管理以及土地管理和計劃生育「兩臺戲」的問題，都須要處理適當。目前推行「草根」民主的村級選舉就遇到阻力，鄉級問題會更多。爲了百年大計，又不得不去認眞的研究解決。農村改革的行政管理形式，不斷的有人進行探討。目前河北省定州市建立了晏陽初鄉村建設學院，目的是：「秉承晏陽初等先輩的平民教育與鄉村建設思想，通過直

接和間接的農村社區發展行動，在教育與建設中謀求鄉村判斷力的提升與民生民權的改善。」梁漱溟鄉村建設中心成立於 2004 年在北京成立。各地都需要建立「鄉村民主自治學院「希望現在的有志於農村改革的知識分子，投身於此，做一些有益於的嘗試。

　　振興農村經濟，構建和諧農村社會仍然是國家重要任務，改革基層行政管理體制是其重要內容。鄉和村的管理人員承擔著繁重的行政管理事務，不是「拆廟」而是「整修」；撤銷鄉一級四大班子，減少黨政管理層次。縣以下可以設「區」，為派出機構，精簡下來的人員無法安置的就養起來「改廟養和尚」。政府應該有所為有所不為，歷來的做法，政府主要是關懷治安，剷除「害群之馬」，使人們安居樂業，保障人們「日出而作，日沒而息」。至於人們怎麼樣生產、生活，自己都會料理得好。中國經過一個世紀的努力推翻帝制後，就是要改變舊的農村行政管理制度，在農村實現自治，建立農村自治組織，這是大方向。農村的各種民間組織、專業協會、非政府組織發展起來，會改變農村氣氛沉悶的精神狀態，大量的農業用人才也有用武之地。千頭萬緒，改革的中心和起點則是：簡政放權，推進民主自治。政簡則民勤。